Diogenes Taschenbuch 21345

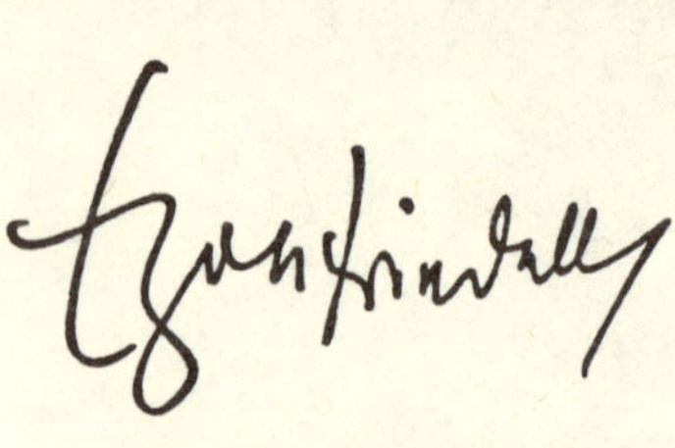

Egon Friedell

Ist die Erde bewohnt?

Essays
von 1919 bis 1931

Herausgegeben
und mit einem Nachwort
›Der ganze Friedell?‹
von Heribert Illig

Diogenes

Frontispiz: Egon Friedell an seinem 50. Geburtstag, 21. Januar 1928
Abdruck des Fotos mit freundlicher Genehmigung
von Frau Annemarie Kotab, Kufstein
Diese Sammlung erschien unter dem Titel ›Selbstanzeige‹
erstmals 1983 im Löcker Verlag, Wien

Lizenzausgabe mit freundlicher Genehmigung des Löcker Verlags

60/85/36/1
ISBN 3 257 21345 X

INHALT

Mit * sind vom Herausgeber dieses Bandes formulierte Überschriften gekennzeichnet.

Lieber Leser,
wenn schon ich mir so oft widerspreche, so ist es wirklich gänzlich überflüssig, daß auch noch du mir widersprichst.

Egon Friedell

Ist die Erde bewohnt?

EINE FRAGE

Seit längerer Zeit beschäftige ich mich damit, allen möglichen Menschen eine Frage vorzulegen, eine kleine, unverfängliche, für jedermann leicht faßliche Frage; und dennoch habe ich bis zum heutigen Tage noch keine befriedigende Antwort bekommen. Infolgedessen bleibt mir nichts anderes übrig, als „mich in die Öffentlichkeit zu flüchten", wie man das so schön auszudrücken pflegt. Diese ungeheuer einfache und ungemein naheliegende Frage lautet: Welchen Zweck hat es für die einzelnen Angehörigen eines Staatswesens, daß dieses Staatswesen groß, mächtig, geachtet und gefürchtet in der Welt dastehe?

Da ich mir keineswegs die Fähigkeit zutraue, ein so schwerwiegendes, universell bedeutsames und verantwortungsvolles Problem selber zu entscheiden, so habe ich mich, wie gesagt, an zahlreiche andere Personen gewendet. Ich teile diese Menschen, die von mir interpelliert wurden, in vier Gruppen.

Die Mitglieder der ersten Gruppe trugen alle einen Vollbart. Sie strichen ihn und antworteten: „Ja, mein Lieber, so ohneweiters kann ich Ihnen das nicht erklären. Da müßten Sie sich schon ein wenig mehr mit Politik, Weltgeschichte und Nationalökonomie befaßt haben." Da muß ich aber nun doch sagen: Was sollen dann erst die anderen anfangen, die sich *noch* weniger mit Politik, Weltgeschichte und Nationalökonomie befaßt haben als ich, und es gibt doch auch solche? Man sollte doch meinen und wünschen, daß eine Angelegenheit von solcher Wichtigkeit und Allgemeinheit für jedermann ohneweiters zugänglich sein sollte, also auch für alle, die sich *gar nicht* mit Politik, Weltgeschichte und Nationalökonomie befaßt haben! Was übrigens diese letztere Wissenschaft anbetrifft, so möchte ich es mit Ruskin halten, der gesagt hat: „Unter allen Verirrungen des menschlichen Geistes ist vielleicht die seltsamste, sicherlich aber die entehrendste die angebliche Wissenschaft der Nationalökonomie.“

Die zweite Gruppe erging sich in höchst weitschweifigen Erörterungen, in denen Ausdrücke wie „Ausfuhrbilanz“, „Bedarfsdeckungswirtschaft“, „Absatzkrise“, „Unterkonsumtion“ und dergleichen die Oberhand hatten. Diese Auseinandersetzungen waren in der Tat dazu angetan, zu beweisen, wie recht die erste Gruppe gehabt hatte: ich verstand nämlich nicht ein Wort. Infolgedessen wendete ich mich an eine dritte Gruppe von Menschen, zu denen ich unbedingt mehr Vertrauen habe: nämlich an die Toten. Von diesen bekam ich eine Reihe höchst überraschender Bemerkungen zu hören, die ich nicht verschweigen will.

Lichtenberg zum Beispiel scheint sich auch nicht recht auszukennen, indem er sagt: „Ich möchte was darum geben, genau zu wissen, für *wen* eigentlich die Taten getan worden sind, von denen man öffentlich sagt, sie wären *für das Vaterland* getan worden.“ Schopenhauer hingegen wird schon deutlicher: „Die Raubtiere des menschlichen Geschlechts sind die erobernden Völker, welche wir, von den ältesten Zeiten bis auf die neuesten, überall auftreten sehen, mit wechselndem Glück, indem ihr jeweiliges Gelingen und Mißlingen durchweg den Stoff der Weltgeschichte liefert: daher eben Voltaire recht hat zu sagen: Dans toutes les guerres il ne s'agit que de voler. Daß sie sich der Sache schämen, geht daraus hervor, daß jede Regierung laut beteuert, nie anders, als zur Selbstverteidigung die Waffen ergreifen zu wollen. Statt aber die Sache mit öffentlichen, offiziellen Lügen zu beschönigen, die fast noch mehr als jene selbst empören, sollten sie sich, frech und frei, auf die Lehre des Macchiavelli berufen. Diese ist für die Raublust immer noch eine viel anständigere Hülle als die ganz durchsichtigen Lappen palpabelster Lügen, welche auf die bekannte Geschichte vom Kaninchen, welches den Hund angegriffen haben soll, hinauslaufen.“

Deutschen Oberlehrern möchte ich einige Aussprüche unserer Klassiker empfehlen, die doch gewiß immer das Wahre, Schöne und Gute hochgehalten haben.

Lessing versichert: „Ich habe von der Liebe des Vaterlandes keinen Begriff und sie scheint mir aufs höchste eine heroische Schwachheit, die ich recht gern entbehre." Goethe schreibt: „Wenn wir einen Platz in der Welt finden, da mit unseren Besitztümern zu ruhen, ein Feld, uns zu nähren, ein Haus, uns zu decken, haben wir da nicht Vaterland? Und haben das nicht Tausend und Tausende in jedem Staat? Und leben sie nicht in dieser Beschränkung glücklich? Wozu nun das vergebene Aufstreben nach einer Empfindung, die wir weder haben können, noch mögen? Römerpatriotismus? Davor bewahre uns Gott wie vor einer Riesengestalt!" Und Schiller: „Das vaterländische Interesse ist nur für unreife Nationen wichtig, für die Jugend der Welt; es ist ein armseliges, kleinliches Ideal, einem philosophischen Geiste ist diese Schminke durchaus unerträglich."

Adolf Harnack, den man wohl, ohne Widerspruch befürchten zu müssen, als den größten lebenden Theologen bezeichnen darf, sagt mit der ihm eigenen Kürze und Klarheit in zwei Sätzen alles, was eigentlich über diese Frage zu sagen ist: „Wie armselig ist doch der Mensch, der im Patriotismus sein höchstes Ideal erkennt oder im Staate die Zusammenfassung aller Güter verehrt! Welch ein Rückfall, nachdem wir in dieser Welt Jesus Christus erlebt haben!"

Und am deutlichsten wird Tolstoi, indem er sagt: „Durch den Patriotismus sind alle Völker der christlichen Welt bis zu einem solchen Grade der Vertierung gebracht worden, daß ihnen nichts eine größere Freude und Begeisterung gewährt, als der Gedanke an vergangene und zukünftige Massenmorde. Der Patriotismus ist ein rohes Gefühl, weil er nur Menschen eigen ist, die auf der niedrigsten sittlichen Stufe stehen; er ist ein schädliches Gefühl, weil er die vorteilhaften und friedlichen Beziehungen zu anderen Völkern stört und eine Organisation hervorruft, bei der der Schlechteste die Gewalt an sich zu reißen vermag und es auch immer tut; er ist ein schimpfliches Gefühl, weil er den Menschen zu einem Kampfhahn, einem Stier, einem Gladiator macht; er ist ein unmoralisches Gefühl, weil ein jeder Mensch unter seiner Einwirkung sich für den Sohn seines Vaterlandes, für den Sklaven seiner Regierung hält, anstatt sich für ein Kind Gottes zu halten, wie es das Christentum lehrt. Wer ihr auch sein möget - Franzosen, Russen, Polen, Engländer, Iren, Deutsche, Tschechen - begreift doch, daß alle eure wirklichen menschlichen Interessen, welcher Art sie auch sein mögen – Interessen des Ackerbaues, der Industrie, des Handels, der Kunst und Wissenschaft –, ebenso wie alle Vergnügungen und Freuden in nichts den Interessen anderer Völker und Staaten zuwider sind; begreift doch, daß euer Leben in keiner Weise dadurch verbessert werden kann, ob das Elsaß deutsch oder französisch ist, Irland oder Polen selbständig oder unterworfen sind; wem diese Länder auch gehören mögen, ihr könnt leben, wo ihr wollt."

Ich wage trotz alledem noch immer nicht, mir die erwähnte Frage selber zu beantworten; aber ich schöpfe aus diesen (und vielen anderen) Aussprüchen den Mut, nun auch mitzuteilen, was die weitaus zahlreichste vierte Gruppe jener Menschen erwidert hat, die ich fragte, welchen Zweck es denn eigentlich für den anständigen, vernünftigen und bescheidenen Staatsbürger habe, daß sein Vaterland groß, einflußreich und mächtig sei. Die Antwort lautete: „Gar keinen."

DIE BETRACHTUNGEN EINES UNPOLITISCHEN

An einem Montag bekam ich von S. Fischer diese höchst widerspruchsvolle und völlig in sich einheitliche, aus dem tiefsten Willen der Zeit geborene und sich der Zeit mit den stärksten Instinkten entgegensetzende Generalbeichte eines prometheisch ringenden Dichters, Menschen und Sehers, die ‚Betrachtungen eines Unpolitischen' von Thomas Mann; und während der ganzen Woche war ich für nichts und niemanden mehr zu haben und habe sogar, schrecklich zu melden, eine Schwankprobe versäumt, so betäubt und gelähmt, befreit und befeuert war ich von den sonderbar verschränkten, sich aufhebenden und bestätigenden, in ihren wirren Konturen so glänzend gemeißelten Sätzen dieses geheimnisvollen Buches, dessen sechseinhalbhundert Seiten ich verschlungen habe wie einen sensationellen Moderoman. Woher diese Wirkung, mit der ich, wie mir nachträglich von vielen Seiten mitgeteilt wurde, durchaus nicht allein stand?

Sie liegt zunächst in der Form. Seit den großen psychologischen Essays Nietzsches, deren Quellen man in dem Werk allenthalben rauschen hört, ist vielleicht nichts geschrieben worden, worin die Beherrschung des Wortes einen so souveränen Gipfel erreicht. Diese elastische Stoßkraft des Satzbaues, dieser hinreißende, durchaus persönliche Rhythmus des Tonfalls, diese verschwenderisch reiche und doch keineswegs lastende Fülle von schwebenden, opalisierenden und dabei stets scharf und sicher geprägten Adjektiven, diese Reinheit und Buntheit einer bis ins Feinste und Kleinste abschattierten, jede Gedanken- und Gefühlsnuance restlos ausschöpfenden Ausdruckskunst! Es ist die Prosa eines ganz großen Meisters.

Aber das ist nicht alles. Und gewissermaßen doch schon alles. Denn „seinen Stil verbessern, heißt seine Gedanken verbessern", sagt Thomas Manns großer Lehrmeister, und man kann sich denken, daß es keine kleinen Gedanken sind, die in einem so gigantischen und dämonischen, die Dinge völlig durchhellenden, ja zerleuchtenden Stil vorgebracht werden. Nie habe ich mehr bedauert als heute, daß ich zumeist gezwungen bin, meine Beobachtungen auf einem so bedrückend engen Raum vorzubringen, wie er einer Tageszeitung nicht bloß vom Papiermangel, sondern auch vom Konzentrationsmangel des Lesers vorgeschrieben wird. Denn man müßte jeden Abschnitt, jeden Absatz in seinen vielfältigen Beziehungen, Zusammenhängen und spirituellen Entwicklungsmöglichkeiten durchwandern, durchforschen, von allen Seiten betrachten und beleuchten, und auch dann würden noch tausend Fragen und Paradoxien ungelöst bleiben. Indes hat das Werk wie alle bedeutenden geistigen Konzeptionen eine einzige große Grundidee, die gleichsam das Zentralfeuer bildet, ihre Strahlen überallhin sendet und alle anderen Gedanken nährt und belebt; und die läßt sich ganz leicht in Kürze mitteilen. Sie besteht in der kategorischen Absage an die moderne Demokratie. Demokratie: das ist für Thomas Mann identisch mit Politik, darum nennt er sich einen „Unpolitischen", obgleich das ganze Buch wesentlich von Politik handelt; er ist der Überzeugung, daß man nur als Demokrat wirklicher Politiker sein kann, alles andere, vor allem der Konservatismus ist ihm irgendwie Ablehnung der politischen Geisteshaltung und ihrer Praktiken. Demokratie: das bedeutet für ihn ferner dasselbe wie Literatur, jenes Zwitterding zwischen Kunst und Leben, womit ehrgeizige Schreibmenschen ihre innere Leere ausfüllen möchten. Und schließlich besteht auch noch eine Gleichung zwischen Demokratie und Zivilisation, die, ein Produkt des lateinischen Westens, den absoluten Gegensatz zur Kultur bildet. Der gesamte Gang der Argumentation bewegt sich demnach in einer durchlaufenden Reihe von Kontrastbegriffen: Zivilisation und Kultur, Literatur und Kunst, Demokratie und Volksstaat, Bourgeois und Bürger, Stimmrecht und Freiheit, „Gesellschaft" und Seele, „Geist" und Leben, Politik und Musik. Diese antithetische Manier und Methode erinnert an eine heute leider fast nur noch dem Namen nach bekannte, ebenfalls sehr gedankenreiche Schrift, die im Jahre 1890 anonym unter dem Titel ‚Rembrandt als Erzieher' erschien. Auch dort wurde dem satten und platten Bourgeoisliteratentum, dem Fortschrittsdünkel und der politisierenden Demokraterei im Namen der Kunst und des Volks, zweier Mächte, die der Autor als konservativ empfand, der Krieg erklärt; und auch darin ist Thomas Manns Konfession jenem Werk verwandt, daß sie sich offen zum Nationalismus und zum Deutschtum bekennt. Nach seiner Auffassung ist nämlich Deutschland der letzte Hort der erhaltenden Mächte und einzige Damm, der noch dem großen Ansturm der nivellierenden liberalen Blague entgegengesetzt werden kann, die vom Westen her ganz Europa zu überfluten droht: dies ist für ihn der Sinn des Weltkrieges. Die Deutschen sind auch diesmal wieder das große protestierende Volk, und der Kampf gilt abermals Rom, einem erweiterten Rom, das die gesamte westliche Zivilisation umfaßt. Gegen diese Weltkoalition steht Deutschland allein, sein einziger natürlicher Bundesgenosse wäre Rußland. Das Buch ist noch mitten im Kriege geschrieben und rechnet zwar kaum mehr mit einem überwältigenden Siege, aber doch auch keineswegs mit einer völligen Niederlage Deutschlands. Indes: wer kann mit Sicherheit behaupten, daß wir nicht noch immer mitten im Kriege stehen? Und es ist nicht unmöglich, daß die Prophezeiung eines großen Entscheidungskampfes zwischen dem deutsch-russischen Kulturkreis und den „Westlern" sich in irgendeiner, wenn auch vielleicht nicht in der militaristischen Form doch irgendwie bewahrheitet?

Nur darf man natürlich nicht glauben, daß der Deutschnationalismus Thomas Manns die geringste Ähnlichkeit hat mit jenem antediluvianisch-treuherzigen, plattfüßig-undifferenzierten und selbstsüchtig-rechthaberischen Hurrapatriotismus, der sich alldeutsch nennt; im Gegenteil, es ist eine höchst verwikkelte und verwinkelte Weltanschauung voll Zwielicht und Hintergründen, die sich hier vor uns ausbreitet. Und es liegt eine sublime und erquickende, eine echt artistische Ironie darin, daß man diesen Thesen bisweilen ohne allzugroße Gewaltsamkeit auch das umgekehrte Vorzeichen geben könnte, ohne ihnen ihren Glanz und ihre Schlagkraft, ja selbst im höheren Sinne ihren Wahrheitswert zu nehmen; und Thomas Mann ist viel zu sehr Künstler, als daß er das nicht selber ganz genau wüßte. Die „unlösbare Verflochtenheit und Relativität alles geistig-sittlichen Lebens", auf die er mehr als einmal aufmerksam macht, hat sich in diesem Buch, das eine Art psychologischer Selbstvivisektion darstellt, ein seltsam erschütterndes und befreiendes Denkmal errichtet. Aber auch, wenn man alle seine Kreuzungen und Verschränkungen in Rechnung zieht: sein Grundpathos ist deutlich nach rückwärts gerichtet, es ist das Manifest eines stockreaktionären Geistes oder – eines Fortschrittlers von übermorgen. Denn eine solche Philosophie gehört entweder dem Gestern oder der Zukunft, ist entweder Petrefakt oder Prophetie; und wenn man erwägt, mit welcher gefüllten und funkelnden Geistigkeit, mit welcher wahrhaft olympischen Bosheit sie vorgetragen wird, so möchte man fast zu dem Resultat kommen, daß sie k e i n Petrefakt ist.

Die ganze Argumentation ist gegen eine bestimmte Gestalt gerichtet, die unheimlich und schattenhaft konturiert durch alle Seiten des Buches geistert, gegen einen Anonymus, den Thomas Mann den „Zivilisationsliteraten" nennt. Aber die Anonymität ist eine Fiktion, denn alle Welt weiß, daß es sich um niemand anderen handelt als um seinen Bruder Heinrich Mann, denselben, dem wir eine Reihe der schönsten Offenbarungen und Visionen der neueren Literatur verdanken. „Europäische Kriege", sagt Thomas Mann einmal, „sofern sie nur auch im Geistigen geführt werden, und das müssen sie immer, werden zugleich auch deutsche Bruderkriege sein, das bleibt das Schicksal dieses europäischen Herzvolkes." Nun, dieses

Werk ist von seiner ersten bis zu seiner letzten Zeile ein einziger großer „deutscher Bruderkrieg". Zwei Tendenzen der Menschheit, ewig wie die Menschheit, einseitig und zwiespältig wie die Menschheit, beide berechtigt, beide zeitgemäß und beide deutsch, stehen sich hier gegenüber, jede mit dem Anspruch, das wahre, echte und innerliche Deutschtum zu verkörpern. Beide Brüder sind lange Zeit freundschaftlich nebeneinander gegangen, bis der Weltkrieg auch sie entzweite; aber er war vielleicht doch wohl nur der äußere Anlaß zur Scheidung. Zwei so starke und dabei so nahe Kräfte müssen eines Tages dazukommen, sich aneinander zu reiben; und *sollen* sich reiben. Denn es ist ein wunderbares Bild, wie diese beiden großen Energien gerade durch ihre Gegensätzlichkeit sich verstärken und steigern, gleich dem Stahlkern und der Drahtspule einer Dynamomaschine einander immer neue Funken und Ströme und Magnetismen entlocken.

Ich kann die Stelle im Augenblick nicht finden, wo Nietzsche von Hegel und Schopenhauer sagt, sie seien zwei große Brüder gewesen und einander feindlich, wie es nur zwei Brüder sein könnten. Dies darf wohl in noch höherem und tieferem Sinne von den beiden Brüdern Mann gelten. Es herrscht in diesem Werke, das ein vulkanischer Ausdruck und Auswurf aller Empfindungen unserer Zeit ist wie vielleicht kein zweites, eine Atmosphäre geheimer feindlicher Verwandtschaft und *intimsten Mißverständnisses*, wie sie nur zwischen zwci großen Bluts und Geistesbrüdern möglich ist, wir fühlen uns angerührt von jenem Fluidum des Hasses unter Menschen, die sich doch die Nächsten auf der Welt sind, wie es der Gerhart Hauptmann seiner klassischen Zeit im ‚Friedensfest' eingefangen hat. Und wenn Thomas Mann jetzt auch sehr böse werden sollte: ich kann mich des Eindrucks nicht erwehren, daß er diesen Bruder, den er aufs bitterste negiert, bekämpft, ja verachtet, den er zur teuflischen Inkarnation alles Verwerflichen und Verabscheuenswürdigen hinaufstilisiert hat, trotzdem immer noch liebt, wie Lessing Voltaire geliebt hat bis übers Grab hinaus und Nietzsche Wagner geliebt hat bis in seine Geistesumnachtung hinein, und daß er ihn immer lieben wird, als den großen brüderlichen Gegenstern, mit dem gemeinsam, wenn auch polar er doch stets um dieselbe Sonne zu kreisen bestimmt ist, die Sonne der Kunst. Wir aber, die beglückten Zuschauer dieses pittoresken und exzitierenden Seelenschauspiels, freuen uns von Herzen, daß Deutschland zwei solche Kerle besitzt.

DIE GYMNASIALREFORM

Um die Mitte der achtziger Jahre erhob sich in Deutschland, als eine unmittelbare Folge der übermäßigen wirtschaftlichen Expansion, der allgemeinen geistigen Verflachung und des zunehmenden nationalen Größenwahns, der offizielle Kampf gegen das humanistische Gymnasium. Die Angriffe kamen hauptsächlich von zwei Seiten: von den vorwiegend industriell und technisch interessierten Kreisen der höheren Bourgeoisie und von der extrem nationalistisch gerichteten preußischen Hofpartei. Die ersteren erhoben die jedermann bekannten Einwände von der praktischen Nutzlosigkeit der toten Sprachen (wobei sie naiv voraussetzten, daß man eine Sprache lediglich deshalb studiere, um sie sprechen zu können) und plädierten für die Verdrängung der klassischen Bildung durch eine sogenannte „realistische", das heißt technologische; die letztere wies darauf hin, daß die vorwiegende Beschäftigung mit dem Altertum dem Patriotismus nachteilig sei und forderte einen Unterricht auf „nationaler" Grundlage, das heißt, etwa auf der der Kadettenschulen. Wohin man mit Nationalismus und Technik gelangt, das dürfte der Weltkrieg wohl zur Genüge dargetan haben; anderseits läßt es sich nicht leugnen, daß der Lehrbetrieb in den Gymnasien trotz allen Reformversuchen immer noch ein mehr oder weniger mittelalterlich-formalistischer ist und eine wirklich harmonische Bildung, die alle Gebiete des Menschlichen gleichmäßig umfaßt, nicht vermittelt; eine solche Bildung allein aber hätte ein Recht darauf, klassisch genannt zu werden. Da wir nun einmal im Zeitalter des Umsturzes leben, so beantrage ich die Revolutionierung des Gymnasialunterrichts auf folgender Grundlage.

Das Gymnasium besteht aus einem Unterbau, einem Mittelbau und einem Oberbau, jeder zu drei Klassen. Der Unterbau ist für sämtliche Arten von Mittelschulen gemeinsam. Der Unterricht umfaßt die Grunddaten der Geschichte und Erdkunde sowie der Mathematik und Naturkunde, gründliche Übung im mündlichen und schriftlichen Gebrauch der deutschen Sprache, lateinische Elementargrammatik, verbunden mit der Lektüre eines leichten römischen Prosaikers, am besten Julius Cäsars, dieses Musters an Einfachheit, Klarheit und Prägnanz; schließlich von der dritten Klasse an: Französisch, jedoch im Gegensatz zum Lateinunterricht nicht theoretisch, sondern rein praktisch betrieben, mit sofort einsetzender Konversation und an der Hand eines fortlaufenden französischen Prosatextes, etwa in der Art der Methode Toussaint-Langenscheidt. Ein wenn auch nur elementarer Unterricht im Lateinischen scheint mir für jedermann nützlich und notwendig, und zwar erstens wegen der unübertrefflichen Schulung im knappen, schnellen und deutlichen Denken, die er vermittelt, zweitens wegen der ungemeinen Erleichterung, die er für das spätere Studium jeder anderen Sprache bietet, und drittens wegen der Fülle der Vokabeln, die er für sämtliche modernen Fachsprachen bereitstellt und die der Ingenieur, Chemiker, Techniker oder sonstige „Realist“ ebensowenig entbehren kann wie jeder andere geistige Arbeiter.

Nach Absolvierung des Unterbaues steht es dem Schüler frei, sich für die Realschule oder das Gymnasium zu entscheiden; die erstere beginnt in der vierten Klasse mit dem Englischen, das letztere mit dem Griechischen. Das allgemeine Lehrziel der gymnasialen Mittelstufe ist: Erwerbung jener positiven Kenntnisse, die einerseits als Grundlage für den Betrieb jedes Fachstudiums wünschenswert sind und anderseits die Möglichkeit geben, auf der Oberstufe einen freien, von wissenschaftlichem und künstlerischem Geiste getragenen Unterricht pflegen zu können, der, ohne die Schüler mit dem äußeren Mechanismus der Daten, Jahreszahlen, Formeln und dergleichen noch weiter belästigen zu müssen, auf das Innere und Wesentliche der einzelnen Disziplinen eingehen kann.

Absolventen der Mittelstufe haben den Zutritt zu einer größeren Anzahl höherer Berufe, eventuell nach Besuch bestimmter dazwischengelegter zwei- bis dreiklassiger Fachschulen, die in ihrem Lehrplan möglichst spezialisiert werden sollen. Außerdem findet eine Intelligenzprüfung statt, und zwar vor einer gemischten Kommission, die zur einen Hälfte aus besonders bewährten Schulmännern besteht, zur anderen Hälfte aus urteilsfähigen und geistig geschulten Personen, die jedoch außerhalb der Schule stehen: Künstlern, Schriftstellern, Gelehrten usw. Was sie festzustellen hat, sagt ihr Name. Nur wer diese Prüfung besteht, hat Zutritt zur Oberstufe.

Im Näheren gestaltet sich der Lehrplan auf der Oberstufe folgendermaßen: 1. Religionslehre: Diese wird, nachdem sie auf der Unterstufe und Mittelstufe obligat war, fakultativ, dagegen wird für sämtliche Schüler obligat: Allgemeine Religionswissenschaft. Hauptgegenstände: Religionsphilosophie, Geschichte der Weltreligionen, Kirchengeschichte (mit dem Wesentlichsten aus der Dogmengeschichte), vergleichende Konfessionskunde (Symbolik), Lektüre ausgewählter Kapitel aus der Bibel und anderen wichtigen Urkunden. 2. Deutsch: Allgemeines Lehrziel: Die Fähigkeit, in deutscher Sprache seine Eindrücke auszudrücken. Geschichte der Literatur mit Probestücken, wobei die Darstellung anfangs möglichst übersichtlich und erst mit fortschreitender Annäherung an die Gegenwart eingehender zu gestalten ist. So ist zum Beispiel eine ausführliche Würdigung der Bedeutung, die Opitz für die deutsche Literatur besitzt, nicht unerläßlich. Daß jedermann wisse, wie die zweite Frau Hans Sachsens hieß, ist ebenfalls nicht notwendig (eine Prüfungsfrage, die im vorigen Sommer an einer hiesigen Fachschule für Maschinentechnik gestellt wurde; der Professor hieß allerdings Kohl). Im Unterricht sollte gelesen und erklärt werden: eine Auswahl aus den Gedichten Walthers von der Vogelweide, den Kirchenliedern Luthers, den Prosaschriften Lessings; Werther, Götz und Urfaust, Räuber, Fiesco und Kabale; von Lyrikern: Goethe, Novalis und Liliencron; von neueren Dramen etwa: ‚Käthchen von Heilbronn', ‚Traum ein Leben' und ‚Hannele', dazu mindestens ein größerer deutscher Roman (von Jean Paul, Gottfried Keller oder Heinrich Mann); von ausländischen Dichtern: Dante, Shakespeare und Ibsen. Alles übrige ist nicht so wichtig und kann der Privatlektüre überlassen werden, wobei auf den persönlichen Geschmack des Schülers weitgehende Rücksicht zu nehmen ist. Auszuschließen sind die bisher so eifrig gepflegten Dichtungen der Befreiungskriege, weil sie nicht nur künstlerisch vollkommen wertlos sind, sondern auch geistig verdummend und ethisch vertierend wirken. 3. Alte Sprachen: Allgemeines Lehrziel: Einblick in den Geist und das Wesen der griechisch-römischen Kultur. Lektüre: im Lateinischen die Historiker, vor allem Sallust, dessen im besten Sinne römische Freiheit, Feinheit und Sicherheit unübertrefflich ist, Cicero mit Maß, keinesfalls der lästige Schwätzer Virgil, die Dichter überhaupt weniger dringend. Im Griechischen: die Historiker und Redner, Homer und Plato. Von derzeit wenig oder gar nicht berücksichtigten Autoren wären zu empfehlen: Plutarch, einer der amüsantesten und lehrreichsten Schriftsteller der Weltliteratur; etwas von Euripides oder Aristophanes; Epiktet; Anthologie aus den griechischen Lyrikern. Gute Übersetzungen und Kommentare (sogenannte „Eselsbrücken") sollten gestattet sein. Dieser ketzerische Vorschlag ist nicht von mir, sondern wurde schon vor zwei Jahrzehnten von Friedrich Paulsen gemacht und von einem der ersten deutschen Schulmänner, Paul Güstfeld, unterstützt. Philologisches nur, soweit es zum sicheren Verständnis des Textes notwendig ist; selbständige grammatische Übungen finden überhaupt nicht statt. Dagegen möglichst starke Heranziehung der Sitten- und Kunstgeschichte. 4. Französisch: Allgemeines Lehrziel: einige Sicherheit im mündlichen Gebrauch der Sprache. Zur Lektüre empfohlen: Molière, Pascal, Montaigne, Hugo, Balzac, Stendhal, Taine, Flaubert. 5. Mathematik: Allgemeines Lehrziel: Einführung in die mathematischen Denkmethoden. Der Unterricht beschränkt sich auf die Wiederholung des Lehrstoffes der Mittelstufe (Arithmetik und Algebra, Planimetrie und Stereometrie, etwas ebene Trigonometrie). Der Unterricht in der Logik ist hieher zu verlegen; denn die Mathematik ist die einzige Wissenschaft, die angewandte reine Logik ist. Dazu ist allerdings erforderlich, daß die Lehrer der Mathematik philosophisch durchgebildete und in größeren Gedankenperspektiven heimische Köpfe sind, nicht bloße wandelnde Rechenmaschinen und Logarithmentafeln. 6. Eine vollständige Umgestaltung erfährt der Geschichtsunterricht. Er tritt gewissermaßen in das Zentrum des ganzen Lehrsystems, indem die übrigen Disziplinen sich um ihn als Hilfswissenschaften gruppieren und stetig auf ihn zu beziehen sind. Die bisher fast ausschließlich gelehrte sogenannte „politische Geschichte" tritt in den Hintergrund. Aus ihr ist sehr wenig zu lernen, nämlich nichts anderes als die eintönige Tatsache, daß der Mensch zur einen Hälfte eine Bestie ist, gierig, roh, verschlagen und überall gleich. An die Stelle der stumpfen und tauben Registrierung von Schlachten und diplomatischen Lügen hat eine Art geistiger Kostümgeschichte zu treten, eine Geschichte der Ideen, die die innere unsichtbare Seele der einzelnen Zeitalter waren, sie trugen und bewegten und ihnen den äußeren Körper bauten, der dann in Kunst und Religion, in Wissenschaft und Philosophie, in Wirtschaft und Recht und im ganzen Mienenspiel des täglichen Lebens in die Erscheinung trat. 7. Ebenso radikal ist der Unterricht in den Naturwissenschaften zu reformieren. Hier ist ein möglichst lückenloses Weltbild zu gewinnen, ein Einblick in den Bau und die Gesetzmäßigkeit des Weltalls, in die Zusammensetzung und Entstehungsgeschichte der Erde, in die Physiologie und Anatomie der Pflanzen und Tiere und in die wichtigsten Tatsachen der Physik und Chemie, wobei dem Unterricht ein historischer und philosophischer Charakter gewahrt werden soll in dem Sinne, daß die Darlegung der Entwicklungsgeschichte und die Erklärung der Grundbegriffe die Hauptsache bilden. Die Lehre vom Menschen bleibt einem besonders ausführlichen Kursus vorbehalten, der auch die Pathologie und Hygiene zu berücksichtigen hat. Auch sollen einige klassische Werke gelesen werden (etwa Stücke aus Humboldts ‚Kosmos', vor allem die Vorträge von Helmholtz). 8. Schließlich werden dem Schüler noch zur Wahl gestellt: entweder Englisch oder höhere Mathematik (analytische Geometrie, sphärische Trigonometrie mit Astronomie, Anfangsgründe der Infinitesimalrechnung). 9. Als völlig neues Fach erscheint im Lehrplan der Unterricht in der Philosophie, der an Stelle der bisher gelehrten gänzlich nutzlosen Herbartschen Psychologie die Geschichte der bedeutendsten Denker und ihrer Systeme zum Gegenstand hat. Die Lektüre nicht allzu schwieriger Werke (etwa Descartes oder Locke, die kleineren Schriften Kants und Schopenhauers und ähnliches) hat sich anzuschließen. Daneben schriftliche und mündliche Erörterungen.

Es wird nun gewiß manchen geben, dem diese Gymnasialreform beiweitem nicht radikal genug erscheint. Aber ich glaube nicht, daß es gut wäre, noch weiter zu gehen und mit dem Grundsystem zu brechen. Jenen, die die ganze Institution des Gymnasiums am liebsten abgeschafft sehen möchten, kann man nur erwidern: was das Gymnasium wert ist, sieht man weniger an denen, die es besucht haben, als an denen, die es nicht besucht haben.

DER FRANZÖSISCHE SCHWANK

In den Kammerspielen wird jetzt ein französischer Schwank aufgeführt: ‚Haben Sie nichts zu verzollen?' von Hennequin und Veber, in dem auch ich mitspiele. Bekanntlich bestehen Theaterproben darin, daß man vier Fünftel der Zeit müßig herumsteht und während des restlichen Fünftels mit dem Regisseur streitet. Ich war nun während dieser höchst unerwünschten Mußestunden förmlich gezwungen, den Schwank in seinen sämtlichen Einzelheiten genau kennen zu lernen und dabei habe ich versucht, mir klarzumachen, worauf denn dieser im Deutschen unnachahmliche Erfolg der französischen Possen zurückzuführen ist. Man soll sich bemühen, aus allem etwas zu lernen, selbst aus einer Theaterprobe.

Wir haben hierzulande nichts, was dem französischen Schwank entspricht. Unser komisches Drama weist dreierlei Spielarten auf. Erstens die Kopien nach französischem Muster, also Champagner, der erst in Deutschland auf Flaschen gefüllt wurde: mit diesen wollen wir uns gar nicht erst beschäftigen. Auf ihnen liegt der Fluch, der jedes gestohlene Gut zu einem freudlosen Besitz macht, sei es nun geistiger oder materieller Natur. Sie erfüllen den Dieb mit einer Unsicherheit und Befangenheit, die man ihm auf hundert Schritt anmerkt. (Ich möchte überhaupt bei dieser Gelegenheit bemerken, daß das Geschrei gegen Plagiatoren eines der überflüssigsten Geschäfte der Welt ist. Jedes Plagiat richtet sich selbst. Eine Idee, die nicht dir, sondern einem andern gehört, kannst du auch nicht handhaben, sie wird dich abwerfen wie das Pferd den fremden Reiter, sie ist wie eine Schmuckkassette, deren Vexierschloß du nicht kennst. Man lasse daher die Leute an geistigem Eigentum nur ruhig zusammenstehlen, was sie erwischen können, denn niemand anderer wird Schaden davon haben als sie selbst, die ihre schöne Zeit an etwas völlig Hoffnungsloses vergeuden.)

Zweitens gibt es bei uns eine Art von Theaterstücken, die ich – natürlich ohne beleidigenden Sinn – als Bubenstücke bezeichnen möchte. Sie bestehen lediglich aus mehr oder minder geistreichen Aperçus, Witzen, Glossen und Aphorismen, mehr oder minder originellen Anekdoten, aus nichts als Glanzlichtern und apart Gesprochenem, aus lauter Dialogstellen, aber niemals aus einem Dialog, geschweige denn aus einer Handlung. Es sind übermütige Launen, tolle Einfälle, kurz Bubenstreiche. Der Typus dieses Genres sind heutzutage die Komödien von Sternheim. Meistens aber werden solche Stücke von zwei Personen verfaßt.

Drittens haben wir noch die paar großen deutschen Lustspiele, die jeder kennt und lobt: ‚Minna von Barnhelm', ‚Der zerbrochene Krug', wenn man will, kann man auch die ‚Meistersinger' dazu zählen, obzwar es mit Humor unter Musikbegleitung eine eigentümliche Sache ist, und ich möchte unter allen Umständen ‚Lumpazivagabundus' und ‚Zu ebener Erd' und im ersten Stock' hierherrechnen, aber das werden die Literaturprofessoren nicht gestatten. Indes: wenn man von Nestroy absieht, sind diese sogenannten klassischen Lustspiele eigentlich wirklich etwas zum Lachen? Zumindest bei ‚Minna von Barnhelm' möchte ich diese Frage aufs allerbestimmteste verneinen. Ich halte – wenn ich schon dabei bin, die Professoren zu ärgern, warum nicht gleich ordentlich? –, also ich halte überhaupt Lessing für keinen großen Dramatiker. Ich glaube nämlich: er war zum Stückeschreiben zu gescheit. Er hätte auch niemals ein Drama geschrieben, wenn es zu jener Zeit ein anderer besser gekonnt hätte. Aber da es ihm darum zu tun war, auch praktisch zu zeigen, wie er es meinte, war er genötigt, eine Reihe von Paradigmen zu schaffen, die genau so viel und genau so wenig wert waren wie alle Musterleistungen, das heißt didaktisch sehr viel und künstlerisch sehr wenig. Er war der geniale Regisseur der deutschen Poesie und wollte niemals ihr genialer Schauspieler sein. Aber auch im Theater bleibt bisweilen dem Regisseur nichts anderes übrig, als auf die Bühne zu springen und die Sache einmal selber vorzuspielen; aber nicht als der beste Schauspieler, sondern als der gescheiteste Kopf des Ensembles.

Was aber die übrigen werten Deutschen anlangt, so verhalten sie sich bei der Abfassung eines Lustspiels wirklich wie der Deutsche in jener Scherzfrage, welche lautet: Wie werden sich die verschiedenen Nationen benehmen, wenn sie über das Wesen des Kamels Auskunft geben sollen? Antwort: Der Engländer wird eine Weltreise antreten, ein Kamel schießen und nach Hause bringen. Der Franzose wird sich in den Pariser jardin des plantes begeben und wenn er dort kein Kamel vorfindet, so wird er stark zu der Ansicht neigen, daß es überhaupt keine Kamele gibt. Der Deutsche jedoch wird sich auf seine Studierstube zurückziehen und dort den Begriff des Kamels aus der Tiefe seines Gemüts konstruieren.

Der Deutsche also konstruiert ein Lustspiel aus den Tiefen seines Gemüts, der Franzose hingegen konstruiert es aus den Gegebenheiten des Theaters. Und er konstruiert es mit ebenso großer Genauigkeit wie Leichtigkeit. Diese Schwerelosigkeit, dieses Schwebende und Improvisierte gibt noch der dümmsten französischen Posse einen unnachahmlichen Reiz. Der Franzose nennt daher auch dieses Genre „pochade", was in der Malerei soviel bedeutet wie: flüchtig hingeworfene Skizze. Woher kommt nun diese Leichtigkeit? Aus dem Handgelenk? Ja; aber wie bei einem Klaviervirtuosen, dessen leichtes Handgelenk die Frucht angestrengtester und beharrlicher Bemühungen und Übungen ist. Es handelt sich also um eine scheinbare, dem Schicksal durch Fleiß und Klugheit abgetrotzte, eine wohl vorbereitete, ausprobierte und ausgedachte, mit einem Wort: um eine artistische Leichtigkeit. Sie beruht auf der präzisesten und subtilsten Handhabung der Gesetze der Possenkomik.

Das erste dieser Gesetze ist allbekannt. Es lautet: Das Publikum einweihen, mit ihm unter einer Decke spielen, es zum geheimen Bundesgenossen gegen die agierenden Figuren machen. Also auf der einen Seite: der Autor und das Publikum, durch ihre gemeinsame unterirdische Mitwisserschaft bereits dick miteinander befreundet; auf der anderen Seite: die zappelnde Welt geängstigter und gehetzter, gefoppter und blamierter Gliederpuppen. Aus diesem Gesetz ergibt sich das zweite, das mit ihm fast identisch ist: Vorbereiten. Jede komische Situation muß von langer Hand her aufs vorsichtigste und umsichtigste in das System von Bewegungen und Gegenbewegungen, aus dem die Komödie besteht, verzahnt und eingebaut sein. Anderseits darf aber auch nichts Überflüssiges vorkommen, alles, was da ist, muß den Zweck haben, irgendeinen komischen Moment so lange von allen Seiten einzukreisen, bis er nicht mehr entwischen kann. Dieser letztere Punkt wird von Menschen, die das Metier nicht vollständig beherrschen, öfter vernachlässigt als der erstere. Er ist aber ebenso wichtig. Das Publikum fragt sich nämlich bei jedem neuauftauchenden Detail sofort instinktiv: was bezweckt es? Ein Theatermann erzählte mir einmal eine Geschichte, die hiefür charakteristisch ist. Bei der Premiere eines Lustspiels bemerkte der Theatermeister im letzten Moment, daß er vergessen hatte, eine schöne Stutzuhr aufzustellen, die lediglich zur Vervollkommnung des Bühnenbilds bestimmt war. Rasch holte er das Versäumte nach, aber schon ging der Vorhang in die Höhe. Das Stück begann also für das Publikum damit, daß ein Mensch eine große Stutzuhr in eine Ecke des Zimmers stellte und schnell davonlief. Infolgedessen fiel das Stück durch. Denn das Publikum wartete nun fortwährend auf die Aufrollung des Tricks mit der Stutzuhr. Aber nichts dergleichen kam, die Aufmerksamkeit wurde infolgedessen zerteilt, abgelenkt, verwirrt, und das verträgt kein Publikum.

Dies führt nun zum dritten Gesetz: Es muß ein Trick da sein, und dieser muß so lange gefletchert werden, bis er vollständig jeden Geschmack verloren hat. Genau in diesem Moment muß das Stück aus sein. Nicht später; aber auch nicht früher: es muß ganz und gar exploitiert sein, nach allen Windrichtungen, bis auf die letzte Möglichkeit, sonst fühlt sich das Publikum geprellt. Es kommt also, wie man sieht, nicht so sehr auf den Trick selbst an, als auf die Art, wie er methodisch behandelt wird.

Wie man bemerken wird, hat dieses ganze Verfahren etwas stark Mechanisches. Aber gerade dies entspricht dem wichtigsten, dem Haupt- und Grundgesetz der französischen Posse. Schon der Dialog wird fast durchweg in kurzen Sätzen und Gegensätzen, in einem unerbittlichen staccato, einer scharfen, gehackten Klöppelmanier geführt. Diese überaus wirksamen Rededuelle finden sich, wie jeder weiß, schon sehr häufig bei Molière, aber sie haben eine noch viel ältere Tradition hinter sich: sie gehen bis auf das griechische Drama zurück, wo sie mit dem lästigen Fachausdruck „Stichomythie" bezeichnet werden. Diese ganze Art erinnert an die allbekannten zwei Blechwursteln, die an einer Pumpe ziehen; drückt man den einen hinunter, geht der andere hoch und umgekehrt. Die außerordentliche Exaktheit der französischen Syntax bietet hier noch besondere Vorteile. Und ganz ebenso gehorcht die Handlung einer höchst mechanischen Kausalität, die phantastisch und unwahrscheinlich wirkt, gerade weil sie so prompt und exakt funktioniert, wie es die des Lebens nie tut: eine arithmetische, eine abgekartete, eine Schachkausalität. Kurz: die gallische Posse ist nicht etwa der Gipfelpunkt des Unsinns und der Irrationalität, sondern im Gegenteil der Triumph des lateinischen Rationalismus.

Man könnte nun zunächst bei oberflächlicher Betrachtung glauben, dieses durchaus Ausgerechnete und Vorherbestimmte der französischen Technik müsse den komischen Eindruck abschwächen; in Wirklichkeit aber verstärkt es ihn, ja bedingt es ihn. Je mechanischer die Lustspielgesetze gehandhabt werden, je marionettenmäßiger mit den Figuren umgesprungen wird, je mathematischer sich die Szenenfolgen abwickeln, wie die Kolonnen einer Gleichung oder Addition, desto komischer wirkt das Ganze. Das Komische beruht hier, wie stets, auf einem Widerspruch, einer Paradoxie: weil nämlich das Leben als etwas Organisches das absolute Gegenteil alles Mechanischen ist, eben darum wirkt mechanisiertes Leben oder Leben, das so behandelt wird, als ob es ein Mechanismus wäre, unfehlbar komisch. Dies ist, nebenbei gesagt, auch die stärkste Widerlegung der sogenannten mechanistischen Theorie des Lebens. Unser Lachen, das aus den Tiefen unseres Unterbewußtseins, aus dem Zwerchfell, dem sympathischen Nervensystem, aus unserem geheimnisvollen, aber untrüglich sicheren Gattungswissen kommt, widerlegt diese Theorie. Wäre der Mensch wirklich ein homme machine, so würden wir über die Possentechnik nicht lachen.

Aber weil es sich in diesem Falle nur um ein atavistisches, ein vegetatives und animalisches, ein peripherisches Lachen handelt, eben darum verweigern wir ihm auch nachträglich unsere zerebrale Anerkennung und Legitimierung. Außerdem haben wir das unangenehme Gefühl, den kalten Kunststücken irgendeines Taschenspielers, Scharlatans oder Varietéillusionisten aufgesessen zu sein. Und deshalb kann man beobachten, daß bei allen diesen französischen Schwänken sehr viel gelacht und sehr wenig geklatscht wird; sondern das Publikum entfernt sich ein wenig beschämt und verstimmt. Dies ist sozusagen die Nemesis der gallischen Possenmathematik. Aber dem Kassier, der ja selber nur ein kalter Rationalist ist, dürfte das ziemlich gleichgültig sein.

MOLIÈRE-GOLDONI-ABEND IM BURGTHEATER

Man wird mich jetzt wahrscheinlich für einen sehr ungebildeten Menschen halten, aber ich finde: Molière ist für das heutige Theater nur noch eine große anbetungswürdige Niete. Ich kann mich jedoch bei dieser haarsträubenden Behauptung auf jemanden berufen, der zweifellos noch mehr vom Theater verstanden hat als ich, nämlich auf Heinrich Laube, der schon vor fünfzig Jahren in seiner Geschichte des Burgtheaters über Molières Lustspiele gesagt hat: „Wenn wir diese alten Stücke trefflich dargestellt im Théâtre Français sehen, so müssen wir uns sehr stacheln mit literarischen Sporen, um ihnen einigen Geschmack abzugewinnen; eigentlich finden wir sie insipid, grob, veraltet. Alte, unverlöschliche Linien der Lustspielwirkung erkennen wir wohl, aber es sind nur Linien zu Studien. Der Inhalt, den sie einkreisen, ist uns längst fade geworden." Und ich kann noch einen zweiten anführen, der vermutlich ein noch größerer Psycholog war als ich, nämlich Strindberg, der sagt: „Der bürgerliche Begriff von der Unbeweglichkeit der Seele wurde auf die Bühne übertragen, wo das Bürgerliche immer geherrscht hat. Ein Charakter wurde da ein Herr, der fix und fertig war ... Diese Lust, die Menschen einfach zu sehen, ist noch bei dem großen Molière vorhanden. Harpagon ist nur geizig, obwohl Harpagon ebensowohl ein Geizkragen wie ein ausgezeichneter Finanzier hätte sein können, ein prächtiger Vater, ein gutes Gemeindemitglied ..." Und ich habe schließlich noch einen dritten auf meiner Seite, dessen Urteil noch ausschlaggebender ist als meines und sogar als das Laubes und Strindbergs, nämlich das Publikum. Dieses amüsiert sich bei Molière nur noch historisch, nicht direkt, sondern durch eine bewußte oder unterbewußte Erwägung von der Art wie: „Schau, schau, also schon damals ...!", etwa so, wie wenn jemand sich dem Studium des Seelenlebens der Fidschi-Insulaner gewidmet hätte und nun mit Erstaunen bemerkte, daß es auch bei diesen ganz zivilisierte Konflikte, wie unglückliche Liebe, gekränkte Eitelkeit und Obstipation gibt. (Ich spreche hier nur von dem geistigen Teil der Molièreschen Komik, selbstverständlich bleibt noch ein Rest von höchst materiellen Dingen zurück, die ganz unmittelbar aufs Zwerchfell wirken, jenes eiserne Inventar von Possensituationen, über das man immer gelacht hat und noch in zweitausend Jahren lachen wird: wenn einer hinfällt, stottert, rülpst, eine lange Nase hat oder eins auf den Hintern bekommt; diese Dinge sind freilich unsterblich, nämlich genau so unsterblich wie die menschliche Gemeinheit). Im übrigen aber stehen wir vor Molière wie vor einem renommierten, erstklassigen Antiquitätenladen, dieses Bric-à-brac erzeugt in uns nur noch etwas Rührung, viel Hochachtung und sehr viel Langeweile. Es geht uns mit diesen Stükken wie mit einer wertvollen alten Uhr. „Welche wundervolle Pendule", sagen wir, „ein Meisterwerk ihrer Zeit, und alles mit der Hand gemacht! Aber leider – die Räder sind kaputt; sie geht nicht mehr."

Also wozu die Hemmungen, da wir ja das Abiturium glücklich hinter uns haben? Gestehen wir es nur ruhig ein: Molière geht nicht mehr. Die Sitten, die er „anprangert", haben sich längst selbst desavouiert, die Schwächen, die er „geißelt", sind nicht mehr wahr, denn unsere Laster und Irrtümer sind vielgemischter, opalisierender, vielseitiger, und das Alltagskleid, in dem seine Komik auftritt, ist für uns zur fremden

Maskerade geworden. Auch dies ist ein Grund, warum wir über ihn nicht mehr recht lachen können. Heiterkeit setzt nämlich immer einen gewissen Grad von Intimität voraus: nur was uns vertraut ist, was wir genau kennen, kann uns humoristisch stimmen, im Grund lachen wir eigentlich immer nur über uns selber, über unsere eigenen komischen Möglichkeiten. Wenn man aber noch nach einer spezielleren ästhetischen Begründung suchen wollte, so dürfte sie, glaube ich, in folgendem einfachen Zusammenhang zu finden sein. Alle rein komischen Kunstgattungen sind ihrem innersten Wesen nach naturalistisch, weil sie genötigt sind, ihr Material stets unmittelbar vom Leben zu beziehen. Wirklichen Humor hat nämlich immer nur das Leben selbst, und wer es am treuesten abschreibt, abzeichnet und nachspielt, der wird die stärkste Komik hervorbringen. Daher sind die größten Humoristen unter den Dichtern und Malern immer stets Realisten gewesen, daher werden Schauspieler mit ausgesprochener vis comica immer zugleich wegen ihrer „Natürlichkeit" gerühmt, und daher erzielen die größten Naturalisten unter den Komikern, nämlich die Tiere, oft Wirkungen, die von keinem Menschen erreicht werden. Daher wirken ausgedachte Scherze immer frostig, im Gegensatz zu den wirklichen, vom Leben geschaffenen Humoresken. Der Komödiendichter bewegt sich infolgedessen immer in der Gegenwart. Schon Aristophanes und Menander haben sich um die Historie ebensowenig gekümmert wie Nestroy oder Courteline; Shakespeares lustige Stücke spielen alle im Zeitalter der Elisabeth; Kleist hat nur ein einziges seiner Dramen in die Gegenwart verlegt: den ‚Zerbrochenen Krug', dieser ist zugleich seine einzige Komödie. Und der größte Komödiendichter aller Zeiten, Henrik Ibsen, hat in dem Augenblick, als er diesen Beruf in sich entdeckte, sofort das historische Gebiet verlassen, mit dem er sich bis dahin fast ausschließlich befaßt hatte. Kurz, jede echte Lustspieldichtung ist aus der Gegenwart geschöpft, und ihr poetischer Wert besteht ja gerade darin, daß sie ein so volles und starkes, treues und reines Abbild ihres Zeitalters darstellt. Aber weil diese Schöpfungen eben so ganz „Leben“ sind, frischestes, pochendes, blutvolles Leben, darum teilen sie auch das Schicksal alles Lebens, daß sie sich in einer gewissen Zeit aufbrauchen. Ihr Blut wird immer dünner, träger, kraftloser, sie ermüden, verkalken und schließlich gehen sie eben ein. Mit dieser Tatsache sollte man sich abfinden, indem man alle schuldige Pietät zollt, aber nicht mehr.

Was aber die Werke Goldonis anlangt, so verdienen sie nicht einmal Pietät. Denn sie waren schon für ihre Zeit keine großen befreienden Taten, sondern eher reaktionäre Handlungen, in denen die gescheite formsichere Unkunst über den blühenden, leben-strotzenden Unsinn triumphierte. Die Literaturgeschichte verehrt bekanntlich in Goldoni den Mann, der die Commedia dell'arte von der Bühne verdrängt und durch das regelrechte, sorgfältig geführte Charakterlustspiel, die Commedia di carattere, ersetzt hat. Ich bin jedoch überzeugt, daß die improvisierten Zoten und Clownerien des Pulcinello, Pantalone und Capitano und die boshaften Frivolitäten der Colombina hundertmal lustiger, farbiger und selbst menschlicher waren als das sittsame Getändel der Lovandiera und die korrekte Dialektik des Ritters Ripafratte. Als alter Kabarettier habe ich überhaupt gegen alle „Reiniger des Theaters“ ein erhebliches Mißtrauen und bin geneigt, zu vermuten, daß sie ebenso langweilig waren wie die Puristen und Puritaner auf den übrigen Gebieten, wie mir denn auch die berühmte „Vertreibung des Hanswursts von der deutschen Bühne“ durch die gute Tante Neuberin schon deshalb als eine recht gouvernantenhafte Handlung vorkommt, weil alle Literaturprofessoren davon gar so begeistert sind. [...]

DIE DIPLOMATIE

Die Schurkerei, sagt der Pessimist, ist leider der menschlichen Rasse ziemlich eingefleischt, was sich nur zu oft grade in den für uns typischen (sowohl privaten wie öffentlichen) Handlungen zeigt und auch ziemlich deutlich in den Gesetzen und Institutionen, die wir zu errichten für notwendig erachten. Nicht doch! sagt der Optimist: die Schurkerei ist der bedauerliche Ausnahmefall, die Mißbildung, das Pathologische am Baume der Menschheit, sonst hätte sie nicht allemal das (sowohl private wie öffentliche) Gewissen gegen sich. Gibt es, zum Beispiel, irgendeinen offiziell anerkannten oder gar staatlich betriebenen Beruf, dessen Inhalt die Schurkerei wäre? Gewiß, erwidert der Pessimist, gibt es einen: die Diplomatie.

Man schafft jetzt so vielerlei Dinge ab, die teils gleichgültig sind, wie der Franz-Josefs-Orden und die Anrede „Kaiserlicher Rat", teils sehr nützlich, wie die mündliche Matura und die Sommerzeit; aber man denkt nicht daran, eine der gefährlichsten, verächtlichsten und dümmsten Sachen aus der Welt zu bringen: die Diplomatie. Um die schädliche, unwürdige und gradezu teuflische Rolle, die diese Einrichtung in der menschlichen Gesellschaft spielt, auch nur einigermaßen erschöpfend darzulegen, müßte man aus der Geschichte beweisen, wie allerspätestens seit Ludwig dem Vierzehnten sämtliche großen Kriege von der Diplomatie verschuldet worden sind: entweder durch ihre tölpelhafte Ungeschicklichkeit oder durch ihre frivole und träge Fahrlässigkeit oder durch infame Perfidie; man müßte aus der ganzen diplomatischen Technik beweisen, daß diese angebliche Kunst nichts ist als ein halb grauenhaftes, halb lächerliches Gemisch von Unsinn und Niedertracht; und man müßte schließlich an einzelnen, besonders hervorragenden Repräsentanten, sogenannten „Meistern des Fachs" beweisen, daß sie durchweg Opfer einer merkwürdigen und ungeheuerlichen Psychose waren, nämlich Naturen von einer gewissen Gestaltungskraft, die sich aber, da sie nicht geistig genug war, um sich künstlerisch entladen zu können, ins Leben verirrte, wo sie natürlich nur Unheil stiften konnte. Aber von alledem will ich nicht reden, sondern nur von einigen höchst einfachen Zusammenhängen, die sich unwillkürlich aufdrängen.

Man denke doch nur fünf Minuten lang über folgende haarsträubende Tatsache nach: Eine ganze Klasse von Menschen, zumeist jener fetten, trüben Oberschicht von Nichtstuern, Weiberjägern und Hasardspielern angehörig, die man bisher die Crême nannte, wird von den angeblich so sittlichen und zum Schutz gegen Laster und Verbrechen errichteten modernen Staaten erzogen, ausgestattet, mit Ehrenzeichen und Titeln belohnt – und ausdrücklich und eingestandenermaßen dafür, daß sie ihr Leben mit Lügen, Betrügen, Spionieren, Intrigieren und Bestechen hinbringt! Staatlich anerkannte und besoldete Taugenichtse und Gauner also! Drohnen mit Giftstacheln also! Menschen, denen Ehrlichkeit von Amts wegen strengstens verboten, dagegen Verleumden, Hinterslichtführen, Fälschen, Heucheln und jede Art menschlicher Nichtsnutzigkeit von allerhöchster Stelle zur patriotischen Pflicht gemacht wird! Es gibt keine Räuberbande, keine Diebshöhle, keine Einbrechergesellschaft, die einem so sonderbaren Moralsystem huldigte. Denn in allen diesen Vereinigungen ist das Verbrechen gelegentlicher Anwendung vorbehalten: aber für den Diplomaten ist die Schurkerei dauernde und unverbrüchliche Lebensform, mit der er aufwacht und schlafen geht, die jede seiner Handlungen ausnahmslos beherrscht und reguliert.

Manche werden nun überlegen lächeln und sagen: Welche weltfremde, dilettantische und kindische Auffassung des Lebens und der menschlichen Beziehungen! Wohin käme man denn, wenn man immer plump und gradezu die Wahrheit redete, alle seine Pläne redselig enthüllte und jede List und Finte wie die Pest scheute? Schon der Einzelne würde es mit einer solchen Praxis nicht weit bringen. Um wie viel weniger ist derlei im Völkerverkehr möglich, wo es sich um die verwickeltsten, ausgedehntesten und schwankendsten Zusammenhänge handelt! Mit solchen Maximen könnte man doch nicht einmal einen vorteilhaften Kuhhandel schließen, geschweige denn große Politik treiben.

Ich aber erwidere: Das Erste, was ein Mensch, der irgendwo etwas vorwärtsbringen will, wissen sollte, ist dies, daß sich mit Lügen nie etwas dauernd Wertvolles erreichen läßt. Das ist vielleicht sehr schade, aber es ist einmal so; die Empirie lehrt es. Ich wenigstens kenne keinen Fall in der ganzen Geschichte der Menschheit, an dem sich das Gegenteil beweisen ließe. Eine Lüge ist nichts, ist allemal nur die Negation irgendeiner Wirklichkeit: wie sollte es möglich sein, auf einem Nichts und einer Verneinung irgendetwas von einiger Festigkeit zu errichten? Man sagt: Alle die Schlechtigkeiten, die die Diplomatie begeht, werden ja nur im Dienst eines ungemein reinen, hohen und edlen Zweckes getan – sie geschehen zum Besten des Vaterlandes. Aber daß etwas Edles durch gemeine Mittel, etwas Hohes von niedrigen Menschen und etwas Reines mit schmutzigen Instrumenten vollbracht werden kann: diesen frechen und albernen Paralogismus wird mir kein Mensch einreden.

Aber ich will gar nicht von der Moral sprechen. Jede Lüge ist vor allem eine grenzenlose Dummheit. Jeder nur einigermaßen gescheite Mensch wird der Wahrheit unbedingt und in allen Fällen den Vorzug geben, denn er wird sehr bald erkennen, daß sie das bequemste, billigste und sicherste Verkehrsmittel ist. Es gibt nichts Dilettantischeres als Lügen. Und daher, glaube ich, kommt es wohl hauptsächlich, daß der Durchschnittsdiplomat ein geistig so besonders minderwertiger Mensch ist und, umgekehrt, intellektuell tiefstehende Personen sich mit solcher Vorliebe zu dieser Karriere drängen. Ein Leben andauerndster Spiegelfechterei, Geheimniskrämerei, schiefer, unklarer und zweideutiger Einstellung zu allen Menschen und Dingen kann man auf die Dauer nur aushalten, wenn man ein Esel ist (oder, wie die wenigen großen Diplomaten, ein Verbrecher). Und so stellt sich denn das groteske Mißverhältnis heraus, daß diejenigen Staatsfunktionäre, die die ungeheuerlichste Verantwortung haben, in denen, wenn sie ihrer Aufgabe auch nur einigermaßen gerecht werden wollten, die abgeklärteste Wahrheit und Menschenkenntnis, ein sublimes Wissen um alle Dinge versammelt sein müßte, die beschränktesten, seichtesten und unkundigsten Menschen sind, deren Gesichtsfeld zumeist nicht mehr enthält als ein Aktenbündel und eine Tennispartie.

Die Diplomaten spielen im Völkerleben dieselbe Rolle wie die Advokaten im Privatleben. Diese sind dazu da, um durch Kniffe, Verdrehungen, Hinterhältigkeiten Unrecht zu Recht zu machen; dafür und nur dafür hält sie sich der verblendete Klient. Sie verwirren die Angelegenheiten auf heillose Weise: dies ist nämlich die einzige Methode, die ihnen die Hoffnung gibt, einem klaren Rechtsfall – denn im Grunde ist jeder Rechtsfall ganz klar, das behaupte ich steif und fest – zu einer für sie günstigern, das heißt: falschen Auslegung zu verhelfen. Sie greifen ferner den Prozeßgegner, der nichts weiter angestellt hat, als daß er einen Anspruch erhebt, auf den er, irrtümlich oder nicht, ein Recht zu haben glaubt, in ganz unzulässiger Art persönlich an, suchen ihn auf alle mögliche Weise lächerlich, verächtlich, verdächtig zu machen und nähren so eine Atmosphäre der Gehässigkeit, Gereiztheit und Unversöhnlichkeit, durch die jede billige, ehrliche und menschliche Lösung unmöglich gemacht wird. Sie nähren diese Atmosphäre, weil diese Atmosphäre sie nährt. So entstehen Prozesse, so ziehen sich Prozesse in die Länge, und so endigen Prozesse, meist zum Schaden beider Teile, denn auch dem siegreichen Partner ist zumindest seine Ruhe auf lange Zeit geraubt worden. Primitive Menschen haben denn auch eine instinktive

Abneigung gegen das Gerichtsverfahren; sie halten es für nicht ganz sauber oder für unheimlich. Es ist auch etwas Unheimliches, denn es ist etwas Unmenschliches. Der einfache Mann aus dem Volke empfindet das sehr gut. Er geht ungern zu Gericht. Aber nun kommt der „Doktor" und beweist ihm, daß der Prozeß unbedingt zu gewinnen ist. Schön. Und selbst wenn er gewonnen ist, selbst wenn der Sieger alle Schätze Indiens durch ihn gewinnt: nimmt er nicht unwiederbringlichen Schaden an seiner Seele? Hat der Prozeß ihn nicht hassen, lügen gelehrt, hat er nicht den in Jedermann schlummernden teuflischen Mammonismus in ihm verzehnfacht? Der Advokat gibt ihm Verhaltungsmaßregeln: wenn der Richter Sie das und das fragt, so sagen Sie das und das. Und doch, mein lieber Prozessierer, gibt es nur eine einzige Verhaltungsmaßregel für dich, vor Gericht sowohl wie überhaupt in jeder Minute deines Daseins: Wenn dich jemand das und das fragt, so antworte ihm die Wahrheit, oder was du für die Wahrheit hältst. Hat aber schon jemals ein Advokat seinen Klienten so instruiert? So lernt er lügen oder jene perfide Form der Scheinwahrheit gebrauchen, die noch weit schlimmer ist als die Lüge, weil sie nicht einmal mit dem Preis des bösen Gewissens bezahlt wird. Er lernt mit gutem Gewissen lügen: gibt es etwas Verdammenswerteres? Und er lernt im Prozeßgegner seinen Feind hassen, und ebenso in jedem Zeugen, der gegen ihn aussagt, und in Jedem, der findet, er sei im Unrecht, also in der halben Welt! Er geht aus dem Prozeß als ein Kind des Satans hervor.

Was der Advokat im Kleinen wirkt, das wirkt der Diplomat im Großen. Sie sind die Meister der Lüge, die Fürsten der Hölle. Der Staat hält sich bezahlte Schurken, und zwar die böseste Spielart: Schurken mit gutem Gewissen, denn sie lügen ja „fürs Vaterland"! In der Renaissance vergifteten sie fürs Vaterland. Wir blicken vom Gipfel unsrer Humanität mit einigem Abscheu auf diese Beschäftigung der frühern Attachés.

Aber ist der Unterschied so groß? Er ist sehr klein, vielmehr: er ist gar nicht vorhanden. Gottes Gebote sind alle gleich wichtig. Übertritt eines von ihnen, nicht etwa in Leichtsinn oder Gedankenlosigkeit, sondern systematisch und bedacht, indem du dies zu einer Art Lebensinhalt machst, und du bist der Feind Gottes. Und übrigens vergiften unsre Diplomaten ja noch heute, nur mit feinern, und das heißt: bösern Giften. Sie machen ganze Völker zu „Prozeßgegnern".

Die Diplomaten haben natürlich den Krieg nicht erfunden, so wenig wie die Advokaten den Prozeß. Aber sie sind seine stärksten Helfer, Initiatoren und Verlängerer. Sie vertiefen und verewigen ihn. Wenn man die Diplomaten entfernt, so werden die Kriege nicht aufhören. Aber sie werden vielleicht seltener und bestimmt edler, aufrichtiger und mit mehr Widerstreben geführt werden. Und vielleicht, indem sie so ihre Stellung in der Ökonomie unsres Denkens und unsrer Moral immer mehr verlieren, werden sie dann doch aufhören.

„FIORENZA"

Herman Grimm beginnt sein ‚Leben Michelangelos' mit den Worten: „Es gibt Namen, die etwas von einer Zauberformel an sich tragen. Nichts Bestimmtes, keine einzelnen Gestalten erblicken wir, aber Wolkenzüge, aus herrlichen Männerscharen gebildet, ziehen am Himmel hin. Florenz! – und die Pracht und leidenschaftliche Bewegung der italienischen Blütezeit duftet uns an wie volle blütenschwere Äste, aus deren dämmeriger Tiefe flüsternd die schöne Sprache redet." Und Camille Mauclair, einer der führenden Literaten des französischen Impressionismus, schließt sein Werk über Florenz mit den Sätzen: „Florenz vermittelt dem Geist neue Spannkraft, unsere Vitalität wendet sich höheren Wünschen zu, und unsere Forderungen an uns selber werden höher. Nur eine heißgeliebte Frau bewirkt im Manne das gleiche Wunder. Florenz ist eine kühne stolze Frau, die aufrecht auf der Schwelle ihrer Paläste steht. Auf den blumigen Höhen von San Miniato erschienen mir eines Abends im zitternden Nebel, der über dem Fluß aufstieg, die verschwommenen Formen dieser christlichen Minerva."

Man könnte sagen, daß der geistige und künstlerische Inhalt von Thomas Manns Drama in einer Synthese aus diesen beiden Anschauungen besteht. Auch hier erscheint, wie dies ja schon der Titel andeutet, die Stadt Florenz, dieser geheimnisvolle Brutherd von so viel Schönheit, Laster, Reiz und Fäulnis, fast wie ein beseeltes Wesen, ein verführerisches Weib, an dem seine Anbeter sich entflammen und verzehren, und die leidenschaftliche Bewegung der Florentiner Blütezeit, von der Herman Grimm spricht, ist mit seltener Kraft zu neuem Leben erweckt: die „schöne Sprache" aber redet meisterlich aus der so glänzend und sicher beherrschten Wortkunst, die sich wie ein schwerer, reicher Brokatmantel um das Werk legt. Jenes Italien der Hochrenaissance steigt vor uns herauf, in dem die Kunst nicht wie heute eine angenehme Draufgabe zum Leben war, sondern eine Lebensfunktion des Menschen, ein unerläßlicher Bestandteil seiner Vitalität; diese seltsam komplexen Seelen kehren für Stunden zurück, in denen Talent und Verworfenheit, feinster Geschmack und raffinierteste Niedertracht, vollendete Geistesbildung und vollendete Verruchtheit friedlich nebeneinander wohnten.

Im Frühling des Jahres 1492 erkrankte plötzlich, kaum vierundvierzigjährig, Lorenzo di Medici, genannt il magnifico, der Beherrscher und Erneuerer von Florenz, der glänzende Kenner und Förderer der Künste und Wissenschaften. Man sprach von Gift. Zur gleichen Zeit hielt Fra Girolamo, der Prior von San Marco, der Welt bekannt unter dem Namen Savonarola, seine gewaltigen Predigten gegen das Heidentum, die Verderbtheit und Sinnenknechtschaft der Zeit, in denen er ganz offen Lorenzo als das Herz des Übels anklagte. Dieser ließ ihn in weltmännischer Gelassenheit gewähren; und als er schon mit dem Tode rang, empfand er plötzlich den Wunsch, den seltsamen Mönch zu sehen. Savonarola kam und es fand eine lange Unterredung zwischen den beiden statt, über deren Inhalt nichts näheres bekannt ist. Polizian sagt in seinen Briefen, sie seien versöhnt geschieden und Savonarola habe Lorenzo gesegnet; nach einer anderen Version soll er den Segen verweigert haben.

Dieses geheimnisvolle Gespräch des sterbenden Mediceers mit dem finsteren Prediger der Buße und Askese, der Zusammenstoß zwischen Griechentum und Nazarenertum ist offenbar das, was Thomas Mann dramatisch und dichterisch am stärksten gereizt hat. Und in der Tat ist dies ja ein ewiger Konflikt in der Seele der Menschheit und zumal in der Seele des Künstlers: die furchtbar aufwühlende Frage, ob der Sinn des Daseins die Schönheit oder die Güte sei? Ist es nicht die beglückendste und adeligste Aufgabe des Menschen, die Welt immer reicher, begehrenswerter und kostbarer zu machen, immer mehr mit Geist und Glanz zu füllen? Oder ist es nicht vielleicht doch das Beste, Natürlichste und Gottgefälligste, einfach ein guter Mensch zu sein, die anderen bei der Hand zu nehmen, ihnen zu dienen und zu nützen? Was ist das Ziel dieser unserer irdischen Wanderung? Die schrankenlose Bejahung dieser Welt in aller ihrer Kraft und Pracht? Aber das können wir nur auf Kosten unserer Reinheit. Oder die Rettung der uns vom Schöpfer anvertrauten Seele, ihre Läuterung und Entweltlichung? Aber dann haben wir nicht voll gelebt. Wer hat recht: der Künstler oder der Heilige, der Schöpfer oder der Überwinder?

Wunderbar ist nun die funkelnde Geistigkeit dieses ritterlichen Duells zwischen zwei tiefen und starken Menschen, wunderbar das prophetische Schlußwort Savonarolas: „Ich liebe das Feuer!"; aber es ist ein seltsamer Dilettantismus Thomas Manns, daß er diese große Auseinandersetzung, die das Herz seiner Dichtung bildet, ganz an den Schluß verlegt, daß er zwei und einen halben Akt lang nichts tut, als daß er auf sie vorbereitet und daß er die beiden Hauptfiguren überhaupt erst im letzten Akt auftreten läßt. Dieser Dilettantismus ist im Grunde höchst sympathisch, denn er entspringt der künstlerischen Noblesse des Dichters, die den groben und listigen Praktiken der Bühne wildfremd gegenübersteht. Im Buch stört auch dieser schwere technische Fehler nicht sonderlich, einer Aufführung aber kann er gefährlich werden. Denn hier liegt die Sache so, daß das Publikum das Kapital an Konzentrationsfähigkeit, das es ins Theater mitbrachte, bereits nahezu aufgebraucht hat, wenn endlich die große Scène à faire anhebt. Dazu kommt noch, daß die beiden ersten Akte besonders ermüdend wirken, weil sie zum großen Teil aus Ensembleszenen bestehen, nämlich aus Wechselreden einer größeren Gesellschaft von Kavalieren und Künstlern. Derlei Auftritte waren von jeher der Schrecken des Regisseurs, sie wirken immer irgendwie gestellt, marionettenhaft, unnatürlich und ermüden nach wenigen Minuten. Die griechischen Tragiker haben sehr wohl gewußt, warum sie stets nur zwei oder allerhöchstens drei Personen ins Gespräch brachten und dem Chor eine rein lyrische Rolle zuwiesen. Auch hat keine Bühne der Welt genug Schauspieler, um jede einzelne Figur mit einer Persönlichkeit besetzen zu können, die sich von den anderen scharf differenziert und im Gesamtbilde ihre starke eigene Lokalfarbe festzuhalten vermag; und die „Gesellschaft für dramatische Kunst" ist dazu natürlich auch nicht imstande. [...]

Herr Friedrich Rosenthal hat die Inszenierung mit viel Fleiß, Geschmack und Verstand besorgt, einfache und schöne Bühnenbilder gestellt und den Rhythmus des schwierigen Werkes aufs beste abschattiert; für diese Tat, die keiner unserer regulären Theaterdirektoren gewagt hätte, gebührt ihm der wärmste Dank aller Kunstfreunde. Das Publikum begrüßte den Autor nach dem dritten Akt mit vielen herzlichen Hervorrufen, aber man hatte den Eindruck, daß es damit mehr den Dichter Thomas Mann als den Dichter der ‚Fiorenza' ehren wollte.

DIE NONNE ROSWITHA

Dieser Aufsatz bildete den einleitenden Vortrag zu der überhaupt ersten Aufführung eines Roswithadramas, veranstaltet vom Wiener Deutschen Volkstheater mit Herrn Kutschera in der Hauptrolle. Die Dichterin hat demnach fast ein volles Jahrtausend warten müssen, bis ihre Manuskripte von einer Theaterkanzlei beachtet wurden. Indes: Vor Gott sind tausend Jahre wie eine Premiere; und ich schöpfe hieraus die freudige Hoffnung, daß ein unternehmender Theaterdirektor des dreißigsten Jahrhunderts auch einmal den Mut finden wird, meine „Judastragödie' zu spielen. Der Erfolg, den die Dichterin nach so langer Geduldsprobe fand, war übrigens ein sehr freundlicher, nur vielleicht nicht ganz von der Art, wie man ihn ihr wünschen möchte; denn als der Vorhang gefallen war, erschollen von der Galerie lebhafte Rufe: „Hoch Kutschera!"

Ist es nicht merkwürdig, daß der erste Mensch deutscher Nation, der auf die Idee kam, seine poetischen Visionen in dramatische Form zu kleiden, eine Frau war? Nun, es ist eigentlich gar nicht so merkwürdig, wie man auf den ersten Blick glauben sollte, denn es fußt auf einer Tatsache, die wir in der ganzen Kulturgeschichte sich wiederholen sehen: auf der Tatsache nämlich, daß große geistige Bewegungen, große seelische Erneuerungen der Menschheit, kurz das, was wir „Modernität" zu nennen pflegen, sehr oft von den Frauen ihren Ausgang nehmen. Die Frau besitzt eine natürliche Witterung für alles Keimfähige, geheimnisvoll Werdende, für alles, was noch mehr der Zukunft angehört als der Gegenwart. Dieser gewissermaßen telepathische Sinn ist bei ihr meist stärker entwikkelt als beim Mann. Auch ist sie viel weniger konservativ und viel weniger einseitig als der Mann. Dieser bildet eine in sich abgeschlossene scharfprofilierte Einheit, er ist der geborene Berufsmensch und Fachmann; aber die Frau stellt eine Art Allheit dar, ihre Seele ist allen Möglichkeiten geöffnet, sie besitzt jene Gabe, alles zu sein, sich in alles verwandeln zu können, die unter den Männern nur dem Genie verliehen ist, weswegen man auch oft und mit Recht betont hat, daß jedem Genie etwas Weibliches anhafte.

Im Zeitalter der Roswitha kam nun noch der besondere Umstand hinzu, daß die Frauen damals überhaupt die wesentlichen Träger der Kultur waren. Die Männer waren mit Krieg, Abenteuern und wüsten Vergnügungen beschäftigt, nur der Klerus machte eine Ausnahme, und auch der bloß in gewissen Schichten. Otto der Große, das politische Genie der Zeit, lernte erst im späteren Lebensalter schreiben und lesen. Wir erinnern uns aus Scheffels ‚Ekkehard' an die gelehrte Herzogin von Schwaben, die Vergil liest; aber das historische Original konnte sogar Griechisch. Das Kloster Gandersheim, in das Roswitha etwa um die Mitte des zehnten Jahrhunderts eintrat, war eine weltberühmte Pflegestätte antiker Bildung. Dort lebte sie als Nonne in freundlicher Abgeschiedenheit, nur Gott und ihren Studien gewidmet. Umso bewegter waren die Schicksale, die ihr Name nach ihrem Tode gehabt hat. Nachdem sich ein halbes Jahrtausend lang kaum jemand um sie gekümmert hatte, wurde sie von Konrad Celtes neu entdeckt, einem illustren Poeten der Reformationszeit, dem „Deutschen Erzhumanisten", wie ihn David Friedrich Strauß genannt hat. Die Begeisterung war unbeschreiblich, eine Unmenge von Nachahmungen entstanden. Von da an ist man in bestimmten Intervallen immer wieder auf Roswitha zurückgekommen. Gustav Freytag hat über sie eine lateinische Abhandlung geschrieben, mit der er sich als Privatdozent an der Universität in Breslau habilitierte. Er findet ihre Gestalten hölzern und schattenhaft, was wir ihm aber nicht weiter verübeln wollen, denn von einer Zeit, in der die Bourgeoisie mit ihrem billigen Rationalismus und seichten Tatsachenglauben die Hegemonie über Europa zu erringen begann, kann man nicht gut Verständnis für eine Roswitha verlangen. Im übrigen können wir die beiden Epitheta, mit denen Freytag die Dichterin beehrt, ganz wohl akzeptieren, wenn wir sie nur ihrer gehässigen Bedeutung entkleiden, denn etwas von den prachtvollen alten Holzfiguren des Mittelalters haben die Gestalten Roswithas in der Tat, und die merkwürdige Zartheit und Durchsichtigkeit, die sie besitzen, gibt ihnen etwas geheimnisvoll Schattenhaftes, macht sie zu Wesen, die wie aus einer anderen Welt zu kommen scheinen. Sie erinnern darin ganz merkwürdig an einen unserer allermodernsten Dramatiker, nämlich Maurice Maeterlinck, von dem Mirbeau gesagt hat, er sei „un Shakespeare pour marionettes"; und ganz ebenso könnte man auch Roswitha bezeichnen. Das Dümmste über sie hat übrigens der bekannte deutschnationale Historiker Johannes Scherr gesagt, indem er sie mit echt alldeutscher Grobheit einen Blaustrumpf nannte. Aber auch damit war das Maß noch nicht voll und man hat ihr das Ärgste angetan, was einem Dichter passieren kann, man hat nicht nur ihre Bedeutung, sondern auch ihre Existenz geleugnet. Im Jahre 1867 ließ ein Wiener Professor namens Aschbach eine Broschüre erscheinen, in der er bewies, daß die Dramen der Roswitha von Celtes selber im Verein mit Reuchlin und anderen verfaßt seien, es handle sich um eine geniale literarhistorische Mystifikation, die die Humanisten inszeniert hätten. Er entwickelte dabei jenes stupende Ausmaß von Scharfsinn und Gelehrsamkeit, wie es Professoren mit Vorliebe anzuwenden pflegen, wenn es sich darum handelt, etwas Falsches zu beweisen. Roswitha teilt, wie man weiß, dieses Schicksal, einfach ausradiert worden zu sein, mit noch mehreren anderen namhaften Kollegen, von Homer angefangen, und erst vor kurzem haben wir ja hören müssen, daß Bacon nicht nur die Dramen Shakespeares, sondern auch gleich noch die von Calderon geschrieben habe; und spätere Zeiten werden wahrscheinlich einmal die Hypothese aufstellen, daß Goethe eine Erfindung Eckermanns sei.

Daß aber die Annahme, die Dramen der Roswitha seien von den Leuchten des Humanismus verfaßt, auch nur vorübergehend Glauben finden konnte, zeigt doch bereits, auf welchem hohen Niveau diese Dichtungen stehen. Und in der Tat: man ist verblüfft zu sehen, daß hier vor einem Jahrtausend bereits die Urzellen fast aller dramatischen Formen geschaffen wurden, deren wir uns noch heute bedienen. Da ist zunächst die erotische Tragödie ‚Calimachus und Drusiana', ein Werk, dessen frappante Ähnlichkeit mit ‚Romeo und Julia' schon früh bemerkt wurde. Calimachus, ein vornehmer Ephesier, faßt eine heftige Leidenschaft zu Drusiana; doch diese hat Gott ewige Keuschheit gelobt. In dem Gefühl, daß sie den Liebeswerbungen des schönen Jünglings nicht auf die Dauer werde widerstehen können, erfleht sie sich den Tod. Der Herr erhört ihre Bitte, sie sinkt leblos zusammen. Aber Calimachus dringt in ihr Grabgewölbe, in der Absicht, ihre Leiche zu schänden. Noch ehe er seinen Frevel vollführen kann, trifft ihn der strafende Blitz Gottes. Aber auf Geheiß des Heilandes erweckt der heilige Johannes die beiden wieder und Calimachus, der bereut, beschließt Buße zu tun. Dies ist ein Vorwurf von einer Kühnheit, die in der Weltliteratur vielleicht einzig dasteht. Ganz anders ist das Drama ‚Dulcitius' geartet. Es zeigt die Ansätze zu einer regelrechten Posse. Der Landpfleger Dulcitius, von Kaiser Diocletian beauftragt, die Christen zu verfolgen, verliebt sich in drei junge Christinnen und sucht sie nachts in ihrem Kerker auf, um ihnen Gewalt anzutun, aber Gott verwirrt seinen Geist, so daß er in ein falsches Gemach dringt, wo er die Töpfe und Kochkessel für die Mädchen hält, und inbrünstig umarmt und küßt. Er macht sich dabei so schwarz, daß sein eigener Türhüter ihn nicht erkennt und über die Treppe wirft. Als er am anderen Tag die Mädchen aus Rache zum Tode verurteilen will, überfällt ihn im Gerichtshause plötzlich tiefer Schlaf. In ‚Fall und Buße Marias' haben wir im wesentlichen die Comédie larmoyante, das *bürgerliche Rührstück*, wie es erst neunhundert Jahre später von den Engländern wieder aufgenommen und ausgebaut wurde. Im ‚Gallikan' schließlich findet sich der erste Versuch einer *Historie*. Das Stück spielt zur Zeit Konstantins des Großen und schildert in seinem ersten Teil die Bekehrung des heidnischen Feldherrn Gallikan, im zweiten Teil dessen Märtyrertod unter Julian dem Apostaten. Was hier Roswitha sehr anschaulich darstellt, ist natürlich nicht die echte konstantinische Zeit, sondern ihre eigene, aber dies hat sie mit allen großen Dramatikern gemeinsam. Shakespeares ‚Cäsar' ist ein echter Renaissancemensch, Goethes ‚Iphigenie' eine Schülerin Winckelmanns und Shaws ‚Cäsar' ein Mann, der Nietzsche, Mommsen und Carlyle gelesen hat; aber in der Fähigkeit, durch das eigene Empfinden eine ferne, fremde Zeit zu neuem Leben zu erwecken, besteht ja eben die dramatische Genialität.

Ferner erkennt man echtes dramatisches Genie vor allem immer daran, daß es das Außergewöhnliche liebt und aufsucht. Es hat daher für den Philister immer etwas Erschreckendes. Die Künstler werden zu den Verirrungen des Lebens, zu den dunklen Leidenschaften und ihren Verstrickungen immer mit magischer Gewalt hingezogen. Welche fürchterlichen Magazine menschlichen Frevels sind Shakespeares Dramen oder Dantes ‚Göttliche Komödie'! Der Künstler sucht diese Dinge auf, denn er weiß: hier sind die lehrreichen Verwicklungen, die tiefen Geheimnisse, die aufregenden Bewegungen, die er so notwendig braucht wie der Baumeister die Steine. Wenn das Publikum und die zünftige Kritik anfängt, von der zeitgenössischen Produktion zu sagen, sie sei „unerquicklich", dann ist das gewöhnlich das Signal dafür, daß eine neue Kunstblüte anbricht. So war es erst vor einem Vierteljahrhundert bei Ibsen, Hauptmann und der ganzen naturalistischen Schule. So war es hundert Jahre früher bei der Sturm- und Drangbewegung, die im Begriff stand, das große deutsche Drama zu schaffen. Leider wurde diese ganze Entwicklung kupiert durch den verhängnisvollen Irrtum des Klassizismus: was aus ihr hätte werden können, sehen wir an den Jugenddramen Schillers, die aber alle im höchsten Maße shocking sind. Goethe hingegen fehlte zum Dramatiker das Revolutionäre, das wußte er selbst sehr wohl, indem er äußerte, er sei für das Dramenschreiben zu konziliant. Nun, Roswitha ist ganz und gar nicht konziliant, obgleich sie eine Frau und eine Nonne war. Sie schreckt vor den formidabelsten Situationen nicht zurück. Zwei ihrer Dramen spielen im Bordell; und in allen ihren Dramen finden sich Dinge, die keine moderne Theaterzensur passieren würden.

Man hat sich nun mit einigem Befremden gefragt, woher denn eine Nonne eine so lebendige Anschauung der menschlichen Laster haben konnte, und einige, vor allem natürlich wieder jener Johannes Scherr, haben auf ein bewegtes Vorleben Roswithas geraten. Ich halte diese Annahme für ganz und gar läppisch, sie beruht auf einer völligen Verkennung des Wesens der Dichtkunst. Der wahre Dichter braucht keine äußeren Erlebnisse, ja nicht einmal äußere Eindrücke. Ein beliebtes Thema für Schüleraufsätze ist die Schweiz in Schillers ‚Tell'. Schiller kannte von der Schweiz bekanntlich nichts als einige altväterische Beschreibungen, und dennoch ist im ‚Tell' die ganze Schweiz. Aber ich möchte behaupten, daß er nur deshalb die Schweiz so gut malen konnte, weil er sie nie gesehen hatte. Eine ausführliche Tournée durch sämtliche Berge und Täler hätte ihn nur verwirrt. Die widerspruchsvollen und verschwommenen äußeren Eindrücke hätten sich vor die klaren und kräftigen inneren Bilder geschoben. Eine wirkliche Schweiz hatte dem Dichter Schiller nichts zu sagen. Kant war bekanntlich nie über seine Vaterstadt Königsberg hinausgekommen. Aber in einem Kolleg über Geographie schilderte er die Londoner Westminsterbrücke so anschaulich, daß ein Engländer ihn fragte, wieviel Jahre er in London zugebracht habe.

Es gibt also zweifellos so etwas wie eine innere Anschauung. Vielleicht hatte eben Plato doch recht, als er sagte, die Menschen trügen die Bilder aller Dinge von Anfang an in sich, und alles Nachdenken sei ein Sich-Erinnern. Die menschliche Seele ist eben durchaus keine tabula rasa, wie Locke behauptet hat, sondern sie verhält sich eher wie die Abziehbilder der Kinder, die, entsprechend beleuchtet, allerlei merkwürdige Figuren zum Vorschein bringen. Und das Gehirn der Dichter, ihr ganzer Organismus arbeitet unter einem viel stärkeren Hochdruck als das anderer Menschen. Daher ihre merkwürdige Fähigkeit, allerlei zu erraten, aus Rudimenten Totalitäten zu machen. Daher ihre prophetischen Kräfte. Daher ihr Vermögen, sich in die Vergangenheit zu versetzen. Daher vor allem das beglückende und erschütternde Phänomen, daß sie eine eigene Welt besitzen. Dieses luftige kunstvolle Spinnengewebe, das der Dichter vor uns ausbreitet, nimmt er, ganz wie die Spinne, aus sich selbst. Woher sonst sollte er es wohl nehmen können? Denn die Welt ist nicht draußen, die Welt ist in uns, immer nur in uns.

Und das Zeitalter der Roswitha war ganz besonders geeignet, diese Konzentration und innere Aktivität zu fördern. Es ist, oberflächlich und von außen betrachtet, eine rohe Zeit. Aber es besaß ein sonderbares Doppelantlitz: die eine Hälfte war noch heidnisch, dem primitiven Ideal der animalischen Kraft zugewendet, die andere Hälfte dagegen war schon christlich und zog aus dem Kampf, den sie täglich und stündlich mit ihrem eigenen Widerpart führen mußte, eine Reinheit des Wollens, eine Inbrunst der Gottessehnsucht, wie sie später nur selten wieder erreicht wurde. Wie sah es in den Seelen der damaligen Menschen aus? Das ist ein höchst anziehendes Problem, das immer zu neuer Betrachtung auffordert, aber es ist natürlich sehr schwer zu lösen. Nicht wegen der großen Zeitspanne, die uns von ihm trennt. Die Römer der Kaiserzeit, die Griechen um Perikles haben noch früher gelebt, und doch können wir sie recht gut verstehen. Was die Menschen des zehnten Jahrhunderts bei uns so schwer zugänglich macht, ist der Unterschied in der Entwicklungsstufe. Ich glaube daher, wir kommen ihnen noch am nächsten, wenn wir die jüngeren Lebensalter des Individuums, etwa die Jahre zwischen zehn und fünfzehn, zur Analogie heranziehen. Diese Menschen sind bei aller ihrer Begabung noch vollkommene Kinder, reine Stimmungsmenschen, durchaus den Einflüssen und Eindrücken des wechselnden Augenblicks unterworfen. Sie leben noch ganz im Konkreten, die Fähigkeit der Abstraktion mangelt ihnen so gut wie ganz. Sie lassen sich von jeder momentanen Wallung blind leiten. Der Affekt regiert ihre Handlungen, und so werden sie zwischen den entgegengesetztesten Empfindungen fortwährend hin- und hergeworfen. Ihre seelische Palette hat noch keine Übergänge, hart und unvermittelt liegen die grellsten Farben nebeneinander: das purpurne Rot des Zornes, das strahlende Weiß der Liebe und das finsterste Schwarz der Verzweiflung. Züge von höchster Zartheit und Milde finden sich neben Handlungen herzloser Roheit, die unseren moralischen Abscheu erregen müßten, wenn wir sie nicht als bloße Ausströmungen kindlicher Impulsivität werten müßten. Auch ihr äußeres Benehmen hat noch viel von dem der Kinder. Zärtlichkeitsausbrüche sind etwas ungemein Häufiges, Umarmungen und Küsse werden bei jedem erdenklichen Anlaß gewechselt, und auch oft ohne Anlaß. Die Tränen fließen leicht und reichlich; wenn ein Fürst eine Niederlage erlitten hatte, so pflegte er die ganze Nacht laut zu heulen. Wenn einem Kleriker eine Beförderung angetragen wurde, so hielt er es für eine Pflicht christlicher Demut, sich dagegen zu sträuben, und er tat das mit allen Mitteln, die Kinder anzuwenden pflegen: er warf sich zu Boden und schlug um sich, und wenn das nicht half, so lief er davon und versteckte sich. Aber daneben besaßen jene Menschen auch die Aufrichtigkeit und Ursprünglichkeit des Kindes, sie standen noch in einer lebendigeren Beziehung zur Natur: zu Wiese und Wald, Wolke und Wind, besonders ihre leidenschaftliche Tierliebe hat etwas ungemein Rührendes. Und so erfaßt uns denn ihnen gegenüber die Empfindung, die der Erwachsene so oft bei Kindern hat: daß sie etwas wissen, was wir nicht wissen oder nicht mehr wissen, irgendein magisches Geheimnis, ein Gotteswunder, in dem vielleicht der Schlüssel unseres ganzen Daseins liegt.

Wir kommen uns ungeheuer aufgeklärt und gescheit vor, wenn wir unsere Zustände mit denen des Mittelalters vergleichen. Es erscheint uns düster, beschränkt, leichtgläubig. Und in der Tat: damals glaubte man wirklich alles. Man glaubte jede Erzählung, jeden Traum, jedes Gerücht, jedes Gedicht, man glaubte an Wahres und Falsches, Weises und Wahnsinniges, an Heilige und Hexen, an Gott und an den Teufel. Aber man glaubte auch an *sich*. Überall sah man Realitäten, selbst dort, wo sie nicht waren: alles war wirklich. Und überall sah man die höchste aller Realitäten, Gott: alles war göttlich. Daher trotz aller Jenseitigkeit, Dürftigkeit und Enge der prachtvolle Optimismus jener Zeiten: wer an die Dinge glaubt, ist immer voll Zuversicht und Freude. Das Mittelalter war nicht finster, das Mittelalter war hell! Mit einer ganzen Milchstraße, die der Rationalismus in Atome aufgelöst hat, können wir nicht das geringste anfangen, aber mit einem pausbäckigen Engel und einem bocksfüßigen Teufel, an den wir von Herzen glauben, können wir sehr viel anfangen! Man sagt uns freilich, Fetischismus, Mythologie und dergleichen seien alberne und rohe Dinge, aber wir haben diese schlimmen Dinge ja auch noch in unserem heutigen Leben, nur in unsäglich platterer, geistloserer und gemeinerer Form: unsere Fetischtempel heißen Börse und Zeughaus, und unsere Mythologie erfahren wir im Parlament und in der Zeitung.

Das Mittelalter, und zumal das Jahrhundert, in dem Roswitha lebte, war bei der Betrachtung und Gestaltung aller Dinge von einer einzigen großen Frage bewegt, der Frage: Was sagt Gott dazu? Die Intensität, mit der diese Frage gestellt wird, ist in der Tat das, was jedem Zeitalter und jedem Individuum seinen Rang anweist. Inhalt und Zweck aller schöpferischen Betätigungen besteht in nichts anderem als in dem Nachweis, daß das Gute, der Sinn, kurz: Gott, überall vorhanden ist. Diese höchste, ja einzige Realität ist immer da, aber meist unsichtbar. Der Genius macht sie sichtbar: Dies ist seine Funktion. Man nennt ihn daher mit Vorliebe gotterfüllt. Die Tatsache „Gott" erfüllt ihn derart, daß er sie überall wiederfindet, wiedererblickt, wiedererkennt. Dieses Wiedererkennen Gottes in der Welt ist die eigentliche Fähigkeit und Begabung jedes großen Menschen.

Diese Fähigkeit hat die Nonne Roswitha in seltenem Maße besessen. Und vielleicht hat sie die menschlichen Verfehlungen und Laster gerade darum mit so besonderer Vorliebe geschildert, um zu zeigen, daß Gott auch im Geringsten, im Elendesten und Verirrtesten immer gegenwärtig ist, wie ja auch der Heiland für die Sünder mehr Teilnahme gezeigt hat als für die Gerechten. Und schließlich ist ja alle Kunst nichts anderes als Menschenbild, erschaut im Geiste der Liebe. Der Dichter vermag nur darum schöpferisch zu wirken, weil er gleich dem Schöpfer alle seine Wesen mit gleicher Kraft liebt. Und so sind wir denn fast im Zweifel, weswegen wir Roswitha mehr bewundern sollen: weil sie eine so große Dichterin, oder weil sie eine so große Christin war? Aber die Frage ist leicht beantwortet: sie war beides, Dichterin und Christin, in gleich hoher Begnadung, denn beides ist dasselbe.

PROLOG DER ROSWITHA

Gott sei mit dir, du weltliche Gemeinde,
Und laß dich glauben, daß nicht Teufelstrug
Die arme Nonne zu so eitlem Werk verführt,
Wie es vor deinen Augen sich entfalten wird.
Oft rang ich mit mir selbst, in stiller Angst mich fragend,
Ob nicht der Böse mich betört, als jene Lust
Am Bilden fremder Seelen mich erfaßt.
Oft fiel der Griffel aus der heißen Hand,
Und zitternd sank ich vor den Heiland hin
Und drang in ihn, mir zu verraten,
Ob Sünde nicht mein ganzes Dichten sei.
Denn Kunst ist weltlich und der Erde zugekehrt
Und nur die Heiden dichten. –
Aber eines Tags
Gab Gott mir Klarheit und ich sah,
Daß auch in einem demutvollen Herzen
Die Kunst ihr Heimrecht haben darf. Denn Kunst
Ist Menschenbild, erschaut im Geist der Liebe.
Viel Schlimmes birgt die Welt, und wer die Menschen liebt,
Wird auch ihr Schlimmes lieben. Denn das Laster
Ist auch von Gott und lebt, daß man's erkenne.
Da sah ich: nicht der Teufel kann die Kraft der Kunst verleih'n.
Und auch die blinden Heiden: wenn sie Schönes fanden,
So waren sie in Gott und nicht in Satans Banden.
Denn Schönes sieht, wer liebt, und nur wer liebt, sieht schön,
Die Bosheit und der Haß blickt nicht zu solchen Höh'n.
Und du bist schon in Gott, wenn du ein Dichter bist,
Und wer die Dichtkunst liebt, liebt Gott und ist ein Christ.
Denn was in Tat und Schrift den echten Dichter schafft,
Ist nicht der Glanz des Worts, ist nicht der Reime Kraft,
Es ist der Liebe Stern, der einen Weg ihm wies
Und auch den Bösen noch ihn Bruder nennen hieß.

So faßt er alles ein in seinem kleinen Kreis
Und liebt mit gleicher Kraft, was schwarz ist und was weiß.
In seinen armen Werken tut er's dem Schöpfer gleich,
Auch der liebt alle Welt und ist darum so reich.
Der liebt euch, wenn ihr glaubt, der liebt auch euern Spott,
Denn seine Weisheit weiß: ihr müßt, ihr müßt zu Gott.
Ein jedes ird'sche Ding umfaßt und hält nur Er,
Dies enge Bühnenhaus so gut wie Stern und Meer.
Auch wenn ihr es nicht wißt, lebt ihr in seinem Namen.
Gelobt sei Jesus Christ. In Ewigkeiten. Amen.

HUNGER!

Vorgestern nacht drang, gleich dem Heulen der Verdammten aus Dantes bleiernen Malebolge, ein vielhundertstimmiger Chor von Männern und Frauen aus dem Gebäude des Landesgerichts, der stundenlang das Wort „Hunger!" wiederholte. Er schnitt mit unerschütterlicher Gleichmäßigkeit, fast rhythmisch, ohne an Kraft abzunehmen, stundenlang durch die Nacht. Die Passanten blieben einen Augenblick stehen, da sie zunächst befürchteten, sie könnten es mit einem ernstlichen Zwischenfall zu tun haben, und schritten, als sie sahen, daß es sich bloß um eine einmütige Verzweiflungstat der Internierten handle, beruhigt weiter durch die Sommernacht, die, abgesehen von dieser kleinen Störung, schön, klar und angenehm war. Gestern haben dann auch jene, die nicht Ohrenzeugen waren, durch die Zeitungen von diesem schauerlichen Protest Kenntnis erlangt.

Um nicht einen Augenblick lang über meinen Standpunkt in dieser Sache Zweifel aufkommen zu lassen, möchte ich gleich von vornherein bemerken, daß ich diese Niederträchtigkeit von allen den zahllosen, die die österreichische Regierung während ihrer jahrhundertelangen glorreichen Tätigkeit begangen hat, für die infamste halte. Für die infamste, weil sie die feigste ist: nämlich am schwersten zu fassen und am bequemsten hinter den Grundsätzen unserer heutigen Moral in Deckung zu bringen. Mit der Mentalität des Philisters durch jahrelangen Ekel hinlänglich vertraut, höre ich natürlich die verschiedenen Einwände, mit denen er in solchen Fällen öffentlicher Verantwortlichkeit sich und die anderen dumm zu machen pflegt, bereits ehe er sie ausgesprochen hat. Der frivolste, der daher hierzulande der beliebteste sein dürfte, lautet: es wird schon nicht so arg sein, die Gefangenen wollen natürlich ihre Kost verbessern und wählen dazu ein möglichst drastisches Mittel, aber Hunger brauchen sie darum noch lange nicht zu haben. Hierauf habe ich bloß zu erwidern, daß ich allerdings nicht die letzten vierzehn Tage in sämtlichen Zellen des Landesgerichtes verbracht habe und mich daher auf die allgemeine Frage beschränken muß, ob man glaubt, daß die Insassen des Gefängnisses diesen stundenlangen Nachtchor zu ihrer persönlichen Belustigung veranstaltet haben? Darauf wird man sagen: Nun, zugegeben, daß es ihnen nicht brillant geht, der Staat hat aber eben nicht mehr Lebensmittel zur Verfügung, da kann man halt nix machen! Worauf ich jedoch zu meinem Bedauern entgegnen muß: ein Staat, der nicht imstande ist, seine Internierten ausreichend zu verpflegen, und damit aufs unzweideutigste zu erkennen gegeben hat, daß er nicht imstande ist, eine seiner allerprimitivsten Aufgaben zu erfüllen, ist nicht als Staat anzusehen, sondern als ein die europäische Völkergesellschaft entehrendes Zerrbild von Staat und ist daher im Interesse der Kultur und Menschlichkeit sofort aufzulösen oder in die Kolonie eines anderen lebensfähigeren Staatswesens zu verwandeln. Will er aber diesem gerechten Schicksal entgehen, so bleibt ihm nur die Möglichkeit offen, von der Steuer eines jeden seiner Bürger einen bestimmten Prozentsatz ausschließlich für den Zweck zu verwenden, daß Verurteilte während der Verbüßung ihrer Freiheitsstrafe vor Hungerqualen geschützt werden. Nun kommt aber die schurkischeste, obgleich scheinbar plausibelste Entgegnung: es geht vielen anderen, die gar nichts verbrochen haben, ja auch nicht besser! Ganz richtig; aber diese befinden sich auch nicht in der Obhut des Staates. Wenn ein Arbeitgeber oder sonst ein Privatmann den ihm anvertrauten Personen nicht genug zu essen gibt, so tut er das als fehlbares Individuum; der Staat hingegen hat, zum mindesten in der Theorie, unfehlbar und moralisch unanfechtbar zu sein; und geht er mit dem Beispiel der vollkommensten Unsittlichkeit voran, so hat jegliche menschliche Gemeinschaft aufgehört und wir befinden uns in Sodom und Gomorrha. Ich vermute übrigens, daß hinter dieser letzten Argumentation, die man wohl am häufigsten hören wird, sich nichts anderes verbirgt als die berüchtigte „Vergeltungstheorie", die ja noch heute nicht nur von Laien, sondern auch von gelehrten Juristen vertreten wird. Gegen diese Theorie ist nun gar nichts einzuwenden. Es steht natürlich jedem Staat frei, sich an Übeltätern zu rächen, wie ja jedem Staat alles frei steht, wozu er den Willen und die Macht hat, zum Beispiel auch (wie es bei einigen leider inzwischen eingegangenen Staatswesen der Fall war) das Verbrennen von Witwen, das Opfern von Jungfrauen und das Verspeisen von politischen Gegnern; nur ist ein solches Gemeinwesen, das sich theoretisch und praktisch auf den Standpunkt der Vergeltung stellt, dann auch logischerweise verpflichtet, nicht nur das Christentum als Staatsreligion abzuschaffen, sondern auch seine Bekenner als Anhänger staatsfeindlicher Grundsätze zu verfolgen.

Was die Gefängnisbehörde anlangt, so wird sie möglicherweise eine gedrehte und gewundene Erklärung abgeben, in jenem barbarischen Analphabetendeutsch, das sie seit vielen Jahren mit Glück zur Verschleierung von Tatbeständen verwendet und das sich im Verkehr mit der Öffentlichkeit so sehr bewährt hat, daß es auch von den wenigen Ausnahmsbeamten bevorzugt wird, die imstande wären, eine Sachlage mit den Mitteln der menschlichen Sprache so zu bezeichnen, daß man ohneweiters erkennt, worum es sich handelt. Sie wird also etwa auf die „derzeit vorübergehend unzulängliche Inverkehrsetzung der Approvisionierung“ hinweisen und was dergleichen unkontrollierbare Flausen mehr sind. Oder betonen, daß nachweisbar alle Häftlinge die rayonierten Quantitäten bekommen wie jeder andere Mensch; was eine kecke Verhöhnung des Publikums wäre, die sie hoffentlich nicht wagen wird. Oder darauf aufmerksam machen, daß es den Inhaftierten gestattet ist, von ihren Anverwandten „Zubußen“ zu beziehen; was aber nur beweisen würde, daß in dem kleinen Zuchthaus des Landesgerichtes ähnliche Zustände herrschen wie in dem großen Zuchthaus, in dem wir anderen uns befinden, indem auch dort die Schieber besser leben. Oder sie wird sich am Ende gar zu einer detaillierten Aufstellung des Gefängnismenüs aufraffen, die aber, wie ich schon jetzt bemerken möchte, wertlos sein wird, denn sie wird bestenfalls angeben, welche Speisen die Gefangenen bekommen, nicht aber, wie sie zubereitet sind, während sich doch nur aus einer genauen Aussage über den Gehalt an Fett, Eiweiß und Kohlehydraten entnehmen ließe, ob die in der Nahrung enthaltene Kalorienmenge ausreichend ist.

Ich glaube jedoch, die Behörde wird nichts von alledem tun, sondern sie wird sich auf jene Praktik beschränken, mit der sich dieser Jammerstaat sogar als Großmacht ein halbes Jahrtausend durchgefrettet hat: sie wird den Mund halten und sich um den unbequemen Vorfall herumzudrücken suchen.

Aber zum Glück gibt es ein ungeschriebenes moralisches Gesetz, das allem „Sichdrücken“ in Natur und Gesellschaft aufs energischeste widerstrebt. Jedes Unrecht hat nämlich die Eigenschaft, daß es zu seiner Korrektur sogleich ein anderes, ihm entgegengesetztes Unrecht ins Leben ruft und so das Gleichgewicht wiederherstellt. „Res nolunt diu male administrari", sagt ein weiser lateinischer Spruch: die Dinge lassen sich auf die Dauer nicht mißbrauchen. Es ist, obgleich wir die Todesstrafe heuchlerisch abgeschafft haben, heute bereits in weiten Kreisen bekannt, daß in unserer „jungen Republik" die Gefängnishaft der physiologisch nicht absolut vollwertigen Individuen (und das sind ja sehr viele Verbrecher, eben weil sie Verbrecher sind) einer langsamen Auflösung durch Hunger gleichkommt. Da wir nun keineswegs damit einverstanden sind, daß der Staat in dieser hinterlistigen Form neuerlich eine Todesstrafe einführt, und zwar eine, die unvergleichlich grausamer ist als die frühere, und hundertmal mehr Delikte trifft als die frühere, so bleibt uns nichts übrig als eine Art passive Resistenz. Wir werden als Geschworne bei allen leichteren Vergehen prinzipiell und ohne der Verhandlung auch nur zuzuhören, mit dem Freispruch vorgehen und selbst in ganz schweren Fällen uns die Sache noch sehr überlegen; denn daß ein achtfacher Raubmörder geköpft wird, könnte allenfalls noch hingehen, aber ihn zu jahrelangem Martertode zu verurteilen, ist niemand berechtigt. Ferner werden wir es natürlich nicht mehr vor uns verantworten können, von irgendeinem Verbrechen, das zu unserer Kenntnis gelangt, dem Gericht eine Anzeige zu erstatten, kurz: gerade die gewissenhafteren Staatsbürger werden sich wohlüberlegt und zielbewußt in den Dienst einer fortschreitenden Anarchie stellen.

Dies wird und muß die Folge von Zuständen sein, die – ich schrecke vor der schimpflichsten Bezeichnung, über die unser Planet derzeit verfügt, nicht zurück – einfach ungarische zu nennen sind.

FREILICHTTHEATER

Als Untertertianer machte ich einmal von Frankfurt aus mit einigen Kameraden einen Ausflug nach Hanau. Ich lebte damals bei einem Onkel und einer Tante, die beide ziemlich gutmütig waren, nur in einem Punkt verstanden sie keinen Spaß: sie ließen mich nie in ein Theater gehen. Sie hatten offenbar schon damals die dunkle Erkenntnis, zu der die übrigen Menschen erst viel später gelangt sind, daß das Theater nichts für mich sei. In Hanau jedoch gastierte auf einer großen Wiese, die zu einem dortigen Wirtshaus gehörte, eine wandernde Schauspielertruppe. Natürlich gingen wir in die Vorstellung. Gespielt wurde ‚Preziosa, oder die siegreiche Liebe, großes romantisches Schauspiel mit Gesang und Tanz nach einer Idee von Wolfgang Freiherr v. Goethe‘. Ich weiß bis heute noch nicht, ob das stimmt und Goethe wirklich dem guten Pius Alexander Wolff die Idee zur ‚Preziosa‘ gegeben hat; beleidigt wäre Goethe über diese Unterschiebung höchstwahrscheinlich nicht gewesen, denn er hat das Stück außerordentlich geschätzt, viel höher als zum Beispiel das ‚Käthchen von Heilbronn‘, ein anderes romantisches Schauspiel aus ungefähr derselben Zeit. Möglich auch, daß der Direktor der Truppe die Autorschaft Goethes nur listigerweise erfunden hatte, weil er sich von dem Stück eines gebürtigen Frankfurters in Hanau bessere Geschäfte versprach. Indes, wie dem auch sei: wir waren jedenfalls sehr angenehm überrascht, Goethe, der sich uns bisher durch eine Reihe von Gedichten von keiner sehr vorteilhaften Seite bekannt gemacht hatte, nun als einen so amüsanten und spannenden Schriftsteller wiederzufinden.

Als ich nun letzthin wieder die ‚Preziosa‘ und wieder auf einer Wiese sah, machte sie, obgleich sie nicht vom Direktor einer Wandertruppe, sondern von keinem geringeren als Albert Heine inszeniert war, auf mich einen viel gemischteren Eindruck. Das wird wohl in erster Linie daran liegen, daß meine

Kunstempfänglichkeit inzwischen sehr nachgelassen hat. Wie recht hatte doch der gute Onkel und die gute Tante: hätte ich ihnen gefolgt und wäre seitdem nur äußerst selten ins Theater gegangen, so hätte es mir wahrscheinlich diesmal noch viel besser gefallen. So aber hatte ich allerlei snobistische Bedenken: ich fand nicht nur, daß das Stück äußerst leer und verlogen sei, sondern auch, daß in der an sich ja sehr schön gelungenen freien Natur die Schauspielkunst, die doch in erster Linie eine Wortkunst ist, degradiert werde und aller Glanz und Geist der Regie dafür keine Entschädigung biete. Für mein Gefühl enthält der Begriff „Theater im Freien" eine ästhetische Kontradiktion. Über dieses Problem gibt es eine sehr fleißige, kluge und gründliche Schrift von Josef Lewinsky, der, wie vielleicht nicht allgemein bekannt sein dürfte, in seinen Mußestunden Privatgelehrter war. Nur daß man bei ihm nicht den Eindruck hatte, dies sei eine kleine Nebenliebhaberei von ihm, wie es etwa bei Kainz die Astronomie war, sondern er betrieb seine Studien mit einer wahren Leidenschaft, und wenn ihn jemand, ohne je vorher von ihm gehört zu haben, erblickt hätte, wie er, faltig und gebückt, bald mit einer großen Lupe in einem Folianten nachlesend, bald mit einem Gänsekiel in kalligraphischer, etwas altertümlicher Schrift Notizen aufzeichnend, in seiner ganz mit Büchern und Papieren vollgepfropften Arbeitsstube saß, so wäre er nie auf den Gedanken gekommen, daß dieser Mann am Abend den Jago oder Franz Moor spielen werde. Die nicht sehr umfangreiche, aber vollkommen erschöpfende Arbeit, die Lewinsky verfaßt hat, heißt ‚Das Verhältnis des Raumes zur Schauspielkunst', und darin wird sehr sorgfältig gezeigt, in welchen Beziehungen der Schauspieler in den zweieinhalb Jahrtausenden von Thespis bis Laube sich zu dem ihn umgebenden Raum befunden hat. Das griechische Freilichttheater lehnt Lewinsky kategorisch ab. „Konnte", sagt er, „ein solcher Zuschauerraum in der Forderung der Dichtung oder gar in dem Wunsche des Dichters liegen? Gewiß nicht. Nur ein Raum, in dem der seelische Inhalt des gesprochenen Wortes leicht vernehmbar ist, kann die natürliche Lebensbedingung seiner Erscheinung sein. Eine eigentliche Schauspielkunst mußte unter solchen Umständen den Griechen unbekannt bleiben." Und er kommt zu dem Schluß, daß „nur ein widerwärtiger äußerer Zwang die Kunst zu so unnatürlichen Mitteln greifen lassen konnte".

Verfolgen wir diesen Gedanken etwas weiter, so gelangen wir zu folgendem: In den meisten Literaturgeschichten ist zu lesen, daß die Dramatiker immer ihre Hauptaufgabe darin erblickt hätten, das Theater ihrer Zeit „mit kühnem Griff" zu revolutionieren, in eine neue Form umzugießen. Sieht man sich aber außerhalb dieser Literaturgeschichten in der wirklichen Weltliteratur um, so findet man regelmäßig, daß das genaue Gegenteil der Fall war. Die Dramatiker haben an der Theaterform, die sie vorfanden, niemals das geringste zu ändern vermocht, sie haben sich ihr immer anpassen müssen, ob es ihnen bequem war oder nicht. Meistens war es ihnen natürlich sehr unbequem. Euripides, der reiche, müde Erbe einer Kultur, die in Philosophie, Seelenkunde, Ausdruckstechnik, Kunst des Sehens und Hörens nahezu bis an die letzte Grenze gelangt war, sah sich genötigt, seine psychologischen Differentialkalküle mit äußeren Mitteln zur Darstellung zu bringen, die für einen Indianertanz oder einen Dorfzirkus gerade noch fein genug gewesen wären. Shakespeare mußte seine Phantasiewelt, die alles enthielt, was es gibt, und daneben noch so ziemlich alles, was es nicht gibt, in einer bretternen Matrosenschenke realisieren, und dieser erotischeste aller Dramatiker hatte ein Ensemble ohne Weiber! Molières Zerrissenheit, Unruhe und opalisierende Laune wurde in einen langweiligen vergoldeten Salon gesperrt, unter Menschen, deren höchster Ehrgeiz es war, das Aussehen und das Gefühlsleben einer Drahtpuppe zu erlangen. Bloß Ibsen war es vergönnt, die Form vorzufinden, die ihm vollkommen gemäß war: das Theater mit verfinstertem Zuschauerraum, scharf isolierter, grell beleuchteter Bühne, drei festen Zimmerwänden, und massiven verstellbaren Möbeln; die Bühnenform, wie sie die soeben zur Weltherrschaft gelangte Bourgeoisie sich geschaffen hatte.

Nun verändert das Theater ja aber doch im Laufe der Geschichte seine Form. Wer also verändert sie? Nun, ganz einfach der Zeitgeist. Er ist es, der alle Institutionen schafft, der jeder Generation ihr bestimmtes Mienenspiel vorschreibt, der die neuen Formen hervorbringt: in der Religiosität so gut wie in der Interpunktion, im Naturgefühl so gut wie in der Haartracht.

Ich weiß nun aber nicht, ob dieser Zeitgeist, der ja noch viel eigensinniger und rücksichtsloser ist als alle Theaterdirektoren zusammengenommen, nicht vielleicht gegen den Dichter und gegen den Schauspieler auf der Seite des Freilichttheaters steht. Oswald Spengler, in seinem außerordentlichen Werk ‚Der Untergang des Abendlandes', hat auf die frappanten Analogien hingewiesen, die zwischen der Gegenwart und der römischen Kaiserzeit bestehen. Die Theaterform jener Zeit war aber die Arena, in der großartige Schaustücke: militärische Evolutionen, Umzüge, Seeschlachten und dergleichen stattfanden. Auch nähert sich, wie mein geschätzter Oberkollege Herr -bs- vor kurzem hier unerhört treffend bemerkt hat, das Freilichttheater dem Film, und dieser ist ganz zweifellos ein sehr starker und prägnanter Ausdruck unserer Zeit, ja im Grunde die einzige neue Kunstform, die wir in den letzten Menschenaltern geschaffen haben. Es ist also sehr leicht möglich, daß der geheime Wille unserer Zeit es auf eine Rückbildung der Theaterkunst abgesehen hat, die das Wort in die Gebärde, das Spiel des Individuums in die Gruppenaktion und das Seelische ins Bildhafte aufzulösen sucht.

Mit dem Worte Rückbildung, das zunächst befremdend wirken mag, ist aber gerade eine zweite Tendenz angedeutet, die ebenfalls durch unser ganzes Kunstleben geht. Es ist die unzweideutige Hinneigung zum Primitiven, eine Eigenschaft aller späten, überreifen und absinkenden Kulturen. In den bildenden Künsten, zumal im Kunsthandwerk, fällt dies ja derartig ins Auge, daß es gar nicht übersehen werden kann: unser sogenannter „Wiener Werkstätten-Stil“ geht direkt auf den mykenischen Stil zurück, und unsere Plakatkunst, neuerdings aber auch unsere Porträtkunst hat etwas, das an das „Schreibheft des kleinen Moritz“ erinnert. Hierher gehören aber auch der „Glas-Eisen-Stil“, der „Dadaismus“, die kommunistische Bewegung, die Rückkehr zum Spiritismus, zur Astrologie und anderen okkulten Wissenschaften und noch viele andere Dinge. Und es ist daher sehr leicht möglich, daß wir bei diesen Freilichtspielen Zeugen der Geburt eines neuen Theaterstils sind. Freilich sehr bornierte und obstinate Zeugen; aber das sind Zeitgenossen ja fast immer.

DER SINN DES EXPRESSIONISMUS

An den schönen Abenden, die Kolo Moser allmonatlich zu geben pflegte, wurde zwar in erster Linie Burgunder getrunken, daneben aber auch viel über Kunst debattiert. Wenn jemand etwas besonders Treffendes vorgebracht zu haben glaubte, pflegte Kolo Moser in seiner sanften, aber doch immer leicht ironischen Art den Kopf zu schütteln und zu sagen: „Aber gehn S'! Das steht ja schon alles im Riegl.“ Als ich mich nun eines Tages nach jenem mysteriösen Riegl etwas näher erkundigte, erfuhr ich, daß er ein Kunstgelehrter gewesen sei, der schon vor Jahren die ganze Theorie des Expressionismus vorwegnahm und wissenschaftlich durchführte, aber leider das Pech hatte, in Österreich zu leben, weswegen er völlig unbeachtet blieb. Seine Werke sind nichts weniger als leicht zugänglich; schon äußerlich nicht, denn sie werden nicht neu aufgelegt und sind nur in den größten Bibliotheken aufzutreiben; auch möchte ich niemandem empfehlen, sich durch die erdrückende Fülle von rein archäologischem Detail, das sie hauptsächlich enthalten, zu den genialen Kerngedanken selbsttätig durchzuarbeiten. Es ist aber sehr zu begrüßen, daß Dr. Wilhelm Worringer, Professor der Kunstgeschichte in Bern, es unternommen hat, die Grundlagen der Kunstanschauung Riegls in seinem Werke ‚Abstraktion und Einfühlung' [...] darzustellen und weiter zu entwickeln.

Worringer geht zunächst von der Feststellung aus, daß die Stileigentümlichkeiten vergangener Kunstperioden nicht auf ein mangelndes Können, sondern auf ein anders gerichtetes Wollen zurückzuführen sind. Das Primäre ist immer ein bestimmtes Formgefühl, dem gegenüber der jeweilige Stand der Technik nur eine modifizierende Rolle spielt. Alle Kunst ist eine Auseinandersetzung des Menschen mit der Natur und erfüllt mit anderen Mitteln dieselbe Aufgabe wie Metaphysik und Religion. Nun lassen sich die Völker hinsichtlich ihrer Stellung zur Natur in zwei große Gruppen scheiden, die Worringer mit den Schlagworten „Abstraktion" und „Einfühlung" bezeichnet. Die einen stehen zur Erscheinungswelt, die sie umgibt, in einem vertraulichen Verhältnis, sie haben daher das Bedürfnis, sich in sie einzufühlen, sie nachzuahmen; ihre Kunst wird daher einen vorwiegend naturalistischen Charakter tragen, ihre Religion wird anthropomorphistisch, also entweder polytheistisch oder auf einer höheren Stufe pantheistisch und aufs Diesseits gerichtet sein. Bei den anderen ist das dominierende Gefühl, das sie der Welt gegenüber haben, die Furcht; sie fühlen sich durch die Realität bedrängt, suchen sich daher durch Abstraktion von ihr zu befreien; ihre Kunst wird bewußt und mit Absicht stilisieren, ihre Religion durchaus transzendent und vom Erlösungsbedürfnis getragen sein. Die typischen Vertreter der ersteren Gruppe sind die

Griechen, die der zweiten die Orientalen, vor allem die Ägypter. Das Grundmotiv der ägyptischen Kunst ist eine Art Raumscheu: geistige Furcht vor der bunten Verworrenheit und Willkür der Erscheinungswelt. Gerade der Raum gibt den Dingen dadurch, daß er sie verbindet und in das kosmische Wechselspiel, in die Relativität alles Seienden hineinzieht, ihren Zeitlichkeitswert. Der Raum ist der größte Feind jener Abstraktion, die das Kunstwollen des Ägypters anstrebt. Infolgedessen finden wir in der ägyptischen Kunst die Tendenz, alles möglichst flächenhaft darzustellen, die Tiefenrelationen systematisch in Ebenenrelationen umzuwandeln, was auf unsere Augen wie eine Verzerrung wirkt. (Nun wird freilich jeder bei dieser Erörterung sogleich an die Pyramiden denken und sich sagen: diese ungeheuren Bauten lassen doch keineswegs darauf schließen, daß ihre Schöpfer an Raumscheu gelitten haben. Doch findet sich bei Riegl auch eine Erklärung für diese Tatsache. „Das Architekturideal der Altägypter ist wohl im Grabmaltypus der Pyramide zum reinsten Ausdruck gelangt. Vor welche der vier Seiten immer der Beschauer sich hinstellt, sein Auge gewahrt stets bloß die einheitliche Ebene des gleichschenkeligen Dreiecks, dessen scharf abschließende Seiten in keiner Weise an den Tiefenabschluß dahinter gemahnen.“)

Einem ähnlichen Grunde wie die Raumscheu entspringt die Absicht der ägyptischen Kunst, alle Bewegung ins Lineare, Geometrische zu bannen, alles organische Leben zum Ornament erstarren zu lassen; auch hiedurch werden die Dinge in eine zeitlose Sphäre gehoben, gewissermaßen verewigt. Ein Ägypter hätte sicher die Harmonie einer klassischen Statue nicht zu würdigen gewußt und sich vielleicht hochmütig von einer solchen Spielerei abgewendet. Ähnlich verhält sich die Gotik, die die letzte europäische Stilkunst war, zur Renaissance, mit der die große Natürlichkeit, die große Bürgerlichkeit beginnt. Man muß sich immer gegenwärtig halten, daß Unnatürlichkeit das bewußte Ziel aller Abstraktionskunst ist, und sich daher abgewöhnen, mit dieser Eigenschaft bereits ein Werturteil zu verbinden. Unsere bisherige Ästhetik ist daher ganz einseitig klassizistisch orientiert. Jede Stilphase stellt für das Zeitalter, aus dem sie hervorging, das Ziel seines Strebens und deshalb den höchsten Grad von Vollkommenheit dar. Man konnte nicht anders, weil man nicht anders wollte. „Wer von der unser Auffassungsvermögen fast übersteigenden Großartigkeit ägyptischer Monumentalkunst kommt und ihre psychischen Voraussetzungen nur ahnungsweise empfunden hat, dem werden im ersten Augenblick die Wunderwerke klassisch-antiker Skulptur wie die Erzeugnisse einer kindlicheren, harmloseren Menschheit erscheinen, die von den großen Schauern unberührt blieb. Ganz klein und dürftig wird ihm plötzlich das Wort ‚schön' vorkommen."

Mancher, der das liest, wird sich verwundert sagen: von dieser Seite sah ich's nie! Und was nun das Allermerkwürdigste an der Sache ist: während Riegl und Worringer diese Gedanken an der Hand ägyptischer, byzantinischer, gotischer Kunstdenkmäler entwickelten, hat sich, ganz unabhängig von ihnen, in der unmittelbarsten Gegenwart eine ganz ähnliche Kunstanschauung ausgebildet: der Expressionismus, der ganz genau dasselbe will wie die orientalische Abstraktionskunst. Vor kurzem ließ Herwarth Walden eine hochinteressante Publikation erscheinen: ‚Einblick in Kunst', eine Sammlung von Reproduktionen der bedeutendsten futuristischen Gemälde. In der sehr instruktiven Einleitung, die er dem Ganzen vorausschickt, gibt er ein kurzes und festlegendes Programm des Expressionismus. „Die neue Bewegung", sagt er unter anderem, „unterscheidet sich grundsätzlich dadurch von der Kunst der letzten Jahrhunderte, daß sie davon absieht, Abbildungen statt Bilder zu geben." „Der Künstler schafft nicht den Eindruck von außen, er schafft den Ausdruck von innen." „Unkünstlerisch sind die Begriffe des Vordergrundes und des Hintergrundes. Denn die Malerei ist eine Kunst der Fläche." Ist das nicht eine vollkommene ägyptische Ästhetik?

Es ist der tiefe Weltinstinkt der orientalischen Völker, der sie von allem Anfang an zu einer extrem-idealistischen Philosophie, zu einer Religion der Erlösung und zu einer Kunst der Abstraktion führte. Der abendländische Mensch beschritt den entgegengesetzten Weg des Rationalismus und versuchte sich von seiner Angst vor der Welt dadurch zu befreien, daß er sich bemühte, sie mit seinem Verstand zu erfassen und zu beherrschen. Diese Entwicklung nähert sich jedoch, nachdem sie innerhalb der letzten hundert Jahre einen absoluten Höhepunkt erreicht hat, einer Krise, sie beginnt, in ihr Gegenteil umzuschlagen. Der Bankrott der Wissenschaft, der Technik, unserer ganzen Verstandeskultur ist offenkundig, die Menschheit kehrt zur tiefen Instinktweisheit des Orients zurück. Dies ist, wenn ich nicht irre, der Sinn des Expressionismus; und damit vollzieht sich eine Umwälzung, die unvergleichlich bedeutender und wichtiger ist als die gegenwärtige politische. Den Menschen der nächsten Jahrzehnte wird es vergönnt sein, etwas miterleben zu dürfen, was sich seit Jahrhunderten, ja vielleicht seit Jahrtausenden nicht ereignet hat: das Heraufkommen eines neuen Weltgefühls, einer neuen Art, zu sehen.

GRAUENERREGENDE ZUSTÄNDE IN EINER WIENER REDAKTION

Ich sehe mich zu meinem Bedauern genötigt, mit einer Angelegenheit, die seit mehr als einem Vierteljahr mein Leben bedrängt, in die Öffentlichkeit zu flüchten, wie man so schön zu sagen pflegt, und den geneigten Leser selbst zum Richter in einer Sache zu machen, die ihn eigentlich am meisten angeht.

Es handelt sich um folgendes. Seit einem Vierteljahr bin ich Mitglied einer Wiener Tageszeitung und seitdem werde ich von sämtlichen Redakteuren, angefangen vom glücklichen Besitzer des Blattes bis herunter zum kleinsten Lokalreporter allwöchentlich, täglich, stündlich, minütlich bestürmt, angefleht, umschmeichelt, bedroht, doch Glossen zu schreiben, und ja recht viele, womöglich ebenfalls allwöchentlich, täglich, stündlich und minütlich. Ich habe nun zunächst mit vieler Mühe eruiert, was eine Glosse denn eigentlich überhaupt ist, und konnte nach mancherlei ausweichenden, halben und widersprechenden Antworten nur ein einziges Merkmal mit Sicherheit feststellen: eine Glosse ist eine Erörterung, Beobachtung, Erwägung oder man kann auch sagen: zwanglose Meditation, leichtflüssige Untersuchung, gleitende Betrachtung, kurz ein blödes Geschwätz über irgendein sogenanntes „aktuelles" Thema. Was aber ist aktuell? Nun, was uns gerade heute interessiert. Diese Definition könnte aber wiederum leicht Mißverständnisse erwecken. Falls einer zum Beispiel sich gerade lebhaft mit der Frage des Fortlebens nach dem Tode beschäftigen sollte und infolgedessen glaubte, das sei ein aktuelles Problem, so wäre er sehr im Irrtum und könnte leicht den Bescheid bekommen, den jener Pariser Redakteur dem Einsender einer Abhandlung über Theismus erteilte: „La question de Dieu manque d'actualité." Also genauer muß man sagen: aktuell ist, was die Menschen nur heute, den soundsovielten interessiert und dann nie mehr wieder, also zum Beispiel der Kronenkurs in Zürich oder die Lebensmittelanlieferung in der Großmarkthalle. Nun gibt es aber nicht leicht etwas Schwierigeres, als über derlei Fragen längere Betrachtungen anzustellen. Denn von der Lebensmittellieferung und der Großmarkthalle kann man doch im Grunde nicht viel mehr feststellen, als daß es sie leider nicht gibt, und vom Kronenkurs in Zürich läßt sich nicht viel mehr aussagen, als daß es ihn leider gibt: alles weitere ist offenbar Sache eines besonderen Talents, das mir unglücklicherweise fehlt. Und außerdem ergibt sich noch folgendes bizarre Dilemma: zur Aktualität wird eine Sache dadurch, daß sie in der Zeitung steht; steht sie nun aber dort, so ist sie ja schon behandelt und kommt für mich nicht mehr in Betracht; steht sie jedoch nicht dort, so ist sie ja wiederum keine Aktualität und kommt für mich ebenfalls nicht in Betracht. Die Drangsalierungen dauern aber trotzdem fort, und so oft ich allwöchentlich in der Redaktion erscheine, um nachzufragen, welche Autoren und Schauspieler in der kommenden Woche zu beleidigen sind, ertönt einstimmig der Ruf nach Glossen. Die Ausflucht, daß es mir leider an einem Thema fehle, läßt man nicht gelten, und sofort stürzt ein gefälliger Kollege mit dem Ruf: „Ich hole Ihnen eines aus dem ersten Stock" eilig zur Tür hinaus.

Wenn mir nun beim Theater etwas nicht paßte, so pflegte ich zu dem altbewährten Mittel des reinigenden, befreienden, alles lösenden großen Krachs zu greifen. Dessen Durchführung stößt jedoch in einer Redaktion auf Schwierigkeiten. Auf der Bühne zum Beispiel genügt die einfache Bemerkung: „Bitte, dann kann ich ja gehen", um einen beispiellosen Skandal auszulösen. Ein einigermaßen routinierter Regisseur oder Direktor wird darauf prompt antworten: „Aber bitte, es hält Sie niemand." Hierdurch gerät nämlich der Wortwechsel sogleich in den richtigen Fluß, von seiten des Schauspielers fällt das Wort „Schmiere", von seiten des Leiters das Wort „Schmierant", und das übrige macht sich dann von selbst. In einer Redaktion jedoch wird jede scharfe Bemerkung sogleich durch eine urbane Erwiderung abgeschliffen, von allen Seiten eilen Beschwichtiger herbei, kurz, die primitivsten Gesetze des gesellschaftlichen Verkehrs werden außer Acht gelassen. Denn das mindeste, was man verlangen kann, wenn man ausfällig wird, ist doch dies, daß auch der andere ausfällig wird. Hier aber keineswegs! Man stößt in luftgefüllte Säcke. Auf die Bemerkung zum Beispiel, die Herrschaften mögen sich solchen

Mist wie Glossen vom Redaktionsdiener schreiben lassen, erhält man die Antwort: „Wir werden sofort Ihre Anregung mit Dank weiterleiten, fürchten aber, daß es an den Honorarbedingungen scheitern wird."

Nachdem also das Mittel des Krachs versagt hat, bleibt für mich nur noch eines: daß ich versuche, zwischen den Themen, die mich interessieren, und den Themen, die die Redaktion interessieren, eine Art mittlerer Proportionale herzustellen, indem ich allerlei irreführende Titel erfinde, die auf einen aktuellen Gegenstand schließen lassen, etwa in der Art wie der, den ich der vorliegenden Erörterung gegeben habe. So habe ich zum Beispiel seit längerem die Absicht, die Unhaltbarkeit der Kantischen Kategorienlehre darzutun, für welche Untersuchung ich jedoch die aufreizende Überschrift wählen werde: ‚Großer Bankrott in Königsberg.' Da seit der Nationalversammlung der Name Weimar wieder einen aktuellen Beigeschmack hat, so dürfte für eine ebenfalls von mir geplante Polemik gegen Goethes Farbenlehre der Titel: ‚Unverzeihliche Mißgriffe in Weimar' recht passend sein, während der Nachweis, daß Schillers Leistungen als Jenenser Geschichtsprofessor vor der heutigen Forschung [nicht bestehen können,] recht gut die pikante Überschrift vertragen dürfte: ‚Das Sedan von Jena.' Ein Aufsatz, der darzulegen beabsichtigt, daß die heutigen Dramatiker es sich etwas sehr bequem machen, indem sie für ihre Stücke allzu wohlfeile Sujets wählen, wird einfach heißen: ‚Billige moderne Stoffe': da wird wohl jeder aufhorchen. Noch leichter ist es bei der bildenden Kunst. Eine Studie über das Wesen und die historische Entwicklung der Kohlenskizze läßt sich recht verlockend ‚Bemerkenswerte Versuche zur Lösung des Kohlenproblems' benennen, der Besprechung der nächsten kubistischen Gemäldeausstellung wird man wohl nicht unzutreffend den äußerst sympathischen Titel geben können: ‚Überreichliche Ölproduktion in Deutschösterreich', und eine Erörterung über die mutmaßliche Entwicklung des Expressionismus nennt man kurz und einladend: ‚Die Leinwand der Zukunft.‘

Sollten mir aber meine Kollegen auch auf diesen Trick nicht hereinfallen und weiterhin darauf bestehen, daß ich ausführlich zur Psychologie des Wruckengenusses, zur Logik der Wohnungsrequisition und zur Ethik der Vermögenssteuer Stellung nehme, so bitte ich den geneigten Leser, nicht zu sehr zu erschrecken, wenn meine nächste Glosse den aufsehenerregenden Kopf führen wird: ‚Egon Friedell – paralytisch geworden.‘

WIENERISCHE DRAMATURGIE

Wustmann dreht sich im Grabe um. Denn es gibt nur eine „Wiener Dramaturgie“ oder, wenn man die altertümliche Form vorzieht, die auch Wustmann selber protegiert hat, eine „Wienische Dramaturgie“. Aber eine wiener oder wienische: das wäre eine korrekte, eine sachliche, eine schürfende Dramaturgie, während eine wienerische das alles ins Persönliche übersetzt, ins Subjektive, Verantwortungslose, Schlampige, oder, um ein Wort zu gebrauchen, das eigentlich Hermann Bahr gehört, ins Barocke. In seinem Buch über Wien hat Bahr den Sinn der Barocke etwa dahin definiert, daß der Mensch erkennt, daß das Leben nur ein Traum ist und daher nun jene Freiheit gewinnt, die aus dem Gedanken strömt: „Alles ist, weil alles Trug ist, für dieses Leben wahr. Alles gilt gleich, denn die Wahrheit träumst du, wie du die Lüge träumst. Recht ist hier derselbe Wahn wie Unrecht.“ Das Wesen des Barockmenschen, und das ist eben der Wiener, besteht also in der fatalen Fähigkeit, ja Nötigung, mit allem zu spielen; aber freilich spielt er dann auch mit dem vollen Ernst des Kindes und träumt mit dem vollen Affekt des wirklich Träumenden. Und wenn man bedenkt, daß gerade fast alle wertvolleren menschlichen Betätigungen lediglich Spielerei sind, so wird man dieser wienerischen Lebensauffassung vielleicht nicht so ganz unrecht geben dürfen. Alle Schöpfungen höherer Menschlichkeit und feinerer Sitte: der sogenannte gute Ton, die Galanterie, die gesellschaftlichen Formen sind völlig nutzlos und in vielen Fällen sogar völlig sinnlos. Es ist auch gänzlich ohne Nutzen und Sinn, eine Welttheorie aufzustellen, Vögel und Hunde zu halten, Leinwand zu bemalen, Schmetterlinge zu sammeln, eine Religion zu stiften. Alle diese Beschäftigungen sind müßige Liebhabereien, und ihr Wert steigert sich mit dem Grad ihrer praktischen Zwecklosigkeit. Was hingegen ist keine Spielerei? Ein Pfund Käse einzukaufen, eine Kanone zu laden, an der Börse zu spekulieren, ein Paar Stiefel zu reinigen und einen Wechsel zu fälschen. Die Kinder haben denn auch hier, wie überall, den richtigen Instinkt: sie wissen, daß das Leben nicht ernst ist und behandeln es als Spiel und lustigen Zeitvertreib. Auch in der Natur, die uns immer als Vorbild der Lebensführung vorgehalten wird, wird nichts als Unsinn getrieben. Die Schmetterlinge tanzen, die Käfer musizieren, der Pfau protzt mit seinem Rad, der Hahn benimmt sich gräßlich albern und der Affe hat nichts als Schabernack im Kopf. Und ich habe auch die niedrigeren Lebewesen, die Pflanzen zum Beispiel, sehr im Verdacht, daß es ihnen gar nicht darauf ankommt, etwas zu „leisten“: ich glaube, daß einem Apfelbaum seine Äpfel ziemlich unwichtig sind und daß er seinen Hauptspaß im Blühen und Duften und derlei zwecklosem Unsinn findet. Auch die Wiesenblumen dürften kaum ihren Ehrgeiz darin erblicken, vermittels Anlockung der Insekten die Befruchtung herbeizuführen und dadurch den Blumenumsatz der Saison zu steigern, sondern ich vermute, daß sie frivol und oberflächlich genug sind, ihre schönen Farben und angenehmen Gerüche als Selbstzweck zu betrachten.

Diesen verspielten, völlig unernsten, völlig würdelosen Geist findet man vielleicht nirgends so angenehm verkörpert wie in Wien. Diese Stadt, in der der Ankauf eines Federmessers mehr Nervenkraft verbraucht als anderswo die Gründung einer Fabrik, hat eben doch auch ihre geheimen Qualitäten. Es ist richtig, daß das Licht, das eben auch nur eine bestimmte Geschwindigkeit besitzt, in Wien immer erst viel später angekommen ist als in anderen europäischen Großstädten. Es ist nicht schön, Jahrzehnte menschlicher Geistesentwicklung zu verschlampen, wie dies in Wien von jeher zur guten Sitte gehörte; aber wie schön ist es zum Beispiel, eine Weltrevolution zu verschlampen, wie das jetzt vor unseren Augen geschieht! Und wie echt menschlich, und ich möchte sogar sagen: echt künstlerisch ist doch die ganze Einstellung dieser Stadt in Fragen der Kunst, indem hier nie ein Mensch auf den Gedanken kommt, nach dem wahren Wert und Sinn einer schöpferischen Leistung zu fragen, sondern immer nur nach den ganz subjektiven Bedingungen und Beziehungen, aus denen sie hervorgegangen ist und die sie von sich ausstrahlt. Uns steht eben der Künstler allemal höher als das Kunstwerk und der Mensch höher als der Künstler. Wir wollen ihn durch die Stellung, die wir zu ihm einnehmen, entweder ärgern oder erfreuen: das ist bei uns der Sinn jeder Kritik, sowohl der des großen Publikums wie jener andern, die gedruckt wird, ohne darum berechtigter, fundierter oder objektiver zu sein. Die Dinge in reiner Betrachtung auf sich wirken lassen; Leidenschaft, die sich zur Wissenschaft geläutert hat; eine kristallklare Linse sein, die die Strahlen einer ganzen Welt in sich sammelt: das ist klassisch. In alles seine Nase stecken; Digression und Nebenabsicht zur Hauptsache machen; Wissenschaft, zur Neugierde korrumpiert; ein Prisma sein, das das weiße Licht der Welt in tausend Farben zerlegt: das ist romantisch. Und wir sind nun einmal unheilbare Romantiker, vielleicht die letzten auf einem Planeten, der unaufhaltsam seiner Rationalisierung entgegenrollt.

In diesem Sinne möchte ich jene „Wienerische Dramaturgie“ verstanden wissen, in der ich von Zeit zu Zeit versuchen werde, die Theaterereignisse unserer Stadt betrachtend zu begleiten. [...]

„GAS“

Über Georg Kaisers ‚Gas‘ bitte ich mich etwas ausführlicher äußern zu dürfen. Die Aufführung im Deutschen Volkstheater war ganz vortrefflich; und dies ist auch im großen und ganzen in den Zeitungsbesprechungen anerkannt worden. Ganz besonders glücklich bringt sie jenes sonderbare Maschinenpathos zum Ausdruck, das in Kaisers Stück lebt: ein überheiztes, sich überstürzendes, knatterndes, ratterndes Pathos, zu dem sich das Pathos früherer Dichter etwa verhält wie Posaunenstöße zu dem Lärm einer Dynamohalle, dem Krachen von Mitrailleusen, Petarden, Pelotons; es sind Schüsse um die Ecke, mitten in Gedankenketten. Der Dichtung selber jedoch, die noch viel vortrefflicher ist als die Aufführung, scheint mir die Kritik nicht in demselben Maße gerecht geworden zu sein. Sie hat es in den allermeisten Fällen über einen kühlen, fast erzwungenen Respekt nicht hinausgebracht, sie hat, mit einem Wort, für das Stück zuwenig Lärm geschlagen. Ich finde aber, daß gerade dies die wichtigste Aufgabe aller Theaterkritik bildet. Sie hat Lärm zu schlagen, nach rechts oder nach links, für oder gegen eine Sache. Ist ein Werk von gemeiner oder unaufrichtiger Gesinnung, groben und billigen Mitteln, niedrigem Geschmack, schlechten künstlerischen Manieren, so hat der Kritiker in aufrührerischer und sogar ungerechter Weise gegen dieses Werk Stellung zu nehmen, indem er laut und rechthaberisch verkündet: „Wer in dieses Stück hineingeht, ist ein Schwein." Dann darf er vielleicht hoffen, das Stück umzubringen. Enthält ein Werk irgendeinen neuen, bis dahin noch nicht gehörten Ton, ist es der Niederschlag eines starken und eigenen Weltgefühls, ist es von irgendeinem klaren und ernsten Ethos erfüllt, so hat der Kritiker in ebenso rechthaberischer und selbst übertriebener Weise als eine Art Reklamechef aufzutreten, indem er unter gräßlichem Getöse mitteilt: wer dieses Stück nicht großartig findet, ist ein Lump und ein Idiot. Dann darf er vielleicht hoffen, dem Werk ein wenig zu nutzen.

Kaisers Stück beginnt mit einem ersten Akt, der geradezu klassisch genannt werden muß: ‚Maria Stuart' und ‚Hamlet' sind nicht schärfer, reicher, dichter, atemloser exponiert. Nacht im Fabrikbüro. Mondschein, Ausblick auf unübersehbare Armeen von Schloten. Aus den Nebenräumen Hochzeitsmusik. Am Tisch der „Schreiber". Durch die Luft tanzt der „weiße Herr" herein, ein Spuk, ein Alpdruck, eine Vision, eine Prophetie, wie man es nehmen will. Er stellt dar: das weiße Entsetzen, das den Menschen in dem Augenblick packen wird, wo die von ihm geschaffene Technik sich stärker erweist als er selber. Und schon stürzt auch entsetzt der Fabrikherr herein, denn das Gas, jene ungeheure Energiequelle, die die gesamte Weltwirtschaft in Gang hält, „verfärbt sich". Von der anderen Seite der Ingenieur: „Das Gas verfärbt sich!" Stimmt denn die Formel nicht? „Die Formel stimmt, aber das Gas verfärbt sich dennoch." Was die Folge? „Explosion." Ein furchtbarer Knall. Finsternis; wie es wieder hell wird, ist die Fabrik ein Trümmerhaufen. Ein nackter Arbeiter stürzt herein, schreit „Mutter!", stirbt. Der Fabrikherr, erschüttert und zerknirscht: „Menschen!" Viel mehr kann sich in einer Viertelstunde nicht gut ereignen.

Man merkt hier nun schon eines. Dies ist die stärkste, geballteste, geladenste Dramatik, aber nicht bloß Dramatik, sondern auch: Geist, Gedanke, Ethos, Versuch, die Realität nicht bloß zu gestalten, sondern auch zu durchleuchten, gewissermaßen zu röntgenisieren, zu ihrem unsichtbaren Kern und Sinn vorzudringen, zu dem „Ding an sich", das geheimnisvoll hinter ihr thront. Die Formel stimmt, aber das Gas explodiert. Das Gas, der Held des Stückes, ist also offenbar etwas, das sich nicht errechnen, in Tabellen einfangen, mit der Grammatik unserer Sinne bewältigen läßt. Es ist nicht bloß eine materielle und mathematische, sondern zugleich eine höhere, transzendente, metaphysische Größe, eine Überwirklichkeit, ein Dämon: Geist. Dasselbe läßt sich von Kaisers Dramatik sagen. Sie ist einerseits ganz klar, scharf, mathematisch, präzis, mit allen ihren kleinsten Teilchen minuziös ineinandergreifend wie ein Eisenwalzwerk, ein Schraubendampfer, ein Artilleriefeuer, eine Riesenmaschine, in der Stempel, Räder, Treibriemen, Transmissionen, Anker, Turbinen ihren ungeheuren Chor anstimmen, der seine eigene Schönheit, seine eigene Musik hat. Aber dabei greift sie über alle diese Realitäten hinaus in eine mysteriöse Welt des reinen Gedankens. Dies nun scheint mir überhaupt das Wesen jedes großen Dramatikers auszumachen: daß er die Gabe besitzt, Geist in Bewegung umzusetzen. Geist allein ist nichts und Bewegung allein ist nichts. „Begriffe ohne Anschauungen sind leer, Anschauungen ohne Begriffe sind blind", hat Kant gesagt; dies wäre auch eine recht brauchbare Formel der Dramaturgie. In der letzten Zeit haben wir nur leere oder blinde Dramatiker gehabt. Kaiser ist weder das eine noch das andere. Und so entsteht, ganz wie bei Kant, aus seiner schöpferischen Synthese eine Welt. Der Letzte, der das gekonnt hat, war Wedekind, der Vorletzte Ibsen. Und noch etwas hat Kaiser mit diesen beiden gemeinsam: die Fähigkeit, die Gegenwart bereits als etwas Historisches zu empfinden, als etwas fast Irreales, in weite Distanz Gerücktes, von einer romantischen, magischen Atmosphäre Umwittertes. Spielen denn die ‚Gespenster' wirklich in den achtziger Jahren, ‚Frühlings Erwachen' im Fin de siècle, ‚Gas' in unseren

Tagen? Oder nicht vielmehr in einer längst verschollenen, völlig zeitlosen, sagenhaften Epoche? Oder vielleicht gar auf dem Mars oder Saturn? Gibt es etwas Prosaischeres als eine Militärkappe oder einen Gehrock, etwas poetisch Unergiebigeres als eine Generalversammlung von Großindustriellen? Und dennoch gelingt es Kaiser im dritten Akt, aus der gemeinen und fast lächerlichen Tatsache einer solchen Generalversammlung eine heroische Szene zu machen und Dinge wie Militärkappe und Gehrock zu schicksalsträchtigen, gespenstischen Symbolen zu erhöhen. Aber Kaiser besitzt noch ein Drittes, was selbst Ibsen und Wedekind nur in einzelnen höchsten Momenten hatten und ja gar nicht haben konnten, da es eine Frucht unserer Zeit ist: jene beispiellose Gedrängtheit, Konzision und Wortkargheit, die seinen Werken eine so unwiderstehliche Schlagkraft gibt. Seine Menschen leben gleich Tiefseewesen unter dem Druck von Hunderten von Atmosphären. Diese chiffrierte Knappheit, die den dramatischen Dialog fast nur auf kurze Stichworte und Parolen beschränkt, bedeutet eine ganz unschätzbare Erziehung und freilich auch Verwöhnung des Theaterpublikums, und man kann ganz gut begreifen, warum die älteren Herren Kaiser so gar nicht mögen: er verdirbt ihnen nämlich das Geschäft. Denn eine solche dramatische Technik wirkt gleichsam wie ein Sperrhaken: es wird von nun an nicht mehr möglich sein, Szenenführung und Diktion anders als kaiserlich aufzubauen. Im dritten Akt erscheint der Schwiegersohn des Fabrikherrn. Offizier, der quittieren soll. Er legt den Säbel auf den Tisch, zieht einen Revolver heraus, sagt: „Ich – kann – das nicht!" schießt sich in den Bauch und ist tot. Man rechne sich aus, wie lange es bei Sudermann gedauert hätte, bis der Offizier sich schließlich doch nicht totgeschossen hätte. Es fehlt in der dramatischen Verpackung Kaisers sozusagen alle Holzwolle, es wird nur reelle Ware geliefert. Und so komprimiert arbeitet Kaiser, daß sich sein Depeschenton sogar auf den Theaterzettel erstreckt. Die Figuren haben keine Eigennamen: was könnten auch Namen bei so symbolischem Geschehen bedeuten; die gesamte Statisterie wird unter der Bemerkung „Maschinengewehrabteilung" zusammengefaßt. So daß die nun folgende Notiz „Nach dem Fallen des eisernen Vorhanges findet eine größere Pause statt" wie ein rührender Ton aus längst versunkenen Tagen wirkt. Man erwartet: „Eiserner deutet Pause." Von hier aus wird es auch vollkommen klar, warum Kaiser zum Helden seines Dramas gerade das Gas gewählt hat. Dies hat offenbar keinerlei allegorische oder naturwissenschaftliche Bedeutung. Sondern er gibt dem Stoff Gas einfach deshalb den Vorzug, weil er einsilbig ist. Nur ein solches kurzes, scharfes Wort, das wie ein Kommando oder ein stenographisches Sigel wirkt, kann die Dämonie, die Kaiser hineinlegen will, wirksam zum Ausdruck bringen. Und dieses Wort kehrt immer wieder. In hunderterlei Variationen, drohend, lockend, zerschmetternd, erlösend: der Dichter hat aus ihm eine ganze Partitur gemacht.

In dieser Kraft „Gas" ist gewissermaßen die Schicksalsgottheit der ganzen Menschheit personifiziert. Es ist Ate, Dike, Moira unserer heutigen Welt. Zwei Idealismen platzen aufeinander. Der Fabrikherr will seine Arbeiter von diesem furchtbar grausamen Tyrannen erlösen, er will sie zu freien Siedlern machen. Aber der Ingenieur ruft ihnen zu: „Was seid ihr dann? Bauern. Jetzt seid ihr Herrscher. Euer Gas speist und regiert die ganze Erde. Vorwärts, von Explosion zu Explosion." Dieser Gedanke ist zweifellos sozialistisch, denn er zeigt die Arbeiter als die Herren der Welt, und sogar als die geistigen Herren. Aber er ist ebenso zweifellos antisozialistisch, denn er zeigt die Arbeiter zugleich als die Knechte jener blinden, fressenden Kraft, der sie für immer verfallen sind, die sie zu unheilbarer Verkrüppelung verdammt. Was ist aber Georg Kaisers eigene Meinung? Er läßt die Frage offen. Er läßt sie offen, weil er ein Dichter ist. Denn der Dichter ist der Mensch, der das Leben stets in seinem ganzen Reichtum und in seiner ganzen Tiefe spürt. Aber eben darum ist er auch der einzige Mensch, der sich niemals einbildet, das Leben zu verstehen.

STERNHEIM

Seit Jahren wartet man mit unerschütterlichem Vertrauen auf das deutsche Lustspiel. Seit Jahren sagt jeder Theaterdirektor zu jedem Autor, der entweder Witz, aber keinen Humor oder keines von beiden besitzt (eine dritte Gruppe gibt es leider noch nicht): „Lassen Sie doch diese Problemstücke, für Probleme haben wir Ibsen, lassen Sie auch das Krasse, dazu ist das Kino da. Nein: schreiben Sie endlich einmal das deutsche Lustspiel! Gerade Sie hätten das Zeug dazu." Aber wie soll es denn aussehen, dieses deutsche Lustspiel?

Viele behaupten: etwa so wie die Stücke von Sternheim, der vor kurzem wieder mit ‚1913' hier zu Wort gekommen ist; und da muß ich nun (natürlich nur als meine ganz subjektive Ansicht) sagen: so stelle ich mir das deutsche Lustspiel nicht vor. Wir hören allerlei Geistreiches und Apartes, eine Menge von ausgezeichneten Bemerkungen und Beobachtungen, aber sehen tun wir gar nichts. Nicht einen Augenblick glauben wir, daß diese Menschen, die da auftreten und abgehen, schon vor dem Beginn des Stückes auf der Welt waren und daß sie auch nach dem letzten Fallen des Vorhangs noch weiter existieren werden, ja daß sie auch nur während des Stückes ein wirkliches selbständiges Dasein führen. Es sind übermütige Launen, reizende Einfälle, Bubenstreiche von Sternheim, es sind Bilderbogenfiguren, die er zu seiner und anderer Leute Belustigung bunt anmalt, wobei es ihm gar nicht darauf ankommt, einmal einem Herrn eine große Perücke und einer Dame einen blauen Schnurrbart zu machen. Selbst die Sprache führt bei ihm kein eigenes Leben, es gibt nur glänzende, scharf geschliffene Dialogstellen, aber keinen Dialog; die einzelnen Sätze stehen automatisch für sich da, es entsteht aus ihrer Vereinigung kein neuer, in sich einheitlicher, homogener Stoff. Diese ganze Art, mit dem eigenen Gebilde zu spielen und selber immer den Kopf hervorzustecken, ist durch und durch romantisch. Sternheim ist Romantiker und Impressionist, der Dichter des „deutschen Lustspiels" wird aber Rationalist und Ganzheitler sein müssen.

Es gibt nun allerdings einen dritten Fachausdruck, der heute bereits jedermann geläufig ist und den Sternheim zweifellos für sich in Anspruch nehmen dürfte. Er heißt Expressionismus. Wenn ich nun die Expressionisten recht verstehe, so meinen sie ungefähr dies. Sie nehmen die Realität nicht ernst. Sie wollen nicht nach äußeren Reizen schaffen, sondern nach inneren Ideen, die dem Geschehen übergeordnet sind, die sie den Dingen aufzuprägen versuchen. Der Expressionist glaubt nicht, daß der Mensch eine Geburt der Stunde ist, sondern ist überzeugt, daß die Stunde eine Geburt des Menschen ist. Er sieht in der Welt nicht ein riesiges Arsenal von Eindrücken, denen er seine Seele darzubieten hat, damit sie sich darin einzeichnen, sondern sein innerster Lebenswille geht in erster Linie dahin, sich auszudrücken, sich, sein einmaliges Wesen, das noch niemals vor ihm so da war. Für ihn ist die ganze Welt nichts als der gigantische Schatten, den seine Seele wirft. Dieses Weltgefühl hat keiner von den neueren Dramatikern exklusiver, bewußter und diktatorischer in Dichtung umgesetzt als Schiller, der den Vers schrieb: „Was sich nie und nirgends hat begeben, das allein ist Poesie!" Emerson leitet seinen Essay über Shakespeare mit den Worten ein: „Wenn wir darin Originalität erblicken, daß eine Spinne ihr Gewebe aus ihren eigenen Eingeweiden zieht, dann ist kein Künstler ein Original." Nun, Schiller war aber wirklich so eine Spinne: er zog alles aus sich selbst. In seinem Kopf waren nichts als Phantasmagorien, nichts als Visionen, er schleuderte sie hinaus, und da standen sie nun, voll und massiv, fertig und frei, so daß jeder glauben konnte, sie seien Wirklichkeiten.

Wenn aber Schiller in diesem Sinne ein Expressionist war, so ist Sternheim höchstwahrscheinlich keiner. Denn an Subjektivität mangelt es ihm wohl nicht, Phantasmagorien hat er mehr als genug in seinem Hirn, nur fehlt seinen Geschichten eine nicht unwichtige Begleiterscheinung: sie verdichten sich nicht zu „Materialisationen", man glaubt sie ihm nicht. Seine Stücke sind feine und originelle Erörterungen über das Leben; aber niemals das Leben selbst. Ich glaube daher, wie gesagt, daß er au fond ein Impressionist ist: der letzte, gewagteste, subtilste Ausläufer dieser geistigen Strömung, deren außerordentliche kulturhistorische Bedeutung mit ihrem heutigen langsamen Versanden ja keineswegs erschöpft ist. Er setzt in der kühnsten und abruptesten Weise Tupfen neben Tupfen, Point neben Point, Pointe neben Pointe. Er arbeitet fast wie der Schreibhebel eines Morsetasters, Punkt – Strich – Strich – Punkt: fehlt leider nur das geistige Band (nicht immer, aber oft) oder, um im Bilde zu bleiben, das Telegraphenband, das uns eine zusammenhängende Depesche vermittelt. Und so ist denn auch seine Gedrängtheit, sein kurz angebundener Signal- und Kommandoton etwas mehr Äußerliches; man könnte sagen: er ist in knapper Form weitschweifig, indem er immer wieder die gleichen Motive wiederholt, aber in einem Stakkato, das über diese innere Breite täuscht. So fletchert er denn auch in ‚1913' einen ganzen Abend lang immer dasselbe, freilich stets nur in ganz kleinen Bissen. Dieser immer wiederkehrende Refrain ist der Kampf gegen den Materialismus und Mammonismus des Deutschland der Vorkriegszeit. Eine hohe Geistigkeit, ein starker und gespannter Impetus ist dieser vieraktigen Polemik gewiß nicht abzusprechen. Aber man hat dazwischen doch den Eindruck, daß der Dichter selber von dieser Geldsatyriasis irgendwie angesteckt ist, da er fortwährend von derselben monomanischen Leidenschaft um dieses Thema herumgejagt wird. Er erinnert darin fast an jene Frauen, die zwar ihr ganzes Leben lang „anständig" sind, aber nur um den Preis, daß sie ihr ganzes Leben lang mit Entrüstung von „Unanständigkeiten" reden dürfen.

Mir scheint überhaupt, daß die ganze geistige Einstellung der Heutigen, die sich mit Vorliebe auf das Evangelium berufen, auf einem Mißverständnis beruht. Allerdings hat Jesus die Armen den Reichen vorgezogen, indem er in einem bekannten Gleichnis sagte, ein Reicher könne nicht ins Himmelreich kommen. Aber dieser Ausspruch hat durchaus keine sozialistische Pointe. Die Armen kommen eher ins Himmelreich als die Reichen, weil bei ihnen die Vorbedingungen für ein göttliches, dem Mammon abgewendetes Leben günstiger sind. Ein Reicher wird sich, ob er will oder nicht, mit seinen irdischen Gütern befassen müssen; der Arme ist in der glücklichen Lage, solche von Gott ablenkenden Dinge nicht zu besitzen. Der Sozialismus will aber, ganz im Gegenteil, die Armen allmählich in die Vorteile einsetzen, die heutzutage nur die Reichen genießen; und er will, daß jeder Mensch, ob arm oder reich, *arbeite*. Jesus hingegen stellt die Lilien auf dem Felde und die Sperlinge auf dem Dache als Vorbilder hin. Er weiß, daß im „Segen der Arbeit" ein geheimer Fluch verborgen ist: die Gier nach Geld, nach Macht, nach Materie. Der Sozialismus will die Armen reich machen; Jesus will ganz im Gegenteil die Reichen arm machen; der Sozialismus *beneidet* die Reichen, Jesus *bedauert* sie; der Sozialismus will, daß womöglich *alle* arbeiten und besitzen, Jesus sieht den idealen Gesellschaftszustand darin, daß womöglich *niemand* arbeitet und besitzt. Und damit berühren wir die eigentliche Stellung Jesu zur sozialen Frage: *er lehnt sie einfach ab*. Für ihn sind Dinge wie Güterverteilung, Besitz, gerechte Ordnung der Erwerbsverhältnisse das, was die Stoiker ein „Adiaphoron" und die Mathematiker eine „quantité négligeable" nennen: sie gehen ihn gar nichts an. Er erblickt seine Mission darin, die Menschen zum Göttlichen zu führen, ein sozialer Reformator hat es aber immer nur mit der Welt zu tun. Es ist daher die größte Blasphemie, die man gegen Jesus begehen kann, wenn man ihn in eine Reihe mit jenen Zwerggeistern stellt, die die Menschheit auf *nationalökonomischem* Wege erlösen wollten! Er ist von allen diesen nicht dem Grad, sondern der Art nach verschieden. Seine Wohltaten waren geistige, nicht materielle, und man kann ihn mit solchen Volksmännern überhaupt gar nicht vergleichen, so wenig wie etwa die Schöpfungen eines Dante oder Kant mit denen eines Marconi oder Edison. Jesus hat niemals gegen jene Mächte gekämpft, die der Gegenstand moderner Sozialpolemik sind, wie Bourgeoisie, Bureaukratismus, Kapitalismus und dergleichen, weil ihm alle diese Dinge viel zu gleichgültig waren. Er hat immer nur *einen* Feind erbittert bekämpft: den Teufel im Menschen, den Materialismus. Aber unsere aufgeklärte Zeit glaubt ja nicht mehr an den Teufel, weil sie ihm derart verfallen ist, daß sie ihn gar nicht mehr sieht; und der „Geist" des Materialismus herrscht heute unter den Enterbten genau so wie unter den Besitzenden. Die einen haben Geld, die anderen haben *noch keines*; aber um Geld dreht es sich da wie dort. Heute würde Jesus nicht mehr sagen: „Selig sind die Armen", denn diese sind heute ebenso unselig geworden wie die Reichen – dank den sozialistischen Theorien, die die degenerierte Plattheit unserer Tage aus seinen Worten herausgelesen haben.

ADOLF LOOS
Zu seinem fünfzigsten Geburtstag
[am 10. Dezember 1920]

Von Adolf Loos weiß die breitmäulige Wiener Fama nicht viel mehr zu berichten, als daß er vor etwa zwanzig Jahren eine Anzahl aufreizend widersinniger Artikel in der ‚Neuen Freien Presse' geschrieben und den Michaelerplatz durch ein greuliches Haus verschandelt hat, eine Art Scheune, ein „Scheusal von einem Haus", wie es ein Wiener Gemeinderat genannt hat. Die öffentliche Meinung rangiert ihn, wie das ja bei fast allen prominenten Menschen dieser Stadt üblich ist, zwischen Narr und Hochstapler. Das ist unsere Form des Ostrazismus, durch die die Wiener jeden, der etwas zu sagen hat, der von irgend einem ernsten Pathos erfüllt ist, zum Charlatan, Jongleur und Bajazzo zu degradieren wissen. Wird ihnen jemand durch Wahrheitsliebe unbequem, so kommen sie mit der Verdächtigung, es sei Sensationshascherei und Pose oder mit noch niedrigeren Anschuldigungen. Wer Universalität, Tiefe, Leidenschaft, Objektivität, Denkschärfe hat, den hassen sie; denn alle diese Eigenschaften sind für den Wiener ebensoviele Beleidigungen. Sie wollen jeden umbiegen. Mit ihrer ganzen Ungezogenheit werben sie so lange um ihre Erzieher, bis diese keine mehr sind. Und in den Wenigen, die standhalten, erzeugt diese Stadt die Kraft des reformatorischen Hasses.

Was also Adolf Loos nicht ist, das wissen die Wiener ganz genau: kein Baumeister, kein Schriftsteller, kein Innenarchitekt. Wäre aber die Frage zu beantworten, was er ist, so würde das nicht nur ihnen, sondern jedermann Verlegenheit bereiten. In einem anderen Zeitalter als dem unsrigen hätte er wahrscheinlich gar nichts geschrieben, ja nicht einmal gebaut und das Leben seiner Seele überhaupt nicht in Taten entladen, die ja immer nur an der Peripherie unseres wahren Wesens liegen, einen Kompromiß zwischen unseren Gedanken und der

Wirklichkeit darstellen und im Grunde nichts sind als eine geistige Krankheitserscheinung. Hätte er im Altertum gelebt, so wäre er wahrscheinlich ein Wanderphilosoph geworden, der auf dem Marktplatz seine Weisheit verschenkt, im Mittelalter vielleicht ein Bettelmönch, der predigend von Ort zu Ort zieht. Was hätte er gepredigt? Natürlich ganz dasselbe wie heute: das, was die Zeit bewegt. Wollte man also durchaus eine Nomenklatur für ihn finden, so könnte man vielleicht noch am ehesten sagen: er ist ein Ferment; ein beunruhigendes, aufsäuerndes Ferment, das gebieterisch Spaltungen und Umlagerungen hervorbringt, alte Verbindungen löst, neue ins Leben ruft und alles in eine brodelnde, schäumende Bewegung versetzt. Durch diese verwegen aufmischende, alle Tradition überrennende, alle neuen Anregungen blitzschnell apperzipierende und energisch weiterleitende Impetuosität, durch die Sicherheit seines Geschmacks, den Reichtum seines Formenvokabulars und die Reinheit, Wärme und Exaktheit seines Kunstwillens ist er einer der größten Wohltäter unserer Stadt geworden.

Er trat auf zu Ende der Neunzigerjahre, in jener Zeit, die – vermutlich von einem Parfumfabrikanten – Fin de siècle genannt worden ist. Es war die Zeit der Gründerkultur, der Philisterdiktatur und der Aristokratie des Geldes. Es herrschte ein völliges Durcheinander aller möglichen Stile, eine absolute Barbarei der Geschmacksmischungen. Die Teppiche waren aus Persien, die Nippes aus dem achtzehnten Jahrhundert, der Salon in Empire, das Speisezimmer in Renaissance, das Schlafzimmer in Gotik. Je gewundener, verschnörkelter, arabesker die Formen, je geschreckter, greller, indianermäßiger die Farben waren, desto beliebter waren sie: am liebsten hätte man das ganze Spektrum beisammen gehabt. Das waren keine Wohnräume, sondern Leihhäuser und Antiquitätenläden. Überall nichts als Schaustellung, Parade, Ornament: der bestgelegene, wohnlichste und luftigste Raum des Hauses, welcher

„gute Stube“ genannt wurde, überhaupt für gar keinen Wohnzweck bestimmt, sondern nur zum Herzeigen für Fremde vorhanden; in allen Zimmern eine Reihe von Dingen, die trotz ihrer Kostspieligkeit keineswegs dem Komfort dienten: Portièren aus schweren, unpraktischen Stoffen wie Rips, Plüsch, Sammet, die auffielen und auffallen sollten, denn sie waren zu nichts anderem da; Butzenscheiben und Glasmalereien, sogenannte Diaphanien, die das Licht abhielten, aber etwas vorstellten; Handtücher, mit denen man sich nicht abtrocknen konnte, auf die aber der Trompeter von Säckingen gestickt war; dünnbeinige Etageren, die immer wackelten und mit permanent umfallenden Überflüssigkeiten vollgestellt waren; Kommoden mit geblümten Decken, die das Zumachen der Laden verhinderten; Riesenprachtwerke, die man unmöglich lesen wollte, weil sie illustriert waren; ein geharnischter Ritter, der sich als Regenschirmständer, und ein hölzerner Maikäfer, der sich als Stiefelknecht entpuppte; und als Krönung und Symbol des Ganzen das Makartbukett, eine vollendete Abscheulichkeit und zugleich das idealste Staubreservoir, das man sich denken kann. Kurz: lauter Dinge zum Staatmachen, aber keineswegs geeignet, den Bewohnern das Leben zu erleichtern.

In diese Stillosigkeit, Zerfahrenheit und Verlogenheit sprang nun Adolf Loos hinein. Man kann wirklich sagen: er sprang, denn seine Art zu reformieren hatte einen Zug von Gewalttätigkeit, Rücksichtslosigkeit und Fanatismus, den er sich in Amerika angeeignet hatte. Es war, als ob er sich das Wort Emersons zum Wahlspruch gemacht hätte: „Ich will gar nichts feststellen, sondern alles verrücken. Keine Tatsache ist mir heilig, keine ist mir profan. Ich stelle ganz einfach Versuche an, als ein endloser Sucher, der keine Vergangenheit im Rücken hat.“ Er fragte sich: gibt es bei uns eine Kultur, die einzige, mit der wir rechnen dürfen, die Kultur von 1900? Eine Kultur, die nicht im Widerspruch steht mit Telephon, Bogenlampe, Untergrundbahn? Und er antwortete mit nein. Den nächsten Weg zur Gesundung des Geschmacks erblickte er in der Rückkehr zum Handwerk. „Die Maler, die Bildhauer, die Architekten", sagte er schon in einer seiner allerersten Publikationen im Jahre 1897, „mögen ihre bequemen Ateliers verlassen, die Liebe zur Kunst auf den Nagel hängen und sich an den Amboß, den Webstuhl, die Drehscheibe und die Hobelbank stellen! Weg mit aller Zeichnerei, weg mit der papierenen Kunst! Nun gilt es dem Leben, den Gewohnheiten, der Bequemlichkeit, der Brauchbarkeit neue Formen und neue Linien abzugewinnen! Die Kunst ist etwas, das überwunden werden muß." Schön und praktisch sind für ihn fast identische Begriffe. „Die erste Grundbedingung für einen Gegenstand, der auf das Prädikat schön Anspruch erheben will, ist, daß er gegen die Zweckmäßigkeit nicht verstößt. Den Grad des Gebrauchswertes, verbunden mit der Harmonie zu den übrigen Teilen, nennen wir reine Schönheit." „Bei uns herrscht noch die Ansicht, daß nur Dem der Entwurf eines Stuhls zugetraut werden kann, der die fünf Säulenordnungen in- und auswendig kennt. Ich glaube, ein solcher Mann müßte vor allem etwas vom Sitzen verstehen." Und er wird nicht müde, in seinen Aufsätzen über Möbelkunst immer wieder darauf hinzuweisen, daß ein Renaissanceschrank, eine griechische Vase gerade darum und nur darum so schön waren, weil sie ihren Nutzzweck als Schrank und Vase so ideal erfüllten. Im Grunde ist ja aber auch jede Lüge etwas Unpraktisches, Irrationelles, und dieser Gedankengang ist es offenbar, der Loos zum unerbittlichen und unermüdlichen Bekämpfer von allem „Pflanz" und Talmi auf sämtlichen Gebieten des täglichen Lebens gemacht hat. „Wer nicht das Geld für einen ledergepreßten Stuhl hat, der nehme einfach einen Strohsessel. Mancher wird davor zurückschrecken. Ein Strohsessel, wie ordinär! Aber ein Strohsessel ist gerade so wenig ordinär wie keine Diamanten oder ein einfacher Tuchkragen am Winterrock. Bloß die imitierten Diamanten, Pelzkragen und Ledersitze, die sind es.“ „Ein prächtiger Holzschrank wird durch künstlich patinierte Bronzereliefs verdorben, die, wenn echt, der Reinlichkeit ihres Besitzers kein gutes Zeugnis ausstellen würden. Man bedenke doch, daß sich die grüne Patina auf den Bronzegegenständen durch das jahrtausendlange Liegen in der feuchten Erde gebildet hat, daß sie aber vollständig fehlte, solange der Gegenstand noch in Gebrauch war.“ „Jedes Material hat seine eigene Formensprache und kein Material kann die Form eines andern für sich in Anspruch nehmen.“ Und darum besteht Loos darauf, in der Theorie und in der Praxis, daß Holz immer deutlich zeigen soll, daß es Holz, Papier, daß es Papier, Schafwolle, daß sie Schafwolle ist. Jedes Ding soll sich selbst ausdrücken: auf diesem ebenso einfachen wie fruchtbaren Satz baute er seine ganze Kunst auf. „Der moderne Geist verlangt Individualität. Das heißt, daß sich im allgemeinen der König wie der König, der Bürger wie der Bürger und der Bauer wie der Bauer einzurichten habe und daß im besonderen wieder jeder König, jeder Bürger und jeder Bauer seine Charaktereigenschaften in seiner Wohnungseinrichtung zum Ausdruck bringen soll.“ Hierin ist also Adolf Loos, der österreichische Prophet der angelsächsischen Kultur, völlig einig mit Mulford, der ebenfalls gelehrt hat, daß jedes Zimmer der Abdruck der Seele dessen sein soll, der es bewohnt. Und auch er hätte gleich Mulford eine „Religion der Kleider“ schreiben können.

Er hat es in gewissem Sinne getan. Seine Prinzipien hat er nicht nur in zahllosen Inneneinrichtungen zum Ausdruck gebracht, in denen er nichts anstrebt als dem Bewohner ein Helfer zu sich selbst zu sein, indem er ihn zu seinem eigenen Tapezierer, Maler und Dekorateur, zum Verwalter seines eigenen persönlichen Geschmacks machen will; er war den Menschen seiner Zeit und seiner Stadt auch eine Art Innenarchitekt der Seele. Er wollte ihr Dasein auch nach innen komfortabel machen, auf dem einzigen dazu möglichen Weg: indem er versuchte, ihre Erkenntnisse zu bereichern und zu vervollkommnen. Er wollte sie klüger, reifer, gewappneter, lebenstüchtiger machen, auf jede nur irgend erdenkliche Weise. Aber daneben verschmähte er es auch nicht, über alle jene scheinbar profanen und oberflächlichen Dinge zu reden, die doch für unser Leben so ungeheuer wichtig, ja oft entscheidend sind: über Grußformen, Kochkunst, Kleiderschnitt, Fahrräder, Fußbekleidung, Plakatkunst, Wasserklosetts. Und dies alles verkündete er in einem Stil, den ich nicht anders als klassisch nennen kann. Welche Schreibweise ist denn eine klassische? Nicht die pathetische, tönende, kothurnische, wie die Oberlehrer glauben, sondern im Gegenteil die absolut sachliche, völlig adäquate, einfache, natürliche, lapidare und gesunde: diese Erkenntnis ist uns freilich fast ganz abhanden gekommen. So schrieb Tacitus, so schrieben Thukydides, Caesar, Plutarch. So schreibt auch Adolf Loos. Während andere bauten, wie man schreibt, nämlich mit allerlei literarischen Ambitionen und Seitenblicken, schrieb er, wie man baut, Ziegel an Ziegel, Last gegen Kraft gewogen, von einer strengen und klaren Geometrie durchwaltet. Sein Stil ist monumental und wohnlich zugleich.

Und das alles „ins Leere gesprochen", wie er seine gesammelten Aufsätze betiteln will, die demnächst als Buch erscheinen sollen? Eines der schönsten Kaffeehäuser, die er errichtet hat, heißt Kaffee Capua: sollte das eine symbolische Bedeutung haben und das Wien, in dem er seit fast einem Menschenalter seine drohende Wirksamkeit entfaltet, wirklich nichts anderes sein als ein zum Kaffeehaus ummontiertes Capua? Es ist vielleicht wirklich so; aber vielleicht verdanken gerade er und seinesgleichen diesem Umstand das Stichwort und den Ruf zur Leidenschaft. Vielleicht hat auch er aus dem Gesetz der Aktion und Reaktion, das die ganze Welt, sogar die sogenannte tote beherrscht, die Kraft zu seinen stärksten Leistungen gezogen. Wer sich gegen etwas zu stemmen hat, wird dadurch nicht schwächer, sondern lernt, die Energie des Gegners zu der seinigen hinzuzuaddieren. Und so erleben wir denn das sonderbare Schauspiel, daß aus dieser Stadt, die alles Neue und Vorwärtsdrängende immer viel zu spät und auch dann meist noch widerwillig und mißverstehend in sich aufnimmt, doch immer wiederum Naturen von höchster Tonstärke und Schlagkraft emporwachsen, Menschen von einer geistigen Konsistenz und Witterung, wie sie vielleicht keine zweite deutsche Siedelung hervorbringt.

DIE LATRINEN
Von einem Generalfeldmarschall

Wenn ein Volk einen Krieg verloren hat, so wird sich mit automatischer Sicherheit eine Abneigung gegen Krieg und Kriegsführung bemerkbar machen, und von fachkundiger wie von sensationslüsterner Seite werden Broschüren in Umlauf gesetzt werden, die die Aufdeckung angeblicher oder wirklicher Mißstände anstreben. Mit derselben Sicherheit wird diese Aufdeckung schon zu einer Zeit eintreten, wo ein objektives Urteil unmöglich, ja verfrüht ist. Unter den vielen Schlagworten, mit denen die Öffentlichkeit jetzt beunruhigt wird, nehmen die sogenannten „Latrinen des alten Heeres" eine zwar geringe, aber nicht zu unterschätzende Stelle ein.

Eine doppelte Bedeutung ist ihnen zuzusprechen: erstens eine hygienische, zweitens eine erzieherische. Der aktiv gediente Friedenssoldat erledigte seine Bedürfnisse in vorschriftsmäßiger Weise, ohne weitere seelische Konflikte. Die Einteilung „Für Mannschaften" und „Für Unteroffiziere", welch letztere einen Abortschlüssel erhielten, wurde nur als die auch hier fortgeführte selbstverständliche Rangordnung aufgefaßt, auf der ein militärisches System fundiert ist. Sie hatte aber auch einen rein praktischen Grund, da im Falle von Begegnungen die Ehrenbezeugungen erschwert, ja vernachlässigt worden wären. Hierin sprach sich also eine gewisse Rücksicht gegen die Untergebenen aus, die von diesen freudig begrüßt wurde.

Ganz anders wurde es, als durch die Heranziehung der Untauglichen ein verzärtelter Nachschub aus den Großstädten ins Heer eintrat. Der altgediente Feldwebel, der im besten Sinne die Kompagniemutter war, hatte wegen seiner biderben und mitunter rohen Umgangsformen einen schweren Stand. Und wenn es hier und da zu Übergriffen kam, so muß man sich in die Seele solcher alten Haudegen versetzen, die, statt in den Schreibstuben, hinter der Front oder in den Etappen schalten zu können, in den Rekrutendepots mit einem oft sehr störrischen Material zu kämpfen hatten.

Da war es denn kein Wunder, wenn solch ein Mann, der höher hinaus wollte, seinen Unmut oft an den Mannschaften ausließ und sich bestimmter Erziehungsmethoden bediente, die den mit den Dienstgepflogenheiten Unvertrauten entwürdigend erschienen. Wurde aber wirklich schon einmal ein Professor zum Latrinenreinigen kommandiert, mußte wirklich schon einmal ein Einjähriger in Offizierstoiletten Dienst tun, so erhob gewöhnlich die Linkspresse ein großes Geschrei. Dabei stellte sich dann meistens nur heraus: erstens, daß man in einem hygienisch komplizierten Fall sich absichtlich eines Intellektuellen bedient hatte; zweitens daß sich dieser angebliche Mißstand von selbst durch die Unfähigkeit eben dieser Einjährigen zu solcher Tätigkeit beseitigt hatte.

Viel besprochen wurde seinerzeit der Fall des Wachtmeisters Schulz vom Spandauer Train, der von seinem Zivilverhältnis her (er war Gymnasialschuldiener gewesen) ein unausrottbares Vorurteil gegen Einjährige gefaßt hatte. Ich sah Schulz, der später wegen Annahme von Diensterleichterungsgeldern zu einer Militärschweineschlächterei strafversetzt wurde, bei der Kaiserparade 1911 im vollen Schmuck seiner Ehrenzeichen. Er war kein großer Stratege, aber mit einer soliden Fachkenntnis begabt, und vornehmlich die Stallreinigung betrieb er mit fanatischem Eifer. Für seinen Bereich hatte er eine ganz besondere Schichtung der natürlichen Stallprodukte eingeführt und konnte sehr ungemütlich werden, wenn er sie nicht mit der nötigen Liebe ausgeführt fand. Im Kasino wurde er deswegen oft mit dem Spitznamen: „Der Moltke des Stalldienstes" belehnt.

Es kam hinzu, daß die Vorschriften des A.-K.s über besagte Einrichtungen häufig wechselten, und während die Einen gründliche Säuberung wenigstens vor jeder Besichtigung forderten, traten Andere mehr für eine Ausbeutung zu landwirtschaftlichen Zwecken ein. Ja, in einigen Garnisonen soll ein schwunghafter Handel mit derlei Erzeugnissen getrieben worden sein. Viel Unheil wäre vermieden worden, wenn man auch für diese Tätigkeit Beförderungen und Ehrenzeichen nach Art der an das Schreibstubenpersonal verliehenen gefunden hätte, da jede Gelegenheit, die Dienstfreudigkeit zu erhöhen, unsrer Widerstandskraft zugute kommen mußte.

Wie gesagt, galt dies alles nur für die Heeresbestände der Heimat, denn im Felde fielen auch hier die starren Schranken zwischen Höhergestellten und Untergebenen, und ein erfreulich kameradschaftlicher Ausgleich fand statt. Zwar das alte Offizierscorps war in dieser Hinsicht überhaupt nicht wählerisch. Nur die in aller Eile ausgebildeten Kriegsoffiziere trieben in den Garnisonen einen oft unverantwortlichen Papier- und Raumluxus und arbeiteten damit den Unzufriedenen und Roten in die Hände. Allein so wird es verständlich, daß die wildesten Gerüchte über den Toilettenaufwand des Großen Hauptquartiers Platz greifen konnten. Es gehört ins Fabelreich, wenn Einige behaupten, der Kaiser habe ähnlich dem schiffsförmigen Bad im Berliner Schlosse auch im Felde einen

Abort, wie ein komplettes Unterseeboot mit Periskop gebaut, mit sich geführt. Ich selbst habe mich bei einer Revision von der Unwahrheit dieser Behauptung überzeugen dürfen. Die Aborte Hindenburgs und des vielgeschmähten Ludendorff waren von einer geradezu sprichwörtlichen Einfachheit, die scherzweise manchmal mit dem Tabakskollegium des alten Soldatenkönigs verglichen wurde.

Übrigens waren auch die Mannschaftslatrinen nicht gar so unbeliebt, wie man glaubt, oder sie es jetzt sind. Das Armee-Verordnungsblatt fand da seine stärkste Verbreitung, vor allem wurden sie aber bei Versammlungen aufgesucht, aus denen jene in der Soldatensprache andeutungsweise so genannten „Latrinenparolen" hervorgingen! Selbst eine eigene Poesie hat sich dort herausgebildet, die manches frische Kampfeswort geprägt, wohl auch mancher mehr oder minder berechtigten Kritik an den Vorgesetzten Ausdruck verliehen hat.

Nicht also dem Latrinensystem, sondern der Verwaltung im einzelnen, ist die Hauptschuld beizumessen. Eine verständige Handhabung solcher wichtigen Aufgabe, die auch diese Pflicht zur Ehre und nicht zur Entehrung stempelte, hätte Wunder wirken können. Und bedenkt man, daß die Mannschaftskost vornehmlich aus Kohlrüben bestand, so wird man ermessen können, wieviel eine Verbesserung sowohl zur leiblichen wie zur seelischen Gesundung des Heereskörpers und seiner Befreiung von unsaubern Elementen beigetragen hätte. Denn: mens sana in corpore sano! Darüber sollte auch ein Schriftsteller vom Range Ignaz Wrobels sich im klaren sein, dessen gehäufte Angriffe gegen den Militarismus nur eine weit schlimmere Stauung und Verschleppung hervorzurufen imstande sind.

Noch hat der alte Satz Geltung oder sollte es wenigstens haben: Dieser Ort darf nicht verunreinigt werden! So und nur so können wir in alter Reinheit wiedererstehen.

ZWEI, DIE SICH GEÄRGERT HABEN

Unter den obligaten Schimpfbriefen, die ich auch diesmal wieder anläßlich meiner kleinen Betrachtung über Raffael erhalten habe, befinden sich zwei, die in einem polaren Widerspruch zueinander stehen. Der Verfasser des einen, der mich mit lärmenden und falsch gebrauchten Worten fragt, wie ich mich denn erfrechen könne, einen Künstler anzuzweifeln, über den ein so allgemeiner Konsensus herrscht, scheint ein Alldeutscher zu sein: er ist nämlich grob und kann nicht deutsch. Der andere scheint das ebenso scharfsinnige wie kurzsichtige Buch von Edgar Zilsel ‚Die Geniereligion' gelesen zu haben, denn er fragt mich sehr mitleidig und spöttisch, mit welchem Recht ich denn Raffael, mit welchem Recht ich überhaupt irgend jemanden ein Genie zu nennen wage?

Die eine Frage scheint die andere aufzuheben, und doch hängen sie genau zusammen: die zweite beantwortet sich nämlich durch die erste. Weil über Raffael ein gewisser Konsensus herrscht, eben darum nenne ich ihn ein Genie. Die Menschen, denen wir diesen Ehrentitel zu geben pflegen, waren bis zu einem bestimmten Zeitpunkt ganz dasselbe wie alle anderen: Individuen, Einzelmenschen, Zellen im großen Organismus der Menschheit, Einheiten in der Millionensumme; und plötzlich sind sie eine ganze Gattung geworden, eine platonische Idee, ein neuer Begriff, eine neue Naturkraft, eine neue Vokabel im Wörterbuch der Menschheit, ein neu entdecktes Element. Gestern noch gab es kein Aluminium, wußte niemand, was Aluminium sei, heute weiß es jeder, muß es jeder wissen, jeder muß von nun an mit diesem neuen Wort oder Zeichen namens Al rechnen, nichts ist so wirklich wie diese zwei Buchstaben Al. Durch einen ganz ähnlichen Prozeß wird ein Mensch in den Augen der anderen zum Genie. Ein Individuum ist über Nacht ein Begriff geworden! Das ist ein ebenso großes Mysterium wie die Menschwerdung oder irgendein anderes

Schöpfungswunder der Natur. Der grobe Intellekt des Durchschnittsmenschen mag noch so wenig von Begriffen wie Sokrates, Shakespeare oder Cäsar wissen, er mag von ihnen eine noch so einseitige oder falsche Vorstellung besitzen: etwas weiß er doch von ihnen, irgendein Bild von ihnen trägt er in seinem Herzen, sie befinden sich im Schatz seiner Assoziationen so gut wie die Kennworte für seine täglichen Gebrauchsgegenstände. Weiß er denn von den anderen Dingen mehr? Er hat von den Begriffen Zucker oder Licht eine ebenso genaue und richtige Kenntnis wie von den Begriffen Dante und Kant. Aber er gebraucht sie alle miteinander ungenau, falsch, und dennoch sind sie für ihn Mittel, sich in der Welt zurechtzufinden und ein wenig klüger zu werden. In dem Augenblick, wo eine Naturkraft ans Licht getreten, vom Bewußtsein des Menschen erkannt worden ist, findet sich auch ein Wort für sie, meistens ein unzutreffendes, zufälliges, aber es handelt sich ja nicht um Worte. Man versuche aus dem Denkvermögen auch des einfachsten Menschen die Begriffe Elektrizität oder Goethe zu streichen. Beides ist gleich unmöglich, er wird mit diesen Worten beinahe geboren, sie drängen sich ihm unwillkürlich auf die Lippen, sie sind da, weil die realen, wahrhaften Dinge, die ihnen entsprechen, da sind. Wenn er diese Begriffe nicht hätte, so wäre er eines Teils der Verständigungsmöglichkeiten mit seinen Mitmenschen beraubt. Er wäre ein partieller Taubstummer. Man kann daher recht wohl die Definition wagen: groß ist ein Mensch in dem Augenblick, wo er ein Begriff geworden ist.

Aber: – Die Sache hat ihre Kehrseite. Begriffe, sagte Hobbes, sind Rechenpfennige. Er meinte damit, daß sie nur eine Art Auskunftsmittel seien, Zeichen und Marken, Symbole. Aber man könnte das Bild noch erweitern und sagen: Sie sind auch nicht viel mehr wert als Rechenpfennige. Sie sind armselige, dünne, dürftige Dutzendware, gerade gut genug, um törichten Kindern oder leichtfertigen Spielern zu dienen. Denn ein Begriff ist, das lernt man schon in der Schule, immer sehr viel weniger als eine Wirklichkeit. Es ist ja gerade sein Wesen, daß er dies ist. Er entsteht dadurch, daß man einer konkreten Sache möglichst viel Realität wegnimmt, je mehr, desto besser. „Je höher man in der Abstraktion aufsteigt, desto mehr läßt man fallen, also desto weniger denkt man nach", sagt Schopenhauer.

So entsteht ein sonderbarer und fast tragischer Konflikt. In instinktivem Dankbarkeitsbedürfnis will die Menschheit die großen Männer über alle ihre Brüder erhöhen, indem sie aus ihnen Begriffe macht. Aber sie kann dies nur dadurch erreichen, daß sie ihnen unendlich viel nimmt, sie unendlich viel leerer, ärmer, ausdrucksloser und gewissermaßen gedankenloser macht, als sie sind. Zweifellos muß eine große Kraft vorhergegangen sein, um diesen seltsamen Übergang vom Individuum zum Begriff, wie er sich auch bei Raffael vollzogen hat, überhaupt hervorzubringen: wer das vermocht hat, den nennen wir eben, und mit vollem Recht, ein Genie. Aber, und hiemit kommen wir zur Beantwortung der ersten Frage, nur jene Verflüchtigung zur bloßen Idee ist es, die den allgemeinen Konsensus ermöglicht. Über einen bestimmten Tisch wird nie vollkommene Geschmackseinigkeit herrschen. Über den Begriff des Tisches können nur Geistesgestörte miteinander streiten.

Begibt man sich nun von der allgemeinen Idee „Raffael" zu der wirklichen, greifbaren Einzelperson, so hört auch sofort dieser Konsensus auf. Und so hat es denn auch, hier muß ich den verehrten Herrn Alldeutschen aus einer Illusion reißen, über Raffael niemals einen anderen Konsensus gegeben als den der Masse der Halbgebildeten, die überhaupt zur Kunst und zum Leben kein Verhältnis hat, für die der große Mann nichts ist als eine tote Chiffre und nichtssagende Firmatafel, die Goethe einen Olympier, Schiller einen Feuergeist, Kant den Alleszermalmer, und Maximilian den letzten Ritter nennt. [...]

FALL KAISER

Ich habe mich erst letzthin in so unzweideutiger Weise für den Dichter Georg Kaiser erklärt, daß ich heute, wenn ich bekennen muß, für den Menschen Georg Kaiser keine so vorbehaltlose Begeisterung aufbringen zu können, eigentlich vor dem Verdacht geschützt sein sollte, daß ich mich damit auf die Seite der Philister stellen will. Aber vor diesem Verdacht ist man leider niemals geschützt. Der Philister hat eine ganz eigenartige Gabe, alle erdenklichen Meinungen den seinigen anzugleichen; da er nämlich kein Organ für Nuancen besitzt, so glaubt er, jeder andere habe dieselbe geistige Physiognomie oder vielmehr Unphysiognomie wie er. Wie ja auch die Kongoneger der Ansicht zuneigen dürften, daß alle Europäer nahezu dieselben Gesichter haben. Ich weiß also sehr gut, daß ich, wenn ich Georg Kaisers Vergehen bis zu einem gewissen Grade perhorresziere, mich damit in die allernächste Nachbarschaft von Greislern und Schwachsinnigen begebe. Dazu gehört zweifellos ein recht gesunder Magen, aber den besitze ich Gott sei Dank. Man muß eben bisweilen die Überwindung haben, eine Wahrheit auch dann auszusprechen, wenn die Gefahr besteht, daß man sie unisono mit dem Chor der herzlosen Hohlköpfe ausspricht, die die sogenannte öffentliche Meinung zu bilden pflegen. Es kann sich nämlich hie und da ereignen, daß die Dummköpfe recht haben und die subtilen Köpfe unrecht, daß die feiner empfindenden Naturen sich auf Abwege verlieren und die gemeinen Menschen instinktiv das Richtige treffen. Solche Fälle kommen vor, und eine Wahrheit bleibt wahr, einerlei in welcher Gesellschaft sie sich befindet. Es gibt Wahrheiten, die buchstäblich auf der Straße liegen, so ordinär und billig, grob und alltäglich sind sie, aber es wäre dennoch ein Unrecht, sie deshalb nicht aufzuheben. Bisweilen ist es nötig, mit Emphase zu verkünden: jawohl, zweimal zwei ist vier; denn sonst könnte eines Tages der Zustand eintreten, daß die

Welt vor lauter Originalität und Differenziertheit vergißt, wieviel zweimal zwei ist; und es ist doch nicht ganz unwichtig, das jederzeit zu wissen und sich gegenwärtig zu halten.

Georg Kaiser hat in seinem Prozeß mit ganz unmißverständlicher Deutlichkeit erklärt, der Künstler stehe über den Gesetzen; für ihn sind also die Schranken einer bürgerlichen Ethik nicht vorhanden, er fühlt sich als eine Art Outlaw, sozusagen moralisch exterritorial. Diese Auffassung ist durchaus nicht neu, es hat zu allen Zeiten Menschen gegeben, die sie mit mehr oder weniger Geist und Kühnheit vertraten. Schon im Altertum war die Meinung verbreitet, das Genie sei die „große Ruchlose": denken wir bloß an den einen weltbekannten Fall des Alkibiades, der aus der „Ruchlosigkeit" geradezu ein bewußtes System der Lebensführung gemacht hat. Im Mittelalter lehrten die sogenannten „Brüder vom freien Geiste" etwas ähnliches und in der Renaissance wurde diese Weltanschauung durch die Humanisten eine Zeitlang direkt zur Mode erhoben. In jüngster Zeit haben, wie jedermann weiß, die Nietzscheaner ähnliche Gesichtspunkte vertreten. Nietzsche niemals: doch darauf kann ich hier nicht näher eingehen.

Ich halte nun diese Ansicht für eine der verwerflichsten, verderblichsten und falschesten, die je über das Wesen des Künstlers aufgestellt worden sind. Der Künstler darf sich nicht etwa mehr erlauben als die anderen, sondern weniger. Er hat nicht die Schranken der jeweils geltenden Ethik zu durchbrechen, sondern – was etwas ganz anderes und geradezu das Gegenteil ist – auf der Grundlage der herrschenden Sitte das Gebäude einer weit rigoroseren, subtileren, verantwortungsvolleren Moral aufzurichten. Er hat viel philiströser zu sein als alle Philister zusammengenommen. Er soll „neue Zeiten heraufführen": wie kann er denn aber das, wenn er die alten Zeiten nicht völlig „abgetan" hat, und zwar nicht abgetan wie ein Kleid, das man belästigt von sich wirft, sondern wie eines, das man längst aufgetragen hat. Er ist in die Welt gesendet, um ihr Gesetzgeber zu werden und sollte nicht einmal imstande sein, ihre einfachsten, handgreiflichsten, sozusagen infantilsten Gesetze zu befolgen? Und wir können denn auch in der Tat beobachten, daß das Leben großer Künstler immer ein Katechismus der weisen, besonnenen und geordneten Lebensführung gewesen ist: der echte Künstler ist in seiner äußeren Daseinsform der vollendete Philister. Was er am Philister tadelt, sind nicht dessen bürgerliche Tugenden: seine Arbeitsamkeit, Korrektheit und Wirtschaftlichkeit, sondern das unbändige Behagen, das dieser über seine Tugenden empfindet: seine platte Selbstzufriedenheit, seine geistige Genügsamkeit und der verderbliche Wahn, daß materielle Arbeit ausreicht, um ein menschenwürdiges und gottgefälliges Leben zu führen.

Der Künstler hat das Paradigma der Menschheit zu sein, das Modell, nach dem alle seine Zeitgenossen geformt sind, sozusagen das Klischee, nach dem alle ihre Wünsche und Meinungen, Träume und Taten gedruckt werden. Was ein Künstler schafft, kommt doch stets erst in zweiter Linie: das Primäre ist und bleibt immer der Mensch. Was kann entstehen, wenn der Kessel, in dem seine Visionen gebraut werden, aus schlechtem, unreinem, giftigem Metall ist? Kann es auf die Dauer möglich sein, daß ein häßlicher Mensch schöne Werke hervorbringt? Daraus ergibt sich, daß jeder schöpferische Mensch in allererster Linie an sich zu arbeiten hat und immer nur an sich; das andere wird sich dann ganz von selbst ergeben. Frühere glücklichere Zeiten erblickten im Dichter und im Priester ein und dieselbe Person. Sie befanden sich noch ganz im Mittelpunkt der Erkenntnis, daß beide ein und dieselbe göttliche Tätigkeit ausüben: die Menschen das Heilige zu lehren. Der Künstler steht über der bürgerlichen Moral, – ganz zweifellos: aber man muß das Wort richtig verstehen. Er steht höher als sie, woraus folgt, daß sie für ihn etwas ganz Selbstverständliches geworden ist, wie etwa die vier Rechnungsarten für den mathematischen Forscher oder die Grundregeln der Mechanik für den Baumeister, Ingenieur oder Erfinder oder die Gesetze der Psychologie für den Dichter und Denker.

Georg Kaiser soll vor Gericht geäußert haben, er habe einen gewissen Luxus nötig gehabt, um jene Probleme der Millionärspsychologie darstellen zu können, die in seinen Stücken so oft den Mittelpunkt bilden. Wenn diese Äußerung in den Berichten richtig wiedergegeben sein sollte, so würde sie eine seltsame Verkennung der psychologischen Struktur des Künstlers bedeuten. Man könnte nämlich mit nur geringer Übertreibung den Satz aufstellen: nur das, was einer nicht ist, vermag er künstlerisch zu gestalten. Das zeigt sich, wie jeder Theatermensch weiß, schon in der Schauspielkunst, die doch von allen Künsten noch am meisten an die Materie gebunden ist. Steigt man auf der Leiter der Künste höher hinauf, so wird der Zusammenhang immer evidenter. Die saftigsten und innigsten Naturschilderungen stammen, soviel ich sehen kann, nicht von Bauern oder Rittergutsbesitzern, sondern von Städtern und Kaffeehausmenschen und die Dichter der leidenschaftlichsten und empfundensten Liebeslyrik sind niemals Don Juans gewesen. Nietzsche, der sein ganzes Leben lang krank war, hat eine Philosophie geschaffen, die ein Hohelied auf die kraftvolle Vitalität ist, während Maeterlinck, der Schöpfer der fragilsten, anämischesten Gestalten, die die moderne Literatur besitzt, ein kerngesunder Flame ist, dessen zufriedenes Bulldoggengesicht eher auf einen Herrenreiter schließen ließe. Das Schöpferische in uns ist eben immer die Sehnsucht. Was wir sind, interessiert uns nicht, ja wir bemerken es zumeist gar nicht einmal, weil wir keine Distanz dazu nehmen können. Im letzten Kapitel von ‚Plisch und Plum' erscheint ein Mister namens Pief, der ununterbrochen durch sein Opernglas blickt und diese seltsame Handlungsweise mit folgendem Monolog begründet: „Warum soll ich nicht im Gehen", spricht er, „in die Ferne sehen? Schön ist es auch anderswo und hier bin ich sowieso." In diesem Satz steckt, wie in den meisten Äußerungen Wilhelm Busch', eine tiefe Philosophie. Das Schöne ist immer nur das „Anderswo", das „Hier" reizt niemals, weil wir da eben „sowieso" sind. Besitz jeder Art (und darin haben die Kommunisten sicher recht, wozu wir sie aber nicht gebraucht haben, weil das schon die Urchristen, ja sogar schon die Jünger Buddhas gewußt haben) ist etwas, das unsere Kräfte lähmt, unsere Träume verscheucht, unsere Unruhe beschwichtigt; Besitz ist etwas Philiströses. Im Haben verschwindet unser Sein. Ein Milliardär, vorausgesetzt, daß er ein Dichter ist, was ich mir aber eigentlich nicht gut vorstellen kann, wird sicher niemals Dramen schreiben, in denen es um Millionen geht. Viel eher vielleicht Armeleutstücke. Von seinen eigenen Kreisen würde er bewußt oder unbewußt die Empfindung haben: hier bin ich sowieso. Es hätte vollkommen genügt, wenn Georg Kaiser allen Luxus, den irgendein Menschenhirn ersinnen kann, gestaltet und das armselige Surrogat des Erlebens den Dutzendmenschen überlassen hätte.

Ich glaube aber trotz alledem, daß die Äußerungen Georg Kaisers in einem gewissen Sinn doch sehr ehrlich waren, und sie könnten uns auch vielleicht den Schlüssel zu seiner ganzen Handlungsweise an die Hand geben. Es ist mehr als sonderbar, daß fast alle seine Dramen mit einer Hartnäckigkeit, Einseitigkeit und fast Inbrunst vom Geld und immer wiederum vom Geld handeln. Es lebt in seinen Werken das, was ich letzthin an einem anderen modernen Dichter als „Geldsatyriasis" zu bezeichnen versucht habe. Ich kann mich nicht entsinnen, daß irgendein Künstler von Kaliber bisher der Gottheit des Geldes in einer so fanatischen Weise gehuldigt hat wie Kaiser: es ist der Held fast aller seiner Dichtungen.

In seinem sehr gedankenreichen Werk ‚Die Philosophie des Geldes' sagt Georg Simmel: „Das Geld hat bedeutende Beziehungen zur Gottesvorstellung, die freilich die Psychologie nur aufdecken kann, weil es ihr Privilegium ist, keine Blasphemie begehen zu können. Der Gottesgedanke hat sein tieferes Wesen darin, daß alle Mannigfaltigkeiten und Gegensätze der Welt in ihm zur Einheit gelangen. Unzweifelhaft haben die Empfindungen, die das Geld erregt, eine psychologische Ähnlichkeit mit diesen. Indem das Geld immer mehr zum Äquivalent aller Werte wird, erhebt es sich in abstrakter Höhe über die ganze weite Mannigfaltigkeit der Objekte: damit gewährt tatsächlich auch das Geld jene Erhebung über das einzelne, jenes Zutrauen in seine Allmacht wie in die eines höchsten Prinzips." Diese Prostration vor dem Gelde, diese Erhöhung des Geldes zu einer übermenschlichen, divinen, fast metaphysischen Macht hat Georg Kaiser dramatisiert. Und damit hat er auch wohl den Sinn unserer heutigen Zeit symbolisch zusammengefaßt. Keiner hat den erdrückenden Schlagschatten, den dieser böse Riese über die Seelen der Heutigen wirft, grauenhafter und eindrucksvoller an die Wand gemalt. Und da es ja eine der ernstesten und tiefsten Aufgaben des Dichters ist, ein Ausdruck seiner Zeit zu sein, so hat Georg Kaiser das Recht, ja vielleicht sogar die Pflicht gehabt, diese Religion des Geldes von der Bühne herab zu verkünden. Zu bedauern ist nur, daß er sich auch gedrängt gefühlt hat, diese Teufelslehre zu leben.

FRAU MARTHA POPPER

Während ich für gewöhnlich die lästige Neigung habe, über allerlei weltgeschichtliche Figuren wie Raffael, Napoleon, Hans Müller oder Buddha Betrachtungen anzustellen, möchte ich mich heute einmal mit einer Gestalt befassen, die noch nicht zur Säkularerscheinung avanciert ist. Es handelt sich um Frau Martha Popper. An diesen Namen wird man sich gewöhnen müssen. Ich will ja nicht so weit gehen, zu behaupten, daß diese Frau im Geschichtsunterricht gleich nach dem Weltkrieg kommen wird, (obgleich ich hoffe, daß es einmal eine Zeit geben wird, wo man auch den Weltkrieg nicht mehr in der Schule lehren wird;) aber einen Platz im Lesebuch hat sie sich zweifellos verdient.

Frau Martha Popper fuhr in einem Ringstraßenwagen der elektrischen Trambahn, den sie bei der Oper verließ. Als sie sich schon in der Kärntnerstraße befand, wurde sie von einem Subjekt attackiert, das sich als „Zivilkontrollor" deklarierte und mit der Begründung, sie sei „schwarz gefahren", in den Ruf ausbrach: „Legitimieren Sie sich!" Wenn ich der Telepath Paulsen oder sonst ein Magier wäre, so würde ich veranlassen, daß durch eine Störung im Sprachzentrum allen österreichischen Amtsorganen auf vier Wochen das Wort „legitimieren" abhanden käme; dies hätte nämlich die erfreuliche Folge, daß der österreichische Staat sofort krepieren würde, denn ohne dieses Wort ist jeder hiesige Beamte vollkommen hilflos. Auf diesem Wort, das seinen gesamten Geistesschatz bildet, beruht seine ehrfurchtsgebietende Stellung unter den übrigen Sterblichen. Denn erstens ist es ein Fremdwort und zweitens jagt es unbändigen Schrecken ein, weil ein anständiger Mensch sich hierzulande nie legitimieren kann; im Besitz der zahllosen Papiere, die dazu nötig sind, befinden sich nur Kettenhändler, Defraudanten, hohe Staatsfunktionäre und ähnliche Persönlichkeiten, die bereits mit einem Fuß im Ausland stehen; aber gerade diese brauchen sie nicht, weil sie bei uns noch nie angehalten worden sind. Frau Martha Popper konnte sich natürlich auch nicht legitimieren, aber sie besaß noch ihre Trambahnkarte, die sie – ohne die sonst so verehrungswürdige Frau verletzen zu wollen – offenbar nur aus Schlamperei nicht weggeworfen hatte, womit der Beweis erbracht war, daß sie entgegen der Behauptung des Beamten weiß gefahren war. Dieser verzichtete nunmehr großmütig auf weitere Legitimationen, erteilte aber auf das Ersuchen, sich nun seinerseits zu legitimieren, einen abschlägigen Bescheid, da dies allem Anschein nach nicht mehr in sein Ressort gehörte.

Jeder andere österreichische Staatsbürger hätte nun daraufhin zwar laut vor sich hingeschimpft, auch seinen Hausbesorger und dessen Kollegen von den umliegenden Häusern über die Affäre nicht uninformiert gelassen, sie aber im übrigen mit einem „Ah was, i wer mi net herstellen,“ der Vergessenheit übergeben, ohne zu bedenken, daß von dieser permanenten Haltung des Sichnichtherstellens, die das Publikum bei uns einnimmt, alle Infamien, Trotteleien und Fahrlässigkeiten der hiesigen Behörden ihr Leben fristen. Frau Martha Popper aber – und hier beginnt ihr Verhalten heroischen Lesebuchcharakter anzunehmen – stellte sich her und ging der Sache nach. Sie befragte zunächst die Straßenbahndirektion um den Namen jenes Individuums. Und nun ereignete sich der unglaublichste Moment in dieser an furchtbaren Aufregungen gewiß nicht armen Geschichte: die Straßenbahndirektion machte diesem Patron von Zivilrevisor die Mauer und verweigerte die Auskunft! Ich will kein weiteres Wort über diese bodenlose Unverschämtheit verlieren; ich könnte sonst leicht beleidigend werden. Aber hier hatte das Heldentum der Frau Martha Popper noch immer nicht seine Schranken gefunden: sie ging der Sache n o c h weiter nach, erzwang durch das Gericht von der Straßenbahndirektion die Lüftung der Anonymität jenes Wegelagerers, und der Richter verurteilte diesen zu einer Geldstrafe von fünftausend Kronen.

Nun, das ist ja höchst erfreulich, und dieser bon juge wird zweifellos seinen Ehrenplatz in der Lesebuchgeschichte von der beherzten Frau Martha Popper erhalten; aber es bleibt die Frage zurück: welchen Schutz genießen Personen, die nicht über die hohe moralische Energie einer Martha Popper verfügen, deren Erscheinung ja zu den unwahrscheinlichen Glücksfällen zu zählen ist, wie sie uns die Geschichte bisher nur auf vereinzelten Höhepunkten, wie etwa bei Jeanne d'Arc, Mutter Gracchus, Johanna Sebus und Charlotte Corday gezeigt hat? Vor allem aber lehrt uns der Fall der Frau Martha Popper, daß der „Naderer", der Spitzel, der Denunziant ganz offenbar ein österreichischer character indelebilis ist. Es zeigt sich überhaupt, und gerade durch die großen sozialen Umwälzungen der letzten Jahre, immer deutlicher, daß die Regierungsform eines Volkes etwas höchst Sekundäres und das Entscheidende vielmehr die Lebensform ist, die in ihm von allem Anfang an entwicklungsgeschichtlich angelegt ist: der geistige und moralische Querschnitt, das seelische Diagramm sozusagen, das sich unter wechselnden äußeren Umständen nur sehr unwesentlich verändert. Jedes Volk stellt eine bestimmte Varietät des Typus Mensch dar, die, ziemlich unabhängig vom „Milieu", ihre eigenen Bildungsgesetze in sich trägt, ebenso wie ein Apfelbaum durch verschiedene Pflege, Bewässerung, Bodenbehandlung, Okulation und dergleichen sich reicher oder kümmerlicher, feiner oder ordinärer entwickeln, aber doch schließlich immer ein Apfelbaum bleiben wird. So ist zum Beispiel die unzerstörbare Grundform Deutschlands der Militarismus: ein Volk, in dem jeder einem anderen gehorcht, der wiederum einem anderen zu gehorchen hat, während die Lebensformel der Franzosen das Kolportagedrama darstellt: eine Nation, in allen ihren Daseinsäußerungen eingestellt auf die romantische Kulisse, die brillante Phrase, das wirkungsvolle Arrangement, den schönen Skandal. Am deutlichsten zeigt sich der Sachverhalt an Rußland: in diesem ungeheuren Reiche hat sich nichts geändert als einige Schlagworte; das edle, geduldige, aber vollkommen aktionsunfähige Volk ist nach wie vor geknechtet, väterlich mißhandelt von einer kleinen Minorität von unklaren Ideologen, die das Recht und den Mut zur grausamen Unterdrückung von Millionen aus der Überzeugung schöpfen, damit deren Bestes zu wollen; aus ganz derselben Psychose entsprangen auch alle Gewaltakte des Zarismus. Und so sind auch wir eine Bevölkerung geblieben, über der nach wie vor der Alpdruck des „k.k." liegt, das durch alle Übermalung immer wieder siegreich hervorbricht: das „k. k." ist das ewige Lebenssymbol des Österreichers. Der Fall der Frau Martha Popper lehrt uns, daß die österreichische Republik nichts als ein dummer Witz ist, denn Republik heißt Gemeinwesen, und so lange die Staatsbürgerschaft auf Schritt und Tritt von zudringlichen, mißtrauischen Revisoren, Kontrolloren, Registratoren und ähnlichem Büttelgesindel verfolgt ist, kann sich kein freier, selbsttätiger Gemeinsinn, kein moralisches und politisches Verantwortungsgefühl des einzelnen entwickeln.

In Amerika gibt es überhaupt keine Trambahnschaffner, geschweige denn als Fahrgäste kostümierte Revisoren. Der Passagier wirft dort seine Münze in einen im Wagen angebrachten Automaten und erhält dafür die Karte. Trotzdem hat man bisher noch nicht gehört, daß die amerikanischen Trambahnen deshalb hätten eingestellt werden müssen, sie florieren sogar ganz ausgezeichnet und befinden sich in einem viel menschenwürdigeren Zustand als die unserigen. Wahrscheinlich gibt es in Amerika überhaupt keine Schwarzfahrer. Man wird vielleicht sagen: weil der Amerikaner überhaupt von Natur korrekter ist als der Österreicher. Ja, ja, ganz recht, aber *warum* ist er korrekter? Weil ihm dort, in dieser wirklichen Republik, Vertrauen entgegengebracht wird. Kein noch so drakonisches Gesetz, kein noch so zahlreiches Polizisten- und Beamtenheer, keine noch so scharfe und allgegenwärtige Kontrolle kann nämlich einen solchen Zwang ausüben wie das Vertrauen. Das sicherste, ja das einzige Mittel, die Menschen anständig zu machen, besteht darin, daß man sie für anständig *hält*. Solange der Passagier der Straßenbahn sich von einer Rotte eifrig spähender, zum Teil tückisch vermummter Schergen umgeben weiß, ist das Schwarzfahren eine Art Kampf zwischen zwei einander feindlichen Rassen oder Menschenarten, etwa wie zwischen Indianer und Cowboy oder Schmuggler und Grenzsoldat, und erlangt dadurch die Würde eines gefahrvollen, abenteuerreichen, keineswegs unehrenhaften Sports; jedenfalls ist der kühne Schwarzfahrer moralisch nur seinem Erbfeind, dem Revisor, verantwortlich, der aber auf einer so tiefen sittlichen Stufe steht, daß hier von einer ethischen Rechnung und Gegenrechnung kaum die Rede sein kann. Sobald aber jede Kontrolle wegfällt, ist er nur noch sich selbst verantwortlich; und den ungeheuren Druck *dieser* Verantwortung kann, das behaupte ich steif und fest, auf die Dauer kein Mensch aushalten.

Hingegen Druck, der von *außen* kommt, erzeugt unfehlbar inneren Gegendruck. Wo wird mehr geprüft, kontrolliert, beaufsichtigt als in der Schule? Und wo auf der ganzen Welt wird ausgedehnter, zielbewußter und skrupelloser geschwindelt als in der Schule? (Und in dieser Richtung, nämlich in der entgegengesetzten, scheint mir auch die einzig denkbare Lösung des kommunistischen Problems zu liegen. Es gibt nur *eine* Möglichkeit, die Menschen zu Kommunisten zu machen: indem nämlich jeder für sich zu Hause und in voller Freiheit damit anfängt, selber einer zu sein. Und dies ist eben der ewige Circulus vitiosus des kommunistischen Programms: eine kommunistisch organisierte Welt setzt Menschen von einer idealen ethischen Höhe voraus; und gerade diese Menschen sind die einzigen, die keine kommunistisch organisierte Welt brauchen.) Revisionen aber von jener Unverfrorenheit und Tölpelhaftigkeit, wie sie Frau Martha Popper erlebte, können nur zur Folge haben, daß mit einer finsteren Entschlossenheit und fanatischen Energie, wie sie nur der ehrliche Haß zu erzeugen vermag, weiter gemogelt wird, und das ist die einzige korrekte Antwort auf die Praktiken einer Behörde, die sich für sozialistisch ausgibt, in Wirklichkeit aber noch durchaus vom Geiste des Metternichschen Polizeistaates erfüllt ist. Das ist der Fluch des „k. k.“, eines Zustandes, in dem die Bevölkerung in zwei Gruppen zerfällt: in eine dummfreche, größenwahnsinnige, aufsässige Bureaukratie und in ein beispiellos gutmütiges Publikum, das sich von ihr geduldig vexieren läßt. Da sich aber dieser letztere Teil immer noch zweifellos in einer bedeutenden Majorität befindet, so spricht dieser ganze Sachverhalt sehr beredt für die Liebenswürdigkeit und Noblesse des österreichischen Volkscharakters, und von diesem Gesichtspunkt aus ist der Fall der Frau Martha Popper, von der wir hiemit für einige Zeit Abschied nehmen wollen, eigentlich höchst erfreulich.

SACHDEMOBILISIERUNG

Wehsal rinnt verrammelt dornenwärts
Ewig bleibt versammelt letzter Schmerz

Männin brütet keuchend Menschensohn
Sternigstes erweichend. Reaktion.

Zeit schlang Wind. Entblutet. Spät. Vorbei.
Allerwachtes tutet. 102?

Und ziemlich kursorisch ringen Lohdinge, die niemals
Eigenmonde waren,
die blau (und sehr!) sich immer (und sattsam)
zuendepaaren.

ANGSTTRAUM DES GERMANISTEN

An der letzten Neuinszenierung des ‚Tell' im Burgtheater, die einen gemäßigt expressionistischen, sozusagen einen rechtskubistischen Weg beschritten hat, fiel mir auf, mit welcher geflissentlichen Hast und gewissermaßen betonten Gleichgültigkeit die Schauspieler über Zitate wegsprechen. Es klingt etwa so, wie wenn Tell zu seinen Mitunterrednern sagen wollte: „Der Starke, aber wozu es betonen, das wißt Ihr ja schon aus der Schule, also der Starke ist bekanntlich am mächtigsten allein." Es ist dies ja allerdings wahrscheinlich der einzige Weg, um diese Stellen herumzukommen, denn sie sind heute bereits schlechterdings unmöglich. Sie wirken wie ein Kupferstich, den schon so viele Finger angefaßt haben, daß er bereits ganz verwischt und undeutlich geworden ist und nur noch ein paar trübe Flecke zu sehen sind. Man *hört* sie nicht mehr. Man hat vielmehr den Eindruck: warum sagt Tell als Monolog gerade dieses Gedicht auf, warum nicht zur Abwechslung den ebenso schönen ‚Taucher'? Das sind die Nachteile, wenn man eine klassische Figur ist.

Die Vorstellung, daß der ‚Tell' einmal noch nicht ganz druckfertig, sondern erst bei der Stenotypistin zum Abschreiben war, hat etwas Gespenstisches. Es ist gruselig, sich vorzustellen, daß Schiller noch im letzten Moment hätte einige Zitate ändern und zum Beispiel schreiben können: „Der Kräft'ge herrscht nur, wenn er einsam ist", oder: „Die liebe Heimat schreib' ins Herz Dir ein, in sie senk' alle Fasern Deines Wesens, sie ist das Erdreich, das den Saft Dir beut."

Das wird uns gleich weniger befremdend klingen, wenn wir erstens bedenken, daß Schiller ja einen Teil seiner Sentenzen aus früheren Tell-Dichtungen entnommen hat, wo sie inhaltlich gleich, aber formell ein wenig anders gelautet haben, und daß er sie ja gerade so gut hätte wörtlich benutzen können, in welchem Falle wir sofort andere geflügelte Worte besäßen, also zum Beispiel statt des allen Oberlehrern so teuern „Wär' ich besonnen, hieß ich nicht der Tell" die Vorlage aus dem Urner Spiel: „Wär' ich vernünftig, witzig und schnell, so wär' ich nicht genannt der Tell", die sich sogar reimt. Zweitens möge man sich daran erinnern, daß Schiller – darin eben ein echter Theatraliker, dem es weniger auf Psychologie und Logik als auf starke Effekte, Stimmungen und Bilder ankam – es überhaupt mit dem Schicksal seiner Figuren niemals sehr genau nahm, sondern sich ohne große Skrupel oft noch mitten in der Arbeit, ja einigemal sogar nach der definitiven Beendigung des ganzen Werkes aus mehr oder weniger äußerlichen Gründen zu sehr einschneidenden Änderungen der Fabel und Handlung entschlossen hat. So endet zum Beispiel Franz Moor in der Mannheimer Theaterbearbeitung nicht durch Selbstmord, sondern wird von Schweizer (der infolgedessen ebenfalls am Leben bleibt) und den übrigen Räubern vor Karl Moor geschleppt, der in einer, theatralisch genommen, sehr effektvollen, vom psychologischen Gesichtspunkt aus etwas kindischen Szene über ihn zu Gericht sitzt. Was den ‚Tell' anlangt, so schreibt Schiller noch im letzten Moment, als schon die Rollen ausgeteilt werden sollen, am 28. Februar 1804 an Goethe: „Ich habe drei neue Weiber darin kreiert, um die drei noch übrigen Schauspielerinnen mit Anteil in das Stück hineinzuziehen, weil sie nicht gern Statisten machen." Und Goethe erzählt Eckermann am 18. Januar 1825, Schiller habe ursprünglich in der Apfelschußszene Geßler ganz einfach einen Apfel vom Baum brechen und vom Kopf des Knaben schießen lassen. „Dies war nun ganz gegen meine Natur, und ich überredete ihn, diese Grausamkeit doch wenigstens dadurch zu motivieren, daß er Tells Knaben mit der Geschicklichkeit seines Vaters gegen den Landvogt großtun lasse, indem er sagt, daß er wohl auf hundert Schritt einen Apfel vom Baum schieße." Das Tollste dieser Art ist aber doch der veränderte Schluß, den Schiller dem ‚Fiesko' auf Anraten des Freiherrn von Dalberg bei der Uraufführung gegeben hat. In dieser Bearbeitung fängt Fiesko den Streich Verrinas auf und die Menge dringt mit dem Ruf „Fürstenmord" erbittert auf den Attentäter ein, der sich voll Befremden zu fragen beginnt, ob dieses Volk, das selbst den Arm seines Retters aufhält, denn überhaupt befreit sein w o l l e. Fiesko aber bedeutet ihnen, zurückzuweichen, und spricht: „Ein Diadem erkämpfen, ist groß – es wegwerfen, göttlich. Seid f r e i, Genueser! (Er zerbricht das Zepter und wirft die Stücke unter das Volk.) Und die monarchische Gewalt vergehe mit ihren Zeichen." Zu Verrina aber sagt er: „Genuas Freiheit war in d i e s e m Busen entschieden, ehe Verrina noch dafür zitterte – aber Fiesko s e l b s t mußte der Schöpfer sein. (Verrinas Hand ergreifend, mit Wärme und Zärtlichkeit.) Und jetzt doch mein Freund wieder, Verrina?" Verrina (begeistert in seine Arme stürzend): „Ewig!" Fiesko (mit großer Rührung, einen Blick auf das Volk geworfen, das mit allen Zeichen der Freude noch auf den Knien liegt): „Himmlischer Anblick – belohnender als alle Kronen der Welt. (Gegen das Volk eilend.) Steht auf, Genueser! Den Monarchen hab' ich Euch geschenkt, umarmet Euren glücklichsten Bürger." (Der Vorhang fällt.)

Schade, daß Schiller von dieser Fassung später wieder abgekommen ist: sie hätte eine ganze Reihe wunderschöner neuer Aufsatzthemen ergeben. Zum Beispiel: „Schuld und tätige Reue Fieskos in Schillers gleichnamigem Drama" oder „Der versöhnende Grundgedanke in Schillers Fiesko-Dichtung, aufgezeigt am Gang und Ausgang der Handlung" oder „Wie wird in Schillers Meisterdrama die Umkehr des Helden Fiesko begründet und vorbereitet? Einleitung: Schiller, der Dichter des deutschen Volkes, Hauptteil: I. Fieskos Versuchung in den ersten drei Akten. II. Seine Krisis im vierten Akt. III. Der Weg zum Siege über sich selbst, vom Dichter mit zwingender Notwendigkeit motiviert a) durch Fieskos äußere Handlungsweise, b) durch seinen inneren Entwicklungsgang. Schluß: Die dramatische Literatur, zumal die deutsche, ein Spiegel der Menschheit."

*

Unter dem Eindruck dieser und ähnlicher Vorstellungen habe ich gestern nacht einen schrecklichen Traum gehabt, der ungefähr folgenden Inhalt hatte.

Eckermann berichtet vom 26. Oktober 1827: „Wir kamen, bei Gelegenheit der Neustudierung am hiesigen Theater, auf ‚Tell' zu reden. Ich rühmte die immer noch zunehmende Wirkung dieses Schauspiels und Goethe sagte: Ja, es ist ein vortreffliches Werk, aber es ist dazu erst langsam geworden. Die guten Leutchen glauben nämlich immer, es sei, bei großen Produkten der Poesie, alles von vornherein so bestimmt und abgeteilt gewesen wie in einem Kalender oder Schießreglement, und das Werk fertig gegossen wie Pallas aus dem Haupte des Kroniden gestiegen. Aber so verhält es sich mit nichten! Was ist da alles gebosselt, poliert, gerückt und gestutzt worden, davon die unbefangen genießenden Nachfahren sicher vermuten, es sei schon immer am ersten Tage dagewesen! Ich will Ihnen, fügte er, mein Erstaunen gewahrend, mit einem schalkigen Lächeln hinzu, ein großes Geheimnis verraten. Der herrliche Monolog des Tell, der den Beschluß des vierten Aktes bildet, war anfänglich von Schillern gar nicht so geplant gewesen und ist erst auf meinen emsigen Zuspruch hin so gestaltet worden. Hören Sie, mein Bester, und erschrecken Sie: in der ursprünglichen Konzeption war vorgesehen, daß Tell den Geßler kurzerhand über den Haufen schießt und sein Recht hierauf denn auch im Selbstgespräch vorher genau begründet, ja es sollte sogar im fünften Akt eine Szene mit Parricida folgen, die nochmals den Gegensatz zwischen Verwandtenmord aus Ehrliebe und Tyrannenmord aus Freiheitsliebe leibhaftig illustriert hätte. Jedoch der Tyrannenmord gehört zum Vorstellungsleben der Alten und ist denn auch dort, in so viel einfacheren und zugleich rascheren Zuständen, als Ideal begreiflich und am Platz, für unser Gefühl hingegen ist ein blutbefleckter Held ohne Sühne allemal eine widrige Vorstellung. Daher mußte Tell entweder von seiner Tat abstehen oder dem Ganzen der Charakter der Tragödie nachträglich aufgedrückt werden, was immer etwas Mißliches an sich hat. Möchten Sie aber nun wohl glauben, daß ich dennoch, trotz dieser sonnenklaren, reiflich gefaßten Gründe, mit Schillern meine liebe Not hatte, ihn von dem einmal gesetzten Plan abzubringen? Aber so war nun einmal der große Mann! Bei ihm konnte es nie genug kräftig und sinnlich zugehen. Wir hätten übrigens auch so ein recht artiges Stück, aber eines, das den Hörer in moralischem Zwiespalt entläßt. Das Publikum, fuhr Goethe nach einer kleinen Pause fort, merkt eben nie etwas von den Bergen von Arbeit und Schwierigkeit, die vor jedem Kunstwerk getürmt sind. Aber das ist recht! Denn sähe es den vielen Schweiß, er würde ihm die reine Freude des Anschauens verkümmern. Aber darum ist er doch geflossen, alle Tage, und ohne ihn ist, einige seltene beglückte Stunden ausgenommen, nie was Tüchtiges zu Tage gefördert worden, und das ist auch recht."

Am 29. Dezember 1803 schreibt Schiller an Körner: „Ich bin doch recht froh, daß ich's nun so gemacht habe, aber es war eine rechte Last. Um den Parricida ist mir leid, da, auch abgesehen von dem moralischen Effekt der Szene, von dieser Figur ein gewisses Grauen ausgegangen wäre, das gegen den heiteren Abschluß einen wirksamen Kontrast der Tinten ergeben hätte. Einige schlagende Sentenzen, die nun fortgefallen sind, lassen sich gut im Warbeck unterbringen, der jetzt, nun der Tell nahezu vollendet ist, wiederum in mir zu rumoren anfängt. Daß ich drei Verszeilen aus Zwing-Uri herübergenommen habe, wirst Du wohl sehen, und dort wird ihr Mangel wenig Schaden tun. Der neue Schluß des Monologs dünkt Goethen trefflich. Auch den Anfang hab' ich auf Deinen Rat in der Diktion ohnmerklich abgeändert. Dafür, daß Geßler im vierten Akt um seine Rede kommt, wird er reichlich entschädigt durch die große Wahnsinnsszene, die sicher guten Sukzeß tun wird. Lieb ist mir's auch wegen Iffland, der nun einen wesentlich dankbareren Part hat und so für die Annahme günstiger präokkupiert ist, auch nehm' ich vielen Theaterleitern, nun Geßler nicht mehr unbedingt zu Pferd kommen muß, eine billige Ausflucht. Hier hast Du den umgeschmolzenen Teil (das Dir bekannte hab' ich fortgelassen). Gib das Manuskript ja nicht aus der Hand.

Durch diesen engen Bergpaß muß er reiten,
Es zieht kein andrer Pfad nach Osten,
Hier führ' ich's aus.
Nur einmal treffen Ort und Stunde so zusammen.
Dort jener dichte Busch voll breiter Zweige
Entzieht mich seinem Blick.
Dies sei mein Auslug. Dort schwirr' ab, mein Pfeil!
Des Passes Enge läßt mich leicht entweichen.
(Mit einer schrecklichen Gebärde zum Himmel weisend.)
Bring' Dein Geschäft mit jenem dort in Ordnung,
Dein Tag neigt sich zur Nacht und spärlich rinnen
Nur wen'ge Körner Dir noch in der Lebensuhr.
Hat meine Hand vorm Haupt des Sohnes nicht gezittert,
Wird sie auch vor der Brust des Wütrichs nicht erbeben.
(Er setzt sich und versinkt in tiefes Sinnen.)
Doch wie? Was faßt mich an? Was fährt, gleich Gletscherwind
Durchs Dach des Sennen, plötzlich kältend mir
Durch meine Seele? Ist mir's nicht,
Da ich der zarten, unschuldsvollen Kindlein denke,
Als ob sie ihre sanften, nassen Blicke
In stummem und ach! so beredtem Vorwurf
Zu mildem Fleh'n an mir emporgeheftet hielten,

Wie wenn im letzten Augenblicke noch
Sie meines Pfeiles Lauf, den nie zu widerrufenden
Zu hemmen strebten? – Rache! Was ist Rache?
Sie ist des größern, der dort oben thront.
Der alle Haare zählt auf unsern Häuptern,
Er mag sie fallen lassen, wenn's ihm Rechtens dünkt.
Ihm ziemt's, die Stunde zu bestimmen, doch nicht uns.
Rache trägt keine Frucht! Sich selbst ist sie
Die fürchterliche Nahrung, ihr Genuß
Ist Mord, und ihre Sättigung ist Grausen.
Schlaf', Pfeil, im Köcher! Aufgespart nur, nicht entzogen
Bleibt jener Bösewicht dem Richterspruch,
Der aller Untat wie ein Schatten folgt.
Sei's auch ein langer Schatten, dennoch folgt er Dir
So sicher, wie die Sonne scheint; nicht meines Amtes ist's,
Fürwitzig ihn zu kürzen.

(Geßler und Rudolf der Harras erscheinen auf der Höhe des Weges.)

Landvogt, Dein Weg bleib' ungekreuzt! Schlaf ruhig,
Wenn Du es *kannst*!

(Er nimmt den Pfeil und betrachtet ihn lange und mit tiefer Bewegung.)

Plan und Tat! Welch eine dünne Scheide trennt Euch!
Und dennoch: Zwischen Euch liegt alles, was dem schwachen Menschen
Die Hölle, was ihm die höchste Himmelsseligkeit entbeut.
Geplant führt jede Handlung jedes Erdenkindes
Ein einmaliges eignes Sonderdasein,
Trägt sie allein die Seelenfarbe dessen,
Dem sie im Busen still herangereift.
Getan zeigt sie die unverrückbar ew'ge Einform,
Die sie zu Schwestern *aller andern* macht.
Plan ist der weise Vater, Tat die feile Tochter,
Die sich der Welt hingibt: ein fahler Bastard.

Nur wenn Du denkst, schaffst Du Dein freies Reich,
Im Handeln machst Du Dich der Menge gleich.

(Er schlägt sich nachdenklich in die Büsche.)

Frießhardt und der Geharnischte (eilfertig von rechts):
Der Landvogt kommt! Platz! Macht die Gasse frei!

(Indes man Geßler und Rudolf der Harras mit reichem Gefolge zu Pferd den Hohlweg passieren sieht und eine ferne sanfte Schalmei den Beschluß macht, fällt der Vorhang.)"

WIRKLICHKEIT UND IDEAL. DER IRRTUM SCHOPENHAUERS

Professor Jodl erschien, ein wenig vornübergebeugt, älter als seine Jahre, offenbar infolge des vielen Nachdenkens über die Widersprüche in den Systemen der Philosophen, bat mich höflich, Platz zu nehmen, reinigte umständlich seine Brille und fragte währenddessen: „Nun, Herr Kandidat, worin besteht denn eigentlich das proton pseudos der Schopenhauerischen Philosophie?" Wäre ich damals schon so frech gewesen wie heute, so hätte ich vermutlich erwidert: „Verehrter Herr Professor, für mich gibt es in der Philosophie Schopenhauers weder ein proton pseudos noch ein deuteron pseudos, denn ich halte diese Philosophie für absolut vollkommen, fehlerlos und unwiderleglich. Aber wenn Sie anderer Ansicht sind, so setzen Sie es mir bitte auseinander; es wird mich sehr interessieren." Aber dann wäre herausgekommen, daß ich nicht ein einziges Mal in Jodls Kolleg war, was ihn möglicherweise gegen mich ungünstig beeinflußt hätte, und infolgedessen tat ich, was sich für Prüfungskandidaten in den meisten Fällen am besten empfiehlt: ich schwieg. Dies hatte sich denn auch diesmal als die richtige Taktik herausgestellt, denn alsbald begann Professor Jodl mit liebenswürdigem Lächeln auseinanderzusetzen, daß der Grundirrtum Schopenhauers seine ungeprüfte Annahme der idealistischen Hypothese gewesen sei, gegen die er nun in ziemlich ausführlicher Weise zu polemisieren begann. Ich beschränkte mich darauf, ihn währenddessen scharf und gespannt anzublicken und von Zeit zu Zeit lebhaft mit dem Kopf zu nicken; gleichwohl gelang es mir nicht, seinen Ausführungen mit der erforderlichen Konzentration zu folgen, denn ich war vollauf damit beschäftigt, aufzupassen, ob nicht irgend ein Ausdruck vorkäme, bei dem ich einhaken und nun meinerseits meine Kenntnisse zum besten geben könnte. In der Tat waren auch kaum fünf Minuten vergangen, als das Wort „Kategorientafel" fiel. Dies war das Signal für mich, denn alsbald begann ich die Kantische Kategorientafel aufzusagen, die ich wunderbar auswendig gelernt hatte. Hierbei blieb Professor Jodl nun seinerseits nichts übrig als ebenfalls mit dem Kopf zu nicken, und nachdem er noch einige kürzere Fragen gestellt hatte, erhob er sich, um mir nach kurzer Beratung mitzuteilen, daß ich per majora approbiert sei; und da ich das Nebenrigorosum aus Germanistik bereits vorher bei Professor Minor, der bekanntlich schwerhörig war, glänzend bestanden hatte, so konnte ich an diesem Tage als Doktor der Philosophie das Universitätsgebäude verlassen.

Es war mir nun begreiflicherweise sehr willkommen, als mich vor kurzem die akademische Verlagsgesellschaft in Leipzig durch die Übersendung von Jodls nachgelassenem Werk ‚Kritik des Idealismus' in die Lage versetzte, meine damalige Unaufmerksamkeit wieder gut zu machen. Hier findet man recht übersichtlich alles zusammengetragen, was der Verfasser gegen den Phänomenalismus vorzubringen hat, und außerdem, worauf man ja bei einem Philosophen keineswegs gefaßt ist, in einer so klaren und durchsichtigen Form, daß jedes Mißverständnis ausgeschlossen erscheint. Sein Hauptargument ist

„die große Konstanz, mit der gewisse Bewußtseinsinhalte auftreten, die zwingende Gewalt, mit welcher sie sich aufdrängen, oft gegen den Willen der Subjekte, die Übereinstimmung, mit welcher sie für eine unbestimmbar große Vielzahl von Individuen auftreten". „Alle diese der gewöhnlichen Menschenerfahrung angehörigen Tatsachen, welche eine realistische Theorie aus der Einwirkung der dem Bewußtsein gegenüberstehenden Dingwelt erklärt, nötigen dazu, einen transsubjektiven Ursprung wenigstens eines Teils unserer Bewußtseinsinhalte anzunehmen." „Man nehme ein einziges, aber grundlegendes Beispiel: die Beobachtung der leuchtenden Himmelskörper und ihrer Bewegungen. Auf keinem anderen Gebiete stimmen die Beobachtungen so genau überein, auf keinem anderen Gebiete sind die Beobachtungserscheinungen so sehr mit den berechneten in Einklang zu bringen, auf keinem anderen Gebiete in so hohem Grade fähig, in ein Vorauswissen verwandelt zu werden. Der Gedanke, diese technischen Erscheinungen mit ihrer hohen Regelmäßigkeit, die sich jeder subjektiven Willkür absolut entzieht und auf identische Weise von hunderten mit den besten Hilfsmitteln ausgestatteten Beobachtern festgestellt wird, zu einem rein subjektiven Phänomen zu machen, diese ganze immanente Mathematik und Mechanik des Himmels in den psychischen Mechanismus der einzelnen Subjekte hineinzuverlegen und die Geschichte der Astronomie aus einer Geschichte der wachsenden Bewältigung der kosmischen Wirklichkeit durch Auge und Geist des Menschen zu einer Entwicklung menschlicher Vorstellungen zu machen, denen draußen im All nichts entspricht, sondern die nur ein ungeheures Projektionsphänomen darstellt – denke es, wer mag." Es dürfte nun in der Tat kaum einen geistig gesunden Menschen geben, der das mag. Es wird natürlich niemandem einfallen, zu leugnen, daß den Himmelskörpern und ihren Bewegungen und überhaupt dem ganzen Komplex von Erscheinungen, den wir als Außenwelt zu bezeichnen pflegen, der Charakter der Wirklichkeit zuzusprechen ist: fragt sich nur, ob diese „Wirklichkeit" noch irgend eine reelle Existenz, ja auch nur einen irgendwie faßbaren Sinn besitzt außerhalb unseres menschlichen Vorstellungsvermögens. Der philosophische Idealismus behauptet ja nicht, daß die Außenwelt von der Willkür des einzelnen Subjekts abhänge, daß sie eine rein individuelle Vorstellung sei, sondern er stellt lediglich den, wie ich glaube, unwiderleglichen Satz auf, daß sie uns in einer Apperzeptionsform gegeben ist, die sich ausschließlich im menschlichen Bewußtsein vorfindet und nachweisen läßt. Diese Apperzeptionsform: die planetarische, die anthropomorphe, die zeiträumliche oder wie man sie nennen will, ist subjektiv; aber in diesem Fall ist als das aufnehmende Subjekt nicht etwa der einzelne Mensch mit seinen wechselnden persönlichen Empfindungen gemeint, sondern das Vorstellungsleben der ganzen Menschheit, ihr Gattungsbewußtsein, von ihren ersten Ursprüngen an und, wie wir wohl ohne Bedenken hinzufügen können, bis in ihre fernsten Tage. Diese unsere Anschauungsform ist, so paradox dies im ersten Moment klingen mag, gerade weil sie subjektiv ist, von der höchsten Objektivität. Denn sie ist, obgleich nur für geistige Organisationen von unserer Art und Anlage gültig, dennoch oder vielmehr eben darum für alle so gearteten Wesen absolut bindend. Was man in der Philosophie den „objektiven Geist" genannt hat, nämlich der Niederschlag der menschlichen Gattungstätigkeit in überindividuellen Schöpfungen von bleibender Bedeutung und Wirkung, wie Recht, Sitte, Technik, Sprache, Wissenschaft, Kunst: gerade dieses Phänomen ist durchaus keine Instanz gegen den philosophischen Idealismus; es ist vielmehr ein Beweis für seine Richtigkeit. Denn eben die Tatsache, daß die Menschheit, soweit wir ihre Geschichte verfolgen können, in allen ihren Schöpfungen und sogar in jenen, die sich nur aus der Kollaboration zahlloser Individuen erklären lassen, immer denselben ewig wiederkehrenden Apperzeptionsformen unterworfen ist, zeigt uns aufs deutlichste an, daß das, was wir die Welt und ihre Geschichte nennen, lediglich den Charakter eines Phänomens besitzt. Kurz: Jodl trifft mit seinen Einwänden nicht das, was er treffen will, und während er den Idealismus umgebracht zu haben glaubt, hat er nur einer Theorie ins Herz geschossen, die ihm entfernt ähnlich sieht und vom gemeinen Menschenverstand bisweilen mit ihm verwechselt zu werden pflegt, eine Art Doppelgänger des Idealismus, der es nicht verdient, ernst genommen zu werden. Jodl – und dies scheint mir das proton pseudos seiner Philosophie zu sein – verwechselt offenbar Objektivität mit Realität; denn es kann sehr wohl einer unübersehbaren Menge von Vorstellungen die einwandfreieste und unwiderleglichste Objektivität innerhalb des Bewußtseins der gesamten Menschheit zukommen, ohne daß uns darum die Möglichkeit gegeben wäre, das geringste über ihre Realität auszusagen, sobald wir nämlich den Versuch machen, unter diesem Begriff etwas zu denken, dem auch außerhalb unserer Vorstellung noch Wirklichkeit und Existenz zuzusprechen ist.

Tatsächlich gibt ja auch Jodl zu, daß alles, was unser Auge zu enthüllen vermag, doch immer nur ein Bild des Wirklichen ist, nicht das Wirkliche selbst. „Aber“, fügt er hinzu, „folgt denn daraus, daß etwas nur Bild ist, schon notwendig, daß es nicht ähnlich sein kann? Gibt es in bezug auf die Ähnlichkeit von bildlichen Darstellungen nicht zahllose Abstufungen? Und ist es zu viel gesagt, wenn man behauptet, unsere heutigen Bilder von der Materie und ihrer Struktur verhalten sich zu den Vorstellungen früherer Jahrhunderte wie die Darstellung eines Menschen und einer Szenerie auf einem griechischen Vasenbild oder irgend einer Karikatur zu einer mit den Mitteln der entwickeltsten photographischen Technik gemachten Aufnahme?“ Aber dies ist ein für einen Philosophen überraschend naiver Standpunkt. Unsere modernen Theorien vom Äther, vom Atom, von der Zelle undsoweiter sind ganz ebenso historische Erscheinungen, wie es die naturwissenschaftlichen Anschauungen des Altertums oder des Mittelalters waren; und sie werden auch eines Tages so aufgefaßt werden. Sie sind nichts anderes als das seelische Kostüm unserer Zeit. Der kulturpsychologische Zusammenhang, der zum Beispiel zwischen der Molekularhypothese und dem Pointillismus in der Malerei besteht, ist schon heute ganz offenkundig. Und es kann gar keinem Zweifel unterliegen, daß auch das griechische Vasenbild bis zum Naturalismus ähnlich war, sofern man diesem Begriffe seinen einzig zulässigen Sinn unterlegt: es reproduzierte nämlich ganz offenbar mit großer Treue die Gesichtsbilder der damaligen Menschen. Und umgekehrt, so befremdend es klingen mag: auch die Photographie wird einmal als etwas höchst Subjektives erkannt werden. Denn es ist ein Irrtum zu glauben, daß die Kamera ein toter Apparat sei, der unserem Willen vollkommen entrückt ist: diese scheinbar so exakten Lichtbilder werden höchstwahrscheinlich einer späteren Zeit wie ungeheure Karikaturen vorkommen. Und schließlich und endlich: auch wenn wir so größenwahnsinnig sein wollten, anzunehmen, daß gerade das Weltbild unserer Zeit von allen bisherigen das zutreffendste sei, so könnte doch selbst diese Behauptung nur den Charakter einer Vermutung tragen: das Bild *kann* ähnlich sein; aber daß es ähnlich sein müsse, das zu beweisen liegt vollständig außerhalb der Möglichkeit menschlichen Denkens. Dies nun freilich scheint nicht Jodls Ansicht zu sein, der vielmehr behauptet, „das Bewußtsein wachse in wachsenden Klarheitsgraden aus dem Sein hervor". „Was uns die Erdgeschichte, was uns die Geschichte unseres Sonnensystems zeigt, ist nur ein kleiner, raumzeitlicher Abschnitt aus dem seiner Extensität nach unübersehlichen Geschehen, welches Weltgeschichte im prägnanten Sinne des Wortes, das ist kosmische Geschichte, heißt und dessen Geheimnisse nur die fortschreitende und zusammenwirkende Arbeit aller Wissenschaften Schritt um Schritt zu entschleiern hoffen darf. Für den Realismus ist die Gesamtheit der Wissenschaften ein gewaltiges kooperatives System, in welches auch die Philosophie als Geisteswissenschaft eingegliedert ist.“ Hier nun regt sich in mir der furchtbare Verdacht, daß diese ganze Verteidigung des Realismus und Bekämpfung des Idealismus auf Jodls liberale Mentalität zurückzuführen ist. „Man vergleiche doch dasjenige, was das hellenische Altertum, was ein Gassendi und Locke von der Materie, von ihrem Bau, ihrer inneren Struktur, den in ihr waltenden Kräften wußten, mit unseren gegenwärtigen Kenntnissen, wie sie uns durch Teleskopie und Mikroskopie, durch chemische Analyse und Spektroskop, durch Anatomie und Histologie des lebenden Körpers vermittelt worden sind.“ Da haben wir die verhängnisvolle Gleichung der Achtzigerjahre: Realismus ist soviel wie Fortschritt und Fortschritt ist soviel wie die zunehmende Bewältigung der Außenwelt durch Technik und Naturwissenschaft; und die Philosophie als eine Schraube unter vielen „eingegliedert“ in die Maschine des modernen „Betriebs“. Und hier sind wir gar nicht mehr weit entfernt von der sonderbaren und, ich möchte fast sagen, pathologischen Überzeugung, daß es nur eine Welt der Sinne gibt, eine greifbare, riechbare, schmeckbare, atembare und eßbare Welt, eine Welt, die man besehen, abtasten, photographieren und neuerdings sogar verfilmen kann. Es ist eine Weltansicht, wie sie dem Zeitalter der herrschenden Bourgeoisie entsprach, die den Gedanken offenbar nicht ertrug, daß diese Welt, mit der wir tagtäglich operieren, nichts Solides, Massives, Reelles sein solle. Die Vorstellung, daß das, was wir „Realität“ nennen, nichts anderes sei als eine von sämtlichen Aktionären der Unternehmung stillschweigend für bar genommene Fiktion, ein Luftgeschäft sozusagen, war für eine vorwiegend kaufmännisch orientierte Gesellschaft offenbar unvollziehbar.

Merkwürdig, zu beobachten, wie menschliche Ideen vor unseren eigenen Augen Patina ansetzen und alles umspannende

Weltanschauungen zusehends zerbröckeln, verfallen, zu Mist und Dünger werden. Da stand es noch vor kaum einem halben Menschenalter vor uns, das „Weltbild der Realisten", ein höchst systematisches, kunstvolles Gebäude, festgegründet auf kompakten Tatsachen, epochemachenden Entdeckungen und exakten Experimenten, federnd in seinen Stahlscharnieren, frisch und rot lackiert, und heute ist es erkannt als das, was es immer war: ein toter Mechanismus, unfähig, aus sich selbst zu leben, geschweige denn Leben zu spenden, ein sinnreich ausgedachtes Kinderspielzeug, nur gespeist mit Öl, Fett, Kohle und anderem Dreck.

DIE UNWIRKLICHE WELT

Ich habe vor einiger Zeit versucht, die Einwände zu entkräften, die Professor Jodl gegen den philosophischen Idealismus vorbringt. Aber, so könnte nun mancher fragen, ist damit irgend etwas bewiesen? Selbst zugegeben, daß die Wahrheit der realistischen Weltansicht sich nicht evident machen läßt, ist damit schon dargetan, daß der Idealismus unbedingt recht haben muß? Das Ganze läuft schließlich auf eine rein dialektische Auseinandersetzung hinaus, beide Systeme sind unbeweisbar: die Frage bleibt offen.

So verhält es sich nun aber doch nicht ganz. Die Richtigkeit der idealistischen Weltansicht ist tatsächlich schon vor mehreren Menschenaltern geradezu experimentell bewiesen worden: nämlich durch Johannes Müllers Entdeckung der „spezifischen Sinnesenergien". Zu Ende des XIX. Jahrhunderts stellte einmal die ‚Jugend' die Rundfrage, was die größte deutsche Säkularerscheinung gewesen sei. Es kamen die verschiedenartigsten Antworten: man nannte den ‚Faust', den ‚Zarathustra', den ‚Tristan', die meisten Kaiser Wilhelm. Es ist sehr merkwürdig, daß niemand auf den Gedanken kam, Johannes Müllers Lehre von den spezifischen Sinnesenergien zu nennen. Denn diese bedeutet in der Tat eine vollkommene Umorientierung unseres gesamten Denkens. Müller gelangte durch eine Reihe verschiedener sehr sinnreicher Versuche, vor allem unter Zuhilfenahme des elektrischen Stromes zu zwei sehr wichtigen Sätzen: 1. Ein und derselbe Reiz bringt verschiedene Empfindungen hervor, wenn er auf verschiedene Sinnesnerven einwirkt. 2. Verschiedene Reize bringen dieselben Empfindungen hervor, wenn sie auf denselben Sinnesnerven einwirken. Es ist zum Beispiel für den Empfindungseffekt des Auges ganz gleichgültig, ob es durch einen Schlag, durch den elektrischen Strom oder durch Ätherwellen getroffen wird: es wird in allen drei Fällen mit einer Lichtempfindung antworten; ganz ebenso wird das Ohr auf jeden erdenklichen Reiz immer nur mit Schall reagieren. Umgekehrt erzeugen ein und dieselben Ätherwellen auf der Haut Wärmeempfindungen, im Auge Lichtempfindungen und je nach ihrer Länge die verschiedenartigsten Farben: dieser reine Quantitätsunterschied wird je nach dem Aufnahmsapparat sofort zum einschneidendsten Qualitätsunterschied. Hieraus ergibt sich mit voller Deutlichkeit und Stringenz, daß tatsächlich wir es sind, die die ganze Welt in sich tragen. Es soll damit natürlich nicht die Möglichkeit geleugnet werden, daß es „draußen" irgend etwas gibt; was dieses Etwas aber ist, darüber fehlt jede Vermutung. Und es ist vollkommen klar, daß ein Wesen, dessen Aufnahmsapparate sich auch nur in einigen feinen Nuancen von den unserigen unterscheiden würden, sofort eine ganz andere Welt konzipieren müßte. Um aufs Geratewohl ein verschwindendes Detail hervorzuheben: unser Farbenspektrum „schließt" bekanntlich nicht, es besitzt einen Streifen, für den uns jede Empfindungsfähigkeit abgeht; man nennt diese Linien die ultraroten und ultravioletten. Ein Geschöpf nun, das von uns in nichts anderem abweichen würde als in der Aufnahmsfähigkeit für diese leere Strecke der Farbenskala, würde bereits jeder Verständigungsmöglichkeit mit uns beraubt sein: es würde tatsächlich bereits einem anderen seelischen Planeten angehören. Und nun denke man, um bloß in dem uns zugänglichen Vorstellungskreis zu bleiben, an Organismen, die so etwas wie ein magnetelektrisches Organ besäßen, eine Art Akkumulationsapparat; diese würden Empfindungen besitzen, die wir uns nur vorstellen können, wenn wir an die drahtlose Telegraphie denken. Und wenn wir nun gar hinzunehmen, daß es ganz zweifellos in der Natur Kräfte gibt, die wir überhaupt nicht bemerken, auf die aber die Bewohner anderer Weltkörper vielleicht gerade am intensivsten eingestellt sind, so geraten wir bereits ins Bodenlose. Alles dies drängt uns zu der Annahme des „Psychomonismus“, mit welchem Ausdruck man jene Weltanschauung zu bezeichnen pflegt, die aus dem einfachen Satz besteht: es existiert nur eines, und das ist die Psyche.

Dieser Satz scheint mir in der Tat unwiderleglich. Nehmen wir ein einfaches Beispiel. Vor uns liegt eine Sonntagsnummer des ‚Neuen Wiener Journals‘ mit einem etwas langweiligen philosophischen Aufsatz von Egon Friedell. Woraus setzt sich die sinnliche Erscheinung dieses Aufsatzes zusammen? Zunächst aus einer Reihe von Gesichtseindrücken. Wir bemerken die weiße oder vielmehr schmutziggraue Farbe des Papiers, die schwarze Farbe der Buchstaben, die Form der Buchstaben, ihre Aneinanderreihung zu gedruckten Worten oder Druckfehlern, und so weiter. Wir bemerken gewisse Widerstände, sozusagen Renitenzen, die die Materie des Zeitungsblattes uns entgegensetzt und die wir mit den Worten Härte, Rauheit, Schwere und so ähnlich zu bezeichnen pflegen. Wir haben ferner noch, wenn wir besonders genau beobachten, beim Anfassen des Blattes gewisse Temperaturempfindungen, wozu vielleicht auch noch Geruchsempfindungen kommen. Schließlich sehen wir an dem Zeitungsblatt noch eine gewisse Raumverdrängung, die wir seine Form nennen, und außerdem seine Lage im Raum; und damit sind wir so ziemlich zu Ende. Gehen wir jetzt denselben Weg zurück. Subtrahieren wir von der in Frage stehenden Erscheinung die Lage, die Form, den Geruch, die Temperatur, die Schwere, die Rauheit, die Härte, die Farben, so erkennen wir, daß das Ganze aus Vorstellungen und Empfindungen bestand und nichts, einfach nichts zurückbleibt, es sei denn der etwas langweilige philosophische Inhalt des Aufsatzes, der aber selbstverständlich erst recht ein reines Vorstellungsgebilde ist. Man sollte meinen, daß dieser Zusammenhang jedermann ohne weiteres einleuchten müßte, und merkwürdig ist daran nur, daß sich immer wieder kluge und geistreiche, offenbar allzu geistreiche Personen finden, die ihn zu leugnen versuchen.

Woher aber, so muß man natürlich fragen, kommen diese Eindrücke? Daß wir sie einfach aus unserem Geist heraus erzeugen, wie die Spinne ihr Gewebe aus ihrem Leib zieht, wäre doch ein gar zu absurder Gedanke. Hierauf läßt sich aber eben nur erwidern: wir wissen es nicht; es ist mehr als wahrscheinlich, daß irgendwelche „äußere“ Ursachen diese Vorstellungen hervorrufen, aber es ist ebenso wahrscheinlich, daß diese Ursachen mit ihren Wirkungen eine nur sehr geringe Ähnlichkeit besitzen; die „Außenwelt“ verständigt sich eben mit uns lediglich durch gewisse Zeichen und Signale, die gerade ausreichend sind, um uns die Orientierung und das Fortkommen in dieser Welt zu sichern. Daß aber diese Zeichen auch nur den Charakter von Abbildern haben, wie sie etwa die photographische Platte darstellt, ist mehr als fraglich. Ja selbst die Annahme, daß wenigstens der Raum und die Zeit etwas sind, was allen kosmischen Wesen gemeinsam ist, daß diese Vorstellungsformen sozusagen intermundane Bedeutung besitzen, ist zumindest unbeweisbar. Es ist nämlich gar nicht ohne weiteres gesagt, daß der Raum, wie wir ihn konzipieren, die einzig mögliche Raumform darstellt. Diese Raumvorstellung, die sogenannte euklidische, basiert auf dem Axiom, daß die kürzeste Verbindung zwischen zwei Punkten die Gerade ist und dementsprechend durch je drei Punkte des Raumes, die nicht in einer geraden Linie liegen, immer eine Ebene gelegt werden kann. Diese Annahme ist jedoch sozusagen ein menschliches Vorurteil. Denn es wäre sehr wohl denkbar, daß es zum Beispiel Wesen gäbe, die so eigensinnig sind, zu glauben, die Grundlage ihrer Geometrie sei die Kurve. Diese Wesen würden in einer Kugelwelt leben und sich dort vermutlich ebenso wohl fühlen und ebenso leicht zurechtfinden wie wir in unserer Welt der Ebene; über welchen Gegenstand ein böser Mathematiker namens Riemann, um die Menschen ein wenig zu erschrecken, eine Reihe sehr ausführlicher Untersuchungen angestellt hat. Daß es sich mit unserem Zeitbegriffe nicht anders verhält, hat erst in jüngster Zeit die Einstein-Theorie aufs zwingendste dargetan. Wie denn überhaupt gerade das Studium der sogenannten realistischen Wissenschaften, wenn man ein wenig in die Tiefe zu gehen versucht, die Annahme des Phänomenalismus weit mehr unterstützt als irgendwelche rein philosophische Erwägungen. Helmholtz, einer der folgenreichsten Förderer der exakten Naturwissenschaft, geht sogar so weit, in seinem Vortrag über ‚Die Tatsachen der Wahrnehmung‘ zu sagen: „Ich sehe nicht, wie man ein System selbst des extremsten subjektiven Idealismus widerlegen könnte, welches das Leben als Traum betrachten wollte. Man könnte es für so unwahrscheinlich, so unbefriedigend wie möglich erklären – ich würde in dieser Beziehung den härtesten Ausdrücken der Verwerfung zustimmen – aber konsequent durchführbar wäre es; und es scheint mir sehr wichtig, dies im Auge zu behalten.“ Und also war Calderon am Ende gar kein so kindischer Phantast und blinder Finsterling, sondern eine Art Naturforscher, ein gewendeter Häckel, ein Monist der Seele. „Der König träumt, er sei ein König, und tief in diesen Traum versunken, gebietet er und herrscht und lenkt, und alles ist ihm untertänig. Der Reiche träumet, und es zeigen ihm Schätze sich, doch ohne Frieden; es träumt der Arme auch hienieden, er sei ganz elend und leibeigen. Was ist das Leben? Hohler Schaum, ein täuschend Bild, ein Schattentraum! Gar wenig kann das Glück uns geben; denn nur ein Traum ist alles Leben und selbst die Träume sind ein Traum!"

Unsere Seele macht es eben genau so wie unser Körper; sie verzehrt eine Menge der verschiedenartigsten Dinge, aber aus allen diesen Dingen baut sie immer wieder die gleiche Sache auf: nämlich sich selbst.

DIE DREI WEGE

Der Idealismus, so weit dürften wir vielleicht durch unsere letzten Betrachtungen gekommen sein, scheint theoretisch erwiesen. Aber nun ergeben sich einige schwerwiegende praktische Bedenken. Die Welt, in der wir leben, ist gar keine wirkliche Welt, sie ist ein Irrtum, eine Täuschung, ein Traum, wie man es nennen will. Dieser Gedanke hat etwas Schauerliches, Angsterregendes, grauenhaft Absurdes: ist ein solches Verfahren der Natur nicht unlogisch und verdammungswürdig? Ob man sich auf den Standpunkt der Religion oder der Wissenschaft stellt, in jedem Fall ist die Annahme einer „falschen Welt" etwas sehr Befremdendes. Wie kann Gott, wird der Gläubige fragen, eine solche permanente Täuschung seiner Geschöpfe gestatten, wie kann er jene zunehmende Vervollkommnung und Veredlung, die in seinen Plänen liegt, für möglich halten, wenn er uns mit lauter Irrtümern und Lügen speist? Wie kann die Natur, so wird der „naturwissenschaftlich Denkende" sagen, die doch in allem so zweckmäßig, praktisch und auch im höheren Sinn wohltätig wirkt, es zulassen, daß das höchst organisierte Geschöpf des Erdplaneten nicht die entfernteste Möglichkeit besitzt, zur Erkenntnis jener Welt zu gelangen, in der es zu wirken und zu handeln, zu wachsen und zu gedeihen bestimmt ist? Auf diese bereits durchaus der praktischen Philosophie angehörenden Fragen gibt es, soviel ich sehen kann, drei verschiedene Antworten, die jede in ihrer Art nicht unbefriedigend lauten. Es sind drei Möglichkeiten, die Welt zu erklären, und zwar unter dem Gesetz des Idealismus zu erklären.

Der große schöpferische Vollender der idealistischen Weltanschauung, deren Ursprünge wahrscheinlich so alt sind wie die denkende Menschheit, ist bekanntlich Kant. Jedoch entging es schon seinen Zeitgenossen nicht, daß seine Philosophie von gewissen Schwankungen und Zweideutigkeiten nicht frei war, daß er zwischen den weltbewegenden Erkenntnissen, die er in seiner ‚Kritik der reinen Vernunft' zutage gefördert hatte, und den nicht minder gewaltigen Thesen, die er in seiner ‚Kritik der praktischen Vernunft' aufgestellt hatte, keinen rechten Einklang herzustellen wußte; und gerade jene seiner Schüler, die seine Lehre am bedeutendsten und fruchtbarsten weiterentwickelten, haben ihm dies auch oft genug zum Vorwurf gemacht. Es konnte daher nicht ausbleiben, daß sich seine Schule alsbald in zwei Zweige gabelte, je nachdem, ob der Schwerpunkt auf die theoretischen Ergebnisse seines Systems gelegt wurde und demgemäß seine praktische Philosophie bloß als eine Art Annex, Nachspiel und Randbemerkung betrachtet wurde oder ob der umgekehrte Standpunkt eingenommen wurde. Die stärksten und entschlossensten Vertreter dieser beiden gegensätzlichen Richtungen sind, wie ich glaube, Fichte und Jacobi gewesen. Fichte machte mit Kants System des reinen Idealismus vollkommen Ernst. Er stellte an die Spitze seines Systems den Satz: „Die Welt ist ein Produkt des Ich." Das Ich vollzieht eine Reihe von Handlungen, und so entsteht das, was wir die Außenwelt nennen. Aber diese Handlungen des Ich geschehen unbewußt. Wir wissen nichts von dieser schöpferischen Tätigkeit, die sich in uns begibt, ähnlich wie im Traum, wo uns gleichfalls Geschöpfe gegenübertreten, die uns als Realitäten, als vollkommen selbständige Wesen erscheinen und die dennoch nichts anderes sind als Produkte unserer Geistestätigkeit. Diese unbewußte weltschöpferische Tätigkeit des Ich nennt Fichte die „bewußtlose Produktion", und das Vermögen, wodurch wir diese Tätigkeit vollziehen, findet er in der Einbildungskraft. Weil die Produktion bewußtlos ist, darum erscheint uns die Welt als etwas außer uns, als „Nicht-Ich", als Objekt, das heißt: als etwas, was unabhängig von unserem Subjekt besteht. Was wir aber für unser Objekt halten, das ist in Wahrheit unser Produkt. In diesen wenigen Sätzen ist der Kern der Fichtischen Philosophie enthalten.

Was Fichte gibt, ist eine theoretische Annahme, die von einer unkontrollierbaren Tatsache des Unterbewußtseins handelt. Nun gibt es aber eine menschliche Geistestätigkeit, in der dieser dunkle Vorgang jedermann klar vor Augen liegt. Diese Tätigkeit ist die Kunst. Das Vermögen, wodurch die Kunst ihre Schöpfungen hervorbringt, ist gleichfalls die Einbildungskraft, und das Resultat, zu dem sie gelangt, ist dasselbe wie das der Fichtischen „Produktion". Wenn nämlich die Kunst ihre Tätigkeit vollendet hat, so stehen auch ihre Produkte als scheinbar selbständige Objekte da, als Realitäten, die vom Ich des Künstlers losgelöst erscheinen. Hier wird die Theorie zur Wirklichkeit, und was jeder Mensch tut, ohne es zu wissen, in der Dunkelkammer des Unterbewußtseins, das vollzieht der Künstler als ein seiner selbst mächtiges Wesen im Tageslicht des Selbstbewußtseins. Darum hat auch Fichte gesagt: „Die Kunst macht den transzendentalen Gesichtspunkt zum gemeinen." Die Philosophie Fichtes ist, wenn man sie recht versteht, eine radikale Künstlerphilosophie, denn sie macht den Menschen zum Dichter der realen Welt. Und die Romantiker verstanden sie und machten Fichte zu ihrem Propheten. Der Künstler ist gleichsam ein praktischer Fichteaner. Wollte man einwenden, daß hier immerhin noch der große Unterschied bestehe, daß der Dichter seine Welt vollkommen nach seiner Willkür und Laune zu schaffen vermöge, während die produktive Einbildungskraft, durch die Fichte die Welt entstehen läßt, geheimnisvollen Gesetzen gehorche, die unserem Willen entrückt sind, so würde dies auf einer Verkennung des Wesens der wahren Kunst beruhen. Denn auch der echte Künstler schafft durchaus nicht so frei, wie es für den Laien den Anschein hat. Auch er gehorcht geheimnisvollen Gesetzen, ist weit mehr der Sklave seines Schaffens, als man ahnt. Daher denn auch die nicht selten beobachtete Erscheinung, daß Künstler oft vor ihrer selbstgeschaffenen Welt zurückschaudern und sie verleugnen: man denke bloß an den einen welthistorischen Fall Tolstois.

Die Fichtische Philosophie ist nun in der Tat ein ungeheures Gegengewicht gegen den sonst fast unerträglichen Gedanken einer nicht wirklichen Welt. Die ungeheuren, fast unausdenkbaren Dimensionen des Weltalls vermögen uns unter diesem Gesichtspunkt nicht mehr einzuschüchtern und in Schrekken zu versetzen. Denn alles, was sich in der sogenannten Außenwelt vollzieht, verläuft nach unseren Denkgesetzen. Es ist hier ein Gegengewicht zu der niederdrückenden Entdekkung des Kopernikus geschaffen. Freilich ist der Mensch ein nichtiges, verschwindendes Pünktchen im Weltall: aber dieses nichtige Pünktchen gibt dem Weltall seine Gesetze. Das kleine menschliche Individuum ist ebensoviel wie das ungeheure, unermeßliche Universum. Denn es besitzt etwas, was dieses nicht besitzt: eine Seele.

Man kann aber die Kantische Philosophie auch von der anderen Seite, von der praktischen Vernunft her, wirksam stützen, und dies hat Friedrich Heinrich Jacobi getan, der Jugendfreund Goethes, ein höchst geistreicher, wenn auch unsystematischer Denker, der heute nahezu vergessen ist. Er steht zwar ebenfalls auf dem Standpunkt der absoluten Idealität der Welt; aber er gründet eben darum die Wahrheit dieser Welt auf einen Glauben. Daß Dinge in Wirklichkeit außer uns existieren, ist keine theoretische, sondern eine praktische, eine unmittelbare, ursprüngliche Gewißheit; diese von keinem Beweis abhängige, durch keinen Beweis mögliche Gewißheit nennt er eben einen Glauben. Dieser Glaube an das Dasein der Dinge ist nur möglich durch unmittelbare Offenbarung: er ist nicht weiter zu erklären, er ist unbegreiflich und insofern wahrhaft wunderbar. Der sogenannte ontologische Beweis der dogmatischen Theologie behauptete: weil wir das Dasein Gottes denken, darum sind wir seines Daseins gewiß; aber Jacobi behauptete im Gegenteil: weil Gott ist, darum sind wir seines Daseins gewiß. „Kein Idealist kann sich wirklich überreden, es gebe außer ihm keine Dinge; kein Atheist sich wirklich überreden, es gebe außer den Dingen keinen Gott. Sein Herz glaubt, was sein Verstand leugnet." Und in der Tat: gibt es eine menschlichere, eine tröstlichere, ja man muß sogar sagen, eine wahrere Philosophie als diese? Alles ist schließlich, wenn wir es recht besehen, eine Tatsache des Glaubens: die ganze Welt, mein eigenes Ich, jedes größte und kleinste Ding. Zu allem brauchen wir Glauben, zu jeder einfachsten Betätigung. Von diesem Glauben leben wir. Der Schuster, der nicht an seine Tätigkeit und deren Objekt von Herzen glaubt, wird niemals ein rechtes Paar Stiefel zusammenbringen. In dem Augenblick, wo wir von den Dingen unseren Glauben an sie abziehen, fallen sie in nichts zusammen wie Zunder; in dem Augenblick, wo wir an sie glauben, sind sie da, wirklich, unangreifbar, unzerstörbar, ja bis zu einem gewissen Grad unsterblich.

Wem jedoch diese Argumentation zu mystisch und phantastisch erscheint, der kann sich, wenn er durchaus darauf besteht, auch mit der dritten, weit einfacheren und einleuchtenderen, freilich auch banaleren Theorie zufrieden geben, die man unter dem Sammelnamen des Pragmatismus zusammengefaßt hat; sie ist von dem amerikanischen Philosophen William James begründet und dem bedeutenden Kant-Forscher Vaihinger in seiner ‚Philosophie des Als ob' dann weiter ausgebaut worden. Diese Theorie beruht auf der Annahme, daß unsere gedachte Welt eben doch auf irgendeine nicht näher zu bestimmende Weise mit der wirklichen Welt übereinstimmen müsse, da es sonst ganz unerklärlich wäre, wie denn unser auf Grund jener gedachten Welt entstehendes und sich nach ihr richtendes praktisches Handeln in der wirklichen Welt Erfolg haben könne. Trotzdem es kein Ding gibt, welches zum Beispiel süß ist, so schadet dieser Mangel nicht nur nicht dem praktischen Handeln, er ermöglicht es sogar allein. Unsere Vorstellungen von den Dingen sind demnach „praktisch wertvoll, aber theoretisch belanglos" oder, wie es Nietzsche einmal ausdrückt: „Wir haben uns eine Welt zurechtgemacht, in der wir leben können. Aber das Leben ist kein Argument; unter den Bedingungen des Lebens könnte der Irrtum sein." Und ein andermal: „Die Falschheit eines Begriffs ist mir noch kein Einwand gegen ihn: die Frage ist, wie weit er lebenfördernd ist. Ich bin sogar grundsätzlich des Glaubens, daß die falschesten Annahmen uns gerade die unentbehrlichsten sind. Die Unwahrheit als Lebensbedingung zugestehen, das heißt freilich auf eine schreckliche Weise dic gewohnten Wertgefühle von sich tun." Mit anderen Worten: die Frage nach der theoretischen Wahrheit der Welt ist eine müßige Frage, eine Dekadenzfragc, ja eine unphilosophische Frage; sie geht uns gar nichts an. Praktisch wahr ist, was uns fördert, steigert, bereichert, vertieft, sicherer und wissender in dieser Welt macht. Dieses unser „Wissen" ist jedoch kein absolutes, kein außerhalb der menschlichen Vorstellungssphäre irgendwie sinnvolles, sondern ein rein biologisches, es vermittelt uns sozusagen keine kosmischen, sondern bloß tellurische Wahrheiten; aber diese sind für uns in unserer planetarischen Lage und Beschränktheit vollkommen ausreichend. Und alle genannten drei Standpunkte hat eigentlich schon Schiller vor fünf Vierteljahrhunderten in seiner ‚Ästhetischen Erziehung des Menschen' zusammengefaßt, als er schrieb: „Auf die Frage: inwieweit darf Schein in der moralischen Welt sein? ist die Antwort so kurz als bündig diese: insoweit es ästhetischer Schein ist."

WARUM ICH NICHT THEATERDIREKTOR GEWORDEN BIN

Ich gehöre zu den nicht gar so zahlreichen Subjekten, die nahezu sämtliche Berufe, die es beim Theater gibt, bereits ausgeübt haben. Ich bin – um mit der, wie ich selbst zugeben muß, unwichtigsten Funktion des Theaters zu beginnen – Dramatiker, Verfasser einer richtiggehenden Tragödie, die vom Burgtheater angenommen ist; da hierüber ein sorgfältig ausgearbeiteter, genau stipulierter Vertrag mit Termin, Konventionalstrafe und allen möglichen Schikanen vorliegt, so wird sie allerdings wohl niemals zur Aufführung kommen. Ich war jahrelang Schauspieler, und zwar nicht bloß an einer Reihe von Wiener Bühnen, sondern auch an einem wirklichen Theater, nämlich bei Max Reinhardt, und wenn ich alle die Rollen, die ich schon gespielt habe, zusammenzählen wollte – wozu ich aber durch keine Macht der Welt zu bringen bin –, so würde sicher weit mehr als ein Schock herauskommen. Wie ich Regisseur war, das habe ich in den Kabaretts schon so oft erzählt, daß ich damit niemanden mehr behelligen will, ferner war ich Theaterkritiker und bin es sogar leider noch, ich war auf verschiedenen Sommertourneeen Beleuchter und Vorhangzieher, ja ich war auch sogar schon Theaterpublikum, kurz, ich habe den Unfug gründlich und von allen Seiten mitgemacht; *im* Theater, *fürs* Theater, *übers* Theater, was man will. Nur an einem einzigen Unfug habe ich mich noch nicht beteiligt, dem gröbsten: Theaterdirektor war ich noch nie. Ich hätte es ja – es bleibt hoffentlich unter uns – schon ein paarmal werden können: man hat mich bei mehreren der letzten Direktionskrisen gefragt, wie denn ich mich zu der eventuellen Konstellation der möglicherweise ins Kalkül kommenden Frage einer Direktionsübernahme stellen würde; natürlich nur so ganz unter der Hand, denn direkt ins Gesicht wagt man ja einem unbescholtenen Menschen so etwas nicht zuzumuten. Ich muß gestehen: ich habe anfangs ein wenig geschwankt, aber dann habe ich einen Zettel genommen und darauf sauber aufgeschrieben, was für und was gegen eine solche Position spricht; bekanntlich pflegte ja auch Kollege Schopenhauer sich eine solche Liste anzulegen, wenn er mit einem wichtigen Entschluß kämpfte. Und da befand sich auf der linken, der Proseite, eigentlich nur ein einziges, allerdings sehr gewichtiges Argument: es werden eine Menge Menschen zerspringen. Dem stand aber auf der Kontraseite eine endlose Serie von Einwänden gegenüber. Nehmen wir an, ich wäre vor zwei oder fünf Jahren oder irgendwann Leiter einer Wiener Bühne geworden – heute wäre ich es auf keinen Fall mehr, denn ich wäre sicher noch schneller hinausgeflogen als die übrigen Direktoren –, was wäre eingetreten? Nun, zunächst einmal hätte ich mich mit der ganzen Welt verfeindet. Erstens mit sämtlichen Kritikern, weil ich ihre Theaterstücke abgelehnt hätte – denn Kritiker schreiben fast immer schlechte Theaterstücke –; zweitens mit allen übrigen Dramatikern, denn auch diese hätte ich ja nur zu einem kleinen Bruchteil spielen können, und die wenigen, die ich gespielt hätte, hätten behauptet, ich hätte sie in Grund und Boden gespielt; drittens mit sämtlichen Schauspielern: mit den bei mir engagierten, weil ich sie ungenügend beschäftigt hätte – und j e d e r Schauspieler findet sich ungenügend beschäftigt, weil man ihn doch beim besten Willen nicht an allen Abenden gleichzeitig alle Rollen spielen lassen kann –, mit den bei mir nicht engagierten, weil ich sie nicht sofort mit einer Riesengage für mein Unternehmen gewonnen hätte; und schließlich mit dem gesamten Rest der Wiener Bevölkerung, weil es ja in dieser schönen Stadt überhaupt keinen Menschen gibt, der nicht entweder ein Stück in der Lade liegen hat oder sich für einen heimlichen Kainz oder Girardi hält. Außerdem aber hätte ich mich überhaupt unmöglich gemacht, denn ich hätte das Theater schlecht geleitet. Oder kann mir vielleicht irgend jemand sagen, wie ich es hätte anstellen sollen, es g u t zu leiten? Ist irgendein Programm erfindlich, das Aussicht gehabt hätte, den Beifall der Presse, des Publikums, der Mitglieder zu finden? Hätte ich sogenannte Dichter gespielt, so hätte es geheißen, ich mache müßige literarische Experimente, ich sei ein Snob, aber kein praktischer Theatermann; hätte ich Kassenstücke, also Mist gespielt, so hätte ich mich damit natürlich auch nicht in der Achtung der Menschen befestigt; hätte ich einige prominente Schauspieler engagiert, so hätte man geschrien, bei mir herrsche eine unkünstlerische Starwirtschaft; hätte ich versucht, ein Ensemble zu schaffen, so hätte man mir vorgehalten, ich sei ein Unterdrücker der machtvollen künstlerischen Individualität. Hätte ich expressionistisch inszeniert, so hätte ich mich als Narr und Schwindler dekouvriert; hätte ich normal inszeniert, so wäre ich als reaktionärer Schwachkopf dagestanden; hätte ich das Bühnenbild zurücktreten lassen, so hätte man gesagt, mein Theater sei eine dürftige Schmiere; hätte ich viel auf Ausstattung verwendet, so hätte man es einen Zirkus genannt. Kurz, die von mir seit Jahren mit dem größten Aufwand an Umsicht und Geschicklichkeit verheimlichte Tatsache, daß ich vollkommen unfähig bin, wäre binnen wenigen Monaten unwiderruflich ans Tageslicht gekommen; mein ganzes mühsames Lebenswerk wäre mit einem Schlage vernichtet gewesen, ganz abgesehen davon, daß noch allerhand andere diffamierende Details aus meinem Privatleben von meinen zahllosen Feinden aus dem Dunkel gezerrt worden wären, zum Beispiel, daß mein älterer Bruder Operetten schreibt, und dergleichen mehr. So aber: wie schön ist das Leben! Immer wird es einige edle gütige Optimisten geben, die von Zeit zu Zeit sagen: „Warum dieser Friedell nie eine Theaterdirektion bekommt! Der hätte doch wahrhaftig das Zeug dazu, eine Art moderner Laube! Aber natürlich: da ruft man alle möglichen ahnungslosen Idioten herbei, und nur an den, der es wirklich könnte, denkt niemand! Das ist echt österreichisch." Und das ist sogar ein Verhältnis, das sich von Jahr zu Jahr verbessert. Denn immer mehr Menschen blamieren sich als Theaterdirektoren, immer kleiner wird der Kreis derer, die es noch nicht waren, immer höher schwillt das Unrecht, daß man mich übergeht. Und diesen, wie jedermann zugeben wird, für mich durchaus angenehmen und schmeichelhaften Zustand wünsche ich bis zu meinem Tode zu erhalten.

Außerdem habe ich schon so viele Pleiten persönlich mitgemacht, daß ich einigen Grund habe, gegen die Aussichten, die ein Direktor hat, mißtrauisch zu sein. Ohne ruhmredig zu sein, kann ich behaupten, daß ich in diesem Punkt ein erstklassiger Fachmann bin. Bisher habe ich sechzehn Pleiten erlebt, teils als leidender, teils als verursachender Faktor. Ja es wird sogar vom Bühnenvölkchen, das bekanntlich ein wenig abergläubisch ist, behauptet, daß ein Unternehmen, mit dem ich in irgendeiner Beziehung stehe, allein schon infolge dieser magischen Berührung unter allen Umständen dem Untergang geweiht sei: man schreibt mir also eine Art malocchio zu. Ich selbst habe darüber kein Urteil: denn was wissen wir Menschen von den in uns schlummernden geheimnisvollen Fernkräften, aber jedenfalls hat die bisherige Empirie dieses Gerücht noch nicht widerlegt. Infolgedessen tragen die Unternehmer seit einiger Zeit Bedenken, mich zu engagieren; sie haben sich selbständig gemacht und machen jetzt schon ohne mich Pleite. Ein Etablissement hat sogar die Kühnheit gehabt, v o r mir

Pleite zu machen, es hatte mich nämlich für den zweiten Monat engagiert und ging schon im ersten Monat ein, und zwar mit Karl Forest, der überhaupt, ich muß es neidlos anerkennen, in diesem Punkt sehr tüchtig ist und vermutlich der einzige, der mich, wenn ich einmal die Augen schließen sollte, wird ersetzen können.

Die Gründe, warum ein Theater Pleite macht, sind Legion; warum aber ein Theater geht, das habe ich noch nicht herausbringen können. Einer der Hauptgründe für Pleite ist die bereits seit Jahrtausenden einwandfrei festgestellte meteorologische Tatsache, daß es im Sommer heiß ist. Daß dieses so einfache wissenschaftliche Faktum noch nicht bis zur Kenntnis der Theaterleiter gedrungen ist, beweist, neben vielen anderen Beweisen, wie ungebildet dieser Stand ist. So erschien zum Beispiel vor einigen Jahren bei mir ein bekannter Wiener Schriftsteller und erklärte, er wolle in den Monaten Juli und August eine ‚Bunte Bühne' aufmachen, für die er mich unbedingt engagieren müsse. Es werde ein Bombengeschäft werden, denn infolge der ungünstigen Reiseverhältnisse könne kein Mensch aufs Land gehen, alle würden daher in die Bunte Bühne gehen. Ich erwiderte ihm: die erstere Beobachtung ist richtig; aber Sie vergessen eines: Die Menschen könnten auf den Gedanken kommen, sich in den Zwischenräumen aufzuhalten, die sich zwischen Bunter Bühne und Landaufenthalt befinden. Aber er ließ sich nicht raten, und ich machte mit ihm meine vierzehnte Pleite. Einer wäre mir übrigens fast ausgekommen. Es war der Besitzer eines sehr gut gehenden Kabaretts und er erklärte: „Ich engagiere Sie unbedenklich! Mein Geschäft ist unverwüstlich." Tatsächlich ging das Unternehmen nach wie vor ausgezeichnet, und jeden Abend nach meinem Vortrag erschien dieser freche Mensch mit höhnischer Grimasse und sagte: „Bitte! Bereits auf drei Tage ausverkauft." In der Mitte des Monats jedoch starb nach achtundsechzigjähriger Regierung Kaiser Franz Josef I., das Lokal mußte sperren und wurde meine elfte Pleite. Da wir gerade bei der Politik sind, so möchte ich auch nicht unerwähnt lassen, daß die glorreiche österreichische Revolution auf meine unmittelbare Intervention zurückzuführen ist. Im Herbst 1918 war nämlich Hermann Bahr vorübergehend der Leiter des Burgtheaters. Eines Tages bat er mich zu sich und eröffnete mir, daß er die Absicht habe, ein intimes kleines Nebentheater (offenbar in der Art des späteren Schloßtheaters) einzurichten; für dieses Theater wolle er mich engagieren. Ich sagte: „Ja, ja, sehr schön, sehr ehrend; aber als korrekter Mensch fühle ich mich verpflichtet, Sie aufmerksam zu machen: wo ich bin, ist Pleite." Hermann Bahr erwiderte überlegen lächelnd: „Das ist mir natürlich bekannt; aber mit dem Hofburgtheater werden Sie nicht fertig werden." Es waren jedoch kaum vierzehn Tage vergangen, da machten die Habsburger Pleite und mußten nach mehr als sechshundertjähriger Tätigkeit ihre Direktion niederlegen.

Was übrigens speziell die Burgtheaterdirektion anlangt, so darf ich eine wichtige medizinische Entdeckung nicht unerwähnt lassen, die ich vor einiger Zeit gemacht habe. Diese Direktion ist nämlich eine tödliche Erkrankung. Alle im letzten Menschenalter zur Beobachtung gelangten Fälle endeten letal, wenn nicht rechtzeitig etwas dagegen geschah. Förster und Berger starben sozusagen im Direktionssessel; Burckhard und Schlenther, zwei Naturen von außerordentlicher Lebenskraft, der eine der Typus des zähen Ostelbiers, der andere der Prototyp des nicht umzubringenden Bajuwaren, starben nicht lange nach ihrem Abgang; einige retteten sich durch schleunige Flucht aus diesem mörderischen Klima; Hermann Bahr, dessen Gesundheit ohnehin schwankend war, war weise wie immer und machte schon nach wenigen Wochen Schluß; von der Lebensrettung Albert Heines darf ich, ohne unbescheiden zu sein, behaupten, daß die Menschheit sie mir schuldet, da ich ihm in einer langen Heurigensitzung dieses eben damals von mir entdeckte biologische Phänomen genau auseinandersetzte; Hofrat Millenkovich verdankt sein Dasein nur einem rechtzeitig vorgenommenen operativen Eingriff der Intendanz; Hofrat Thimig zählt nicht: der ist als Eingeborner gegen den Burgtheaterbazillus immun wie der Neger gegen die Tsetsefliege; und was Wildgans anlangt, so kränkelt dieser bisher kerngesunde Mann bereits sichtlich, und ich kann ihm nur raten, die Sache nicht auf die Spitze zu treiben, wenn er den zweifelhaften Genuß, weiter Direktor zu sein, nicht mit seinem jungen, hoffnungsvollen Leben bezahlen will.

GEISTESWISSENSCHAFTEN UND NATURWISSENSCHAFTEN

Während ich die provisorischen und flüchtigen Untersuchungen über das Wesen des philosophischen Idealismus anstellte, die ich letzthin mitzuteilen versucht habe, machte mich der Verlag Duncker & Humblot, der sich um die Regeneration der Wissenschaften dauernd große Verdienste erwirbt, mit einer sehr wertvollen Neuerscheinung bekannt, die zu unserem Problem noch einiges sehr Beachtenswerte hinzuträgt. Das Werk heißt ‚Geisteswissenschaften und Naturwissenschaften' und stammt von dem ausgezeichneten Münchener Philosophen Professor Erich Becher. Hinter dem etwas nüchternen und blassen Titel verbirgt sich viel mehr, als er vermuten läßt; es handelt sich nämlich um nicht weniger als um den Versuch, eine vollkommene Wissenschaftslehre, eine vergleichende Anatomie der Wissenschaften zu entwerfen und von da aus überhaupt die Grundlagen und Daseinsbedingungen aller Disziplinen einer tiefdringenden und neuorientierten Revision zu unterziehen. Wir wollen zum Abschluß unserer Betrachtungen auch dieses bedeutsame Werk noch kurz ins Auge fassen.

Wie, fragt Becher, soll man die Wissenschaften einteilen? Und er gelangt nach vielen scharfsinnigen, sorgfältigen und weitausgreifenden Erwägungen zu dem Resultat, daß die konventionelle, Jahrtausende alte Einteilung in Geisteswissenschaften und Naturwissenschaften die richtige ist. Seine Ergebnisse sind also nicht neu, neu sind nur seine Wege; und hierin besteht in der Tat sehr oft die einzige Leistung fruchtbarer Forschung. Für die meisten Menschen ist das Leben nicht eine unmittelbare persönliche Erfahrungstatsache, sondern eine Art Mitteilung aus zweiter Hand. Der Forscher aber stellt sich zu jedem, dem kleinsten wie dem größten Faktum zunächst skeptisch, er läßt die Dinge an sich herankommen, um sie zu prüfen. Der Durchschnittsmensch verhält sich zur umgebenden Welt passiv, seine Vorstellungen sind tote Abdrücke und nicht Resultate einer lebendigen Aktion, einer Reaktion gegen die Eindrücke. Der Denker hingegen hat den Grundsatz: es muß alles von vorn angefangen werden. Es ist gleichgültig, auf welche besondere Lebenssphäre er seinen Blick richtet: immer ist dies sein Standpunkt und seine Aufgabe. Er glaubt nicht daran, daß etwas richtig ist, weil es bisher von allen für richtig gehalten wurde. Es kommt gar nicht darauf an, daß ein solcher Denker auf diesem Wege zu neuen, überraschenden und entgegengesetzten Resultaten kommt, sehr oft erkennt er die Richtigkeit des Bestehenden, sondern es ist eben der Weg, diese bestimmte Methode des Denkens, die ihn von anderen unterscheidet. Es sind zum Beispiel Chesterton, Hermann Bahr und andere sehr modern denkende Köpfe zur positiven Religion zurückgekehrt; aber es kann doch nur einem Dummkopf einfallen, diese Art Religiosität mit der Bigotterie eines Tiroler Bauern oder einer sächsischen Betschwester zu vergleichen, die einfach bloß deshalb an die Dogmen glauben, weil sie zu faul sind, um zu überprüfen, was ihnen der Pfaffe vorgesagt hat. Und wenn böswillige Menschen Bahr vorwerfen, daß er in früheren Tagen Freidenker, ja sogar Atheist war, so finde ich in diesem „Gesinnungswechsel" nicht nur kein Verdachtsmoment, sondern geradezu einen Beweis für die Echtheit seiner Gläubigkeit. Denn wahrer Glaube will errungen sein: er ist die Frucht der Versuchung, des Irrtums, der Verleugnung. Nur aus einem Saulus konnte ein Paulus werden, nur aus einem Manichäer der Kirchenvater Augustinus, nur aus einem Augustinermönch der Reformator Luther. Und ist nicht selbst der Heiland vom Satan versucht worden? Es verhält sich auch ebenso in der Kunst. Die klassischen Schöpfungen Goethes und Schillers kamen nur dadurch zustande, daß diese Männer den gesamten Bildungsgehalt ihrer Zeit mit unendlicher Mühe und Geduld langsam „auslaugen" ließen. Goethe schrieb auch einmal den ‚Götz' und Schiller die ‚Räuber'; ohne diese „unvollkommenen" Voraussetzungen wären die späteren Leistungen niemals zustande gekommen. Aber das gab ihnen ja gerade ihren klassischen Wert, daß sie Entwicklungsprodukte, schwierige Erwerbungen, Errungenschaften waren. Sonst wäre ja Paul Heyse auch ein Klassiker. Er war es aber leider von Geburt an und darum ist er es nicht.

Aber das wird ja keine Buchbesprechung. Kehren wir also zu Professor Becher zurück. Indem er alle Gesichtspunkte, nach denen man die Wissenschaft einteilen könnte, bald mit dem Mikroskop der logischen und psychologischen Analyse, bald mit dem Teleskop der metaphysischen und erkenntnistheoretischen Kritik, bald mit dem freien Auge des einfachen Erfahrungsurteils prüft, liefert er eine Art Technologie der Wissenschaften, die sich zu diesen etwa verhält wie eine großzügige und erschöpfende Dramaturgie zur Kunst des Theaters. Er kommt aber auf diese Weise – und dies ist es, was uns für unser Thema besonders interessiert – auch zu einer Art Grundlegung der Philosophie. Er gelangt dabei weder zu dem von mir letzthin vertretenen Standpunkt des radikalen Idealismus noch zu der von mir seinerzeit bekämpften realistischen

Auffassung Friedrich Jodls, sondern zu einer in der Mitte liegenden Ansicht. Zunächst spricht allerdings auch er dem Seelenleben, den Bewußtseinstatsachen eine höhere Realität zu als der Außenwelt, den körperlichen Dingen. „Das reale Dasein von Bewußtseinsinhalten wird durch unmittelbare Wahrnehmung bezeugt, während die Realität des Physischen nur mittelbar erfaßt, nur erschlossen werden kann. In bezug auf die Wirklichkeitsfrage ist also das Seelische im Vorzug vor den körperlichen Gegenständen, nicht aber im Nachteil, wie der Materialismus meint." Sodann fährt er aber fort: „Wenn das Sein der Körper in ihrem Wahrgenommenwerden aufgeht, wenn also nur die Wahrnehmungsbilder im Bewußtsein, nicht aber Ursachen derselben in einer bewußtseinstranszendenten Außenwelt existieren, dann kann von einer Durchführung der Gesetzmäßigkeits- und Kausalitätsvoraussetzung nicht die Rede sein. Wenn ein heftiger Donner mich aus tiefem Schlaf aufweckt, dann ist im Bewußtsein eine Ursache der starken Schallempfindungen nicht zu finden; dann brechen diese in ungesetzmäßiger Weise in mein Bewußtsein ein. Erst wenn ich Gewitterwolken, einen Blitz, heftige Lufterschütterungen, Gehörnervreizungen und Hirnerregungen in der körperlichen Außenwelt annehme, ordnen sich jene starken Schallempfindungen in gesetzmäßiger Weise in das Weltgeschehen ein. Leugnung der Außenwelt und Identifizierung der bewußten Wahrnehmungsbilder mit den Körpern bedeuten also Leugnung der Gesetzmäßigkeit der durchgängigen Kausalität der Außenwelt." Noch deutlicher präzisiert Becher seinen Standpunkt an einer späteren Stelle des Buches. „Die sicher direkt wahrgenommenen Realitäten, die unzweifelhaft gegebenen Bestandteile meines Bewußtseins weisen keineswegs strenge, lückenlose Gesetzmäßigkeit auf. Soll das Gesamtwirkliche einen streng gesetzmäßigen Zusammenhang bilden, soll jedes entstandene Reale eine Ursache haben, so müssen Realitäten außerhalb meines Bewußtseins angenommen werden. Erst wenn ich eine bewußtseinstranszendente Körperwelt und eine Welt des Fremdseelischen annehme, erscheint die vorausgesetzte strenge Gesetzmäßigkeit des Gesamtwirklichen möglich. Die Annahme einer bewußtseinstranszendenten Körperwelt und die des Fremdseelischen sind somit auf Grund der direkten Erfahrung erschließbar." Dies scheint mir nun in der Tat ein sehr gewichtiger Einwand gegen den absoluten Phänomenalismus und vielleicht die einzige Möglichkeit, den Weg in eine teilweise reale Welt zurückzufinden. Denn daß unser Bewußtsein uns die volle Realität erschließe, behauptet auch Becher nicht; hingegen scheint er der Annahme nicht fern zu stehen, daß das, was wir an Eindrücken von der Außenwelt empfangen, dieser nicht unähnlich sei. Kausalität und Gesetzmäßigkeit sind vermutlich in die Wirklichkeit nicht hineininterpretiert, denn wir finden diese beiden Phänomene in unserem subjektiven Bewußtsein viel weniger vor als in dem, was wir Außenwelt nennen. Es ist daher durchaus wahrscheinlich, daß wir, indem wir diese Kategorien auf die Wirklichkeit anwenden, nicht uns, sondern ihr folgen: sie wirft uns einen Leitfaden zu, den wir auffangen. Selbstverständlich gelangen wir dadurch nur zur Kenntnis eines kleinen Bruchteils der Realität, nämlich jenes Ausschnitts, der unserem intellektuellen Auffassungsvermögen und unseren Sinnesorganen zugänglich ist; aber dieses kleine Stück, das wir dadurch in die Hand bekommen, wäre kein bloßer Widerschein und Schattenwurf unseres eigenen Wesens, sondern ein Baustein der wirklichen Welt. Wir würden dadurch von der für viele beängstigenden Vorstellung befreit sein, daß wir, indem wir dem Kosmos ins Antlitz zu schauen glauben, immer nur unser eigenes Spiegelbild erblicken; wir könnten uns mit dem Gedanken trösten, daß die zahllosen Geister, die das Weltall bevölkern, zwar zum großen Teil eine unendlich höhere Erkenntnisstufe einnehmen und über die Realität sicherer, genauer und reicher orientiert sind als wir, daß sie alle aber doch ihr Seelenleben auf gewissen großen Grundlagen errichten, die uns mit ihnen gemeinsam sind, daß ein gewisser Familienzug durch die Welt geht, alle Bewohner bis zu einem gewissen Grade verbrüdernd, wie ja auch wir noch im unscheinbarsten und unwissendsten Lebewesen dieses Planeten, in Wurm und Fisch, in Moos und Frucht, ja selbst im scheinbar toten Kristall eine geheimnisvolle Verwandtschaft entdecken. Und so wäre das, was wir die Welt nennen, nicht ein Vexierspiegel, der uns narrt, sondern wir ein Spiegel der Welt, ein Splitter von einem Spiegel, der grob und ungeschickt, aber doch mit einer gewissen Treue ihr Bild wiederholt.

DIE LETZTE NACHT

Der Huber-Ferdl hatte Herrn Alois Kemmetmüller um die Ecke gebracht. Er hatte dies eigentlich nicht so recht gewollt; er hatte nur Herrn Kemmetmüllers Geld gewollt. Aber das Schicksal wollte es anders. Es gelang dem Huber-Ferdl, Herrn Kemmetmüllers Leben zu nehmen, und es gelang ihm nicht, Herrn Kemmetmüllers Geld zu nehmen, denn dieser hatte unglückseligerweise nur anderthalb Milliarden Rubel bei sich. Der Huber-Ferdl war kopflos, wie die meisten Verbrecher. Er begab sich noch in derselben Nacht ins Café Lyra, warf das Geld, das er in der Wechselstube für seinen Raub erhalten hatte, ostentativ auf den Tisch und hielt zweideutig prahlerische Reden über die Form, in der er es sich erworben habe. Dies erregte die Aufmerksamkeit des Geheimpolizisten Wrba, und der Huber-Ferdl wurde verhaftet. Der Staatsanwalt, der in dem Mordprozeß gegen den Huber-Ferdl funktionierte, brachte eine Reihe düsterer Illustrationsfakten vor. Er wies darauf hin, daß der Huber-Ferdl das geraubte Geld in einer einzigen Nacht in lockerer Gesellschaft durchgebracht habe. (Hierauf entstand eine Bewegung auf der Geschworenenbank.) Ferner stellte er fest, daß der Angeklagte sich schon in seiner Jugend an dem verbotenen Glücksspiel „Kopf oder Adler“ beteiligt habe, worauf der Präsident sich nicht enthalten konnte, zu bemerken: „Na ja, was ein Häkchen werden will, krümmt sich bei Zeiten.“ Der Verteidiger Doktor Brodbaum war aber auch nicht auf den Mund gefallen. Er konstatierte, daß ein Onkel des Huber-Ferdl vor drei Jahren einen Schädelbruch erlitten habe, was bedenkliche Schlüsse auf den Geisteszustand des Huber-Ferdl zulasse. Ferner wies er darauf hin, daß der Angeklagte pathologisch und sexuell pervers sei, denn er habe über zwei Jahre mit einer gewissen Amalia Hangel, genannt die „g'scherte Mali“, ein illegitimes Liebesverhältnis unterhalten, und unterließ es auch nicht, hervorzuheben, daß der Ermordete ein ausgesprochen revolutionäres Element gewesen sei, da er einmal über einen Kammerdiener eines Mitglieds des angestammten Herrscherhauses eine höchst despektierliche Bemerkung gemacht habe. Hierauf wurden die Psychiater gerufen. Nachdem sie den Huber-Ferdl elektrisiert, mit Röntgenstrahlen photographiert und ihm die Schädeldecke abgehoben hatten, stellten sie ein sorgfältiges Gutachten aus, in dem ausgeführt wurde, daß der Angeklagte zwar im allgemeinen geistig minderwertig, idiotisch, paralytisch und blödsinnig sei, daß er aber im Augenblick der Tat die völlige Zurechnungsfähigkeit besessen habe.

Die Geschworenen bejahten daher die Hauptfrage auf Mord einstimmig, die Zusatzfrage auf Gewalttätigkeit zwar nicht einstimmig, aber doch mit acht Ja und vier Nein. Hierdurch versetzten sie den Gerichtshof in die Lage, sogleich mit dem Todesurteil vorzugehen. Man legte dem Huber-Ferdl nahe, ein Gnadengesuch zu machen, er lehnte es aber ab, mit der Begründung: wenn die Sache nicht prompt erledigt werde – was bei den heimischen Zuständen kaum zu erwarten sei –, so würde dadurch seine Hinrichtung um Monate hinausgeschoben, was einer ebensolangen Haft gleichkomme, und er sei ein ausgesprochener Gegner von Beschränkungen der persönlichen Freiheit. So konnte man denn seine Hinrichtung auf einen ziemlich nahen Termin ansetzen.

Der Fall war jedoch damit noch nicht so ohne weiteres erledigt. Während seiner Untersuchungshaft hatte nämlich der Huber-Ferdl von seinem Onkel ein Legat von zweihundert Kronen geerbt. Dies nahm der Landesgerichtsrat Maria Ritter von Holler, einer der vorzüglichsten Juristen, zum Anlaß, auf eine gesetzliche Bestimmung zu verweisen, wonach der Delinquent, falls er der besitzenden Klasse zugehöre, verpflichtet sei, die Hinrichtung auf seine Kosten vollziehen zu lassen. Es entwickelte sich infolgedessen ein lebhafter Streit zwischen dem Huber-Ferdl und dem Scharfrichter wegen der Kosten. Dem Huber-Ferdl erschien der ganze umständliche Hinrichtungsapparat vollkommen überflüssig, er sagte, er sei selber genug Fachmann in solchen Dingen, um beurteilen zu können, daß man so etwas viel billiger leisten könne, und es falle ihm nicht ein, mehr als das Notwendige zu zahlen. Es kam zu keiner Einigung, und der Scharfrichter schied mit den Worten: „Aber, Herr von Huber, mir zwa werd'n do kan Richter net brauchen." Der Gefängnisdirektor, Herr Dominik Hasenöhrl, war ein sogenannter moderner Mensch. (Man behauptete sogar, er sei heimlich in ‚Stein unter Steinen' gewesen.) Er begab sich am Vorabend der Hinrichtung zum Huber-Ferdl und fragte ihn, ob er einen besonderen Wunsch habe. Unter einigem Stocken erwiderte der Huber-Ferdl, daß er Wert darauf legen würde, seine letzte Nacht mit der „g'scherten Mali" zu verbringen. Der Gefängnisdirektor war etwas unschlüssig, da er aber ein moderner Mensch war (er hatte auch die ‚Tochter des Herrn Fabricius' gelesen), so willigte er schließlich ein, und der Wachmann Uhlirz wurde beauftragt, die „g'scherte Mali" herbeizubringen. Nach einigem Zögern erklärte sich die

Mali bereit, die kommende Nacht mit dem Huber-Ferdl zu verbringen. Gegen Mitternacht sagte die Mali zum Huber-Ferdl: „Du, Dei silberne Uhr könnt'st mir schon schenken." „Warum denn?" erwiderte mißtrauisch der Huber-Ferdl. „No, halt zum Andenken an die letzte Nacht." Hierüber geriet der Huber-Ferdl in eine – eigentlich ganz unbegründete – Wut; er zieh die Mali eigennütziger und unvornehmer Motive und behauptete, sie sei nur zu diesem Zwecke hergekommen. Dies verletzte wiederum das Ehrgefühl der Mali, sie nannte den Huber-Ferdl einen Strizzi und Falloten und machte außerdem einige unzarte und kränkende Anspielungen auf die bevorstehenden Ereignisse des kommenden Tages. Hierdurch fühlte sich wieder der Huber-Ferdl in seiner Ehre attackiert, er ergriff ein steinernes Wassergefäß und verringerte die Distanz zwischen diesem und Malis Kopf in so heftiger Weise, daß nicht nur dieses, sondern auch dieser ausrann.

Dieses Verbrechen konnte nicht ungesühnt bleiben. Ein neuerlicher Mordprozeß wurde gegen den Huber-Ferdl eingeleitet. Während der langen Vorbereitungen zu diesem trat die Republik ein. Der Verteidiger des Huber-Ferdl war diesmal der berühmte Doktor Zuckermann, der diesen, wie selbst Landesgerichtsrat Holler (früher Ritter von Holler) zugab, ganz eigenartigen Monsterprozeß nicht aus Gewinnsucht, sondern aus ehrlichem Interesse an der Sache wegen der Reklame übernommen hatte. Sein Plädoyer war ein Meisterstück forensischer Redekunst. Er führte aus, daß der Angeklagte nur ein Opfer weiblicher Verkommenheit geworden sei. Man denke nur, wer jene Amalia Hangel gewesen sei. Zunächst sei es absolut erwiesen, daß sie nicht etwa bloß mit dem Huber-Ferdl ein illegitimes Liebesverhältnis unterhalten habe, sondern daß sie auch schon vorher mit einem Bankbeamten namens Peterka in unerlaubten Beziehungen gestanden habe. Ja, noch mehr, sie habe sogar während ihrer Gemeinschaft mit dem Huber-Ferdl noch mit einer anderen Persönlichkeit angeknüpft und sei mehrfach mit besagter Persönlichkeit allein im Prater bemerkt worden. (Bei diesen Worten entstand eine Bewegung auf der Geschworenenbank.) Gestützt auf diese Tatsachen schilderte nun Doktor Zuckermann in bewegten Worten den Lebensgang des Huber-Ferdl: wie dieser, von Natur gut geartet, immer mehr in die Netze jener Sirene geraten sei und schließlich, einem psychologischen Zwang folgend, zum mörderischen Kruge gegriffen habe, um sich von dem zerstörenden Banne jener Circe für alle weitere Zukunft zu befreien. Aber auch bei dem ersten Morde habe es sich lediglich um eine Temperamentsäußerung gehandelt, denn infolge des siegreichen Fortschreitens der russischen Revolution seien die geraubten anderthalb Milliarden Rubel überhaupt nichts mehr wert. Und dazu komme noch, daß die Ermordete ein ausgesprochen gegenrevolutionäres Element gewesen sei, da sie nachweisbar einmal geäußert habe, die Militäristen seien sehr fesche Leute und ihr lieber als die Zivilbevölkerung.

Diese warmen Worte verfehlten ihre Wirkung nicht. Eine tiefe Rührung bemächtigte sich der Geschworenen und selbst der Obmann, der Rauchfangkehrermeister Spasetti, brach in Tränen aus. Es folgte ein einstimmiger Freispruch. Der Huber-Ferdl wurde unverzüglich auf freien Fuß gesetzt und ich unterhandle gegenwärtig mit ihm wegen eines Gastspiels in einem von mir geplanten neuen Kabarett.

DIE PHILOSOPHIE DER HOMOSEXUALITÄT

Das sind drei ganz eigentümliche Bücher, die mir der Verlag Diederichs vor einiger Zeit geschickt hat. Sie heißen ‚Werke und Tage', ‚Die Wiedergeburt der platonischen Akademie' und ‚Die Rolle der Erotik in der männlichen Gesellschaft', alle drei von Hans Blüher; das erste ist eine Art Autobiographie, das zweite eine sehr kluge und tapfere Abrechnung mit dem heutigen Universitätsgetriebe, und das dritte ist nicht mehr und nicht weniger als ein Versuch, die Homosexualität vom ethischen, philosophischen und soziologischen Standpunkt als berechtigt, ja fast als einzig berechtigt zu erweisen. Da kann ich nur wiederholen, was der alte Herzog von Sachsen-Koburg-Gotha, das Urbild des Serenissimus, sagte, als ihm gemeldet wurde, daß seine Gemahlin mit einem Reitlehrer durchgegangen sei: „Das ist sehr merkwürdig! Aber schon sehr merkwürdig!"

Aber ich will versuchen, objektiv zu bleiben, obzwar es mir noch nie so schwer geworden ist wie diesmal, denn ich gehöre zu jenen sonderbar veranlagten Menschen, die, wenn sie Worte wie „Päderastie" oder „Urning" auch nur gedruckt lesen, bereits Übelkeiten bekommen. (Dieses Bekenntnis ist freilich sehr unvorsichtig von mir, denn Hans Blüher, der seinen Freud tadellos intus hat, wird zweifellos den Schluß ziehen, daß diese krankhaft übertriebene Aversion gegen homosexuelle Assoziationen nichts weiter sei als eine Flucht vor der Homosexualität und daher ein schlagender Beweis für meine unheilbare Perversion.) Blühers Theorie beginnt also mit der Feststellung, die ja bekanntlich auch eine der Hauptgrundlagen der Philosophie Weiningers bildet, daß jedes lebende Wesen aus männlicher und weiblicher Substanz besteht. Das männliche Element lebt daher im Mann nur im Zustande des Primates, keineswegs aber ist es allein vorhanden. Hieraus ergibt sich der Schluß, daß die Sexualität die Fähigkeit besitzt, „von ihrer sonst gewohnten Richtung abzubiegen und sich mit dem ganzen Register ihrer Strebungsformen auf das gleiche Geschlecht zu werfen". Den Vertreter dieser Form der Sexualität nennt Blüher den „typus inversus". „An der Inversion hat jeder Mensch irgendwie teil, nur verschieden stark und in verschiedener Schichtung der Psyche." Während nun der heterosexuelle Typus, den Blüher ja immerhin noch mit gewissen Einschränkungen als hie und da vorkommend anerkennt, das familienbildende, das bürgerliche Element in der menschlichen Entwicklung darstellt, ist der „typus inversus“ der Träger aller staatenbildenden Funktionen und überhaupt die Wurzel fast allen Hohen und Tiefen, Edlen und Vorwärtsdrängenden, das bisher in unserer Geschichte hervorgetreten ist.

Alles, was unser Instinkt und unsere Vernunft *gegen* diese Auffassung zu sagen haben, liegt so völlig klar am Tage und ist so völlig in unser tägliches Empfinden übergegangen, daß es wohl überflüssig sein dürfte, darauf näher einzugehen. Was hier vorzubringen wäre, wissen wir alle. Aber unser Nachdenken hat ja nicht die Aufgabe, uns zum Bewußtsein zu bringen, was *alle* wissen, sondern es hat dem zu gelten, was nur wenige sich klarzumachen den Mut, die Ehrlichkeit und die geistige Überlegenheit besitzen. Nietzsche sagt einmal, es sei von jeher die Aufgabe der Philosophie gewesen, die „partie honteuse“ der Menschheit zu beleuchten, und es gibt in der Tat eine ganze Reihe von Gebieten, über die die Menschen fast niemals reden, gleichsam als ob sie einen Kontrakt geschlossen hätten, diese Dinge ein für allemal nicht zu berühren. Wenn also Blüher eine solche „partie honteuse“ einmal herzhaft anfaßt, so wollen wir ihm daraus keinen Vorwurf machen, sondern entgegen allen naheliegenden Hemmungen versuchen, uns seine befremdende Theorie menschlich begreiflich zu machen.

Da fällt nun zunächst auf, daß bei so vielen und zum Teil hochkultivierten Völkern die Homosexualität durchaus nicht unter den Begriff der Unmoralität fiel. Im Altertum war der ganze vordere Orient diesem „Laster“ mit der größten Unbefangenheit ergeben, sogar nicht selten in Verbindung mit religiösen Kulten. Bei den Kelten war die Päderastie in einem Umfang verbreitet, der sogar der antiken Welt auffiel. Wie es damit zur römischen Kaiserzeit stand, weiß jeder Kinobesucher, und die Dichter jenes Zeitalters, vor allem Catull, haben die Knabenliebe in überströmender Weise verherrlicht; dasselbe taten die berühmten persischen Lyriker. Auch dem frommen Mittelalter war sie nicht fremd. Die französischen Adeligen hielten sich öffentlich Lustknaben, die Mignons hießen, und verschafften ihnen einträgliche Ämter. König Philipp I. machte den seinigen sogar zum Bischof von Orleans. Ähnlich verhielt es sich in anderen Ländern. Anselm von Canterbury sagt darüber: „Die Schande war so verbreitet, daß kaum jemand darüber errötete. Und so verfielen ihr viele, die von ihrer Größe keine Vorstellung hatten." Daß in der Renaissance die Inversion selbst vor dem Vatikan nicht haltmachte, ist allgemein bekannt. Aber noch heute gilt in China und Japan die Männerliebe für etwas durchaus Zulässiges.

Die großartigsten Formen aber hat, wie jeder weiß, diese Form der Erotik bei den Griechen angenommen. In Sparta scheint sie geradezu einen Bestandteil der öffentlichen Erziehung gebildet zu haben; und auch in Athen wurde sie mit der Strafe der Atimie, der Entziehung der bürgerlichen Ehrenrechte, nur dann belegt, wenn es sich um Schändung oder Prostitution handelte. Seit der Ermordung des Tyrannen Hipparch durch die beiden Jünglinge Harmodios und Aristogeiton, die in einem Liebesverhältnis standen, bekam sie einen geradezu heroischen Glanz. Unter den Diadochen wurde sie nicht gern gesehen, aber nicht aus moralischen Gründen, sondern weil man hinter Männerbünden immer Verschwörungen argwöhnte. In den Schlachten hatten die Liebespaare, wie mehrere griechische Schriftsteller versichern, den höchsten Gefechtswert: der Militarismus versteht es eben, alle menschlichen Leidenschaften für sich zu requirieren. Was aber am meisten zu denken gibt, ist die Tatsache, daß die hellenische Philosophie und Kunst ihre wunderbaren Kreise so oft um dieses Phänomen ziehen läßt. Der Hymnus auf den Eros im ‚Symposion' wird vermutlich Bewunderung erregen, solange Menschen von unserer Art und Anlage leben; aber es kann gar keinem Zweifel unterliegen, daß er ganz ausschließlich die Liebe des Mannes zum Manne verherrlicht. Und dabei war Platon doch sicherlich nicht nur einer der tiefsten, sondern auch einer der gesündesten Geister, die je gelebt haben.

Überhaupt müssen wir mit großem Befremden konstatieren, daß eine Reihe der größten Künstler und Denker, Staatsmänner und Forscher in irgendeiner Weise zur Inversion geneigt haben. Zunächst sträubt sich ja unser Gefühl, das nun einmal unheilbar „bürgerlich" funktioniert, gegen dieses Faktum. Aber es ist in der Tat kaum zu bezweifeln. Ich meinte einmal zu Klimt, daß die Geschichten über Michelangelos Homosexualität doch höchstwahrscheinlich auf einer Art Tratsch beruhen dürften, wie er sich um jeden geheimnisvollen und verwickelten Menschen anzusetzen pflegt. Aber Klimt schüttelte den Kopf und antwortete, von diesen Geschichten wisse er nichts, aber aus der Kunst Michelangelos gehe dessen Homosexualität ganz klar hervor. „Denn", sagte er, „wenn einer einmal zu malen anfangt, so kommt alles auf." Auch aus Goethes ‚Römischen Elegien' und ‚Venezianischen Epigrammen' ist zu ersehen, daß er mit dem Gedanken der gleichgeschlechtlichen Liebe zumindest gespielt hat. Und was Winckelmann anlangt, so war er von dieser Empfindung so besessen, daß sie seine ganze Kunstauffassung und damit die der halben Welt beeinflußt hat. Besonders häufig aber finden wir die Neigung zur Inversion bei Männern von starker Aktivität, zum Beispiel bei Friedrich dem Großen, Alexander dem Großen, Kaiser Friedrich II., Julius Cäsar, Karl XII.

Wenn ich nun meine Meinung äußern darf, die allerdings auf diesem Gebiet noch weniger kompetent ist als auf allen übrigen, so würde ich sagen, daß es sich hier wahrscheinlich um eine der vielen Unvollkommenheiten im Mechanismus der Natur handelt, etwa um das, was Metschnikoff die „Disharmonien im Menschen" nennt. Die Natur schwankt offenbar in diesem Punkt noch, sie hat sich noch nicht vollständig und eindeutig entschieden. Die Natur ist eben kein Exerzierreglement, sondern ein Kunstwerk, und daher voll von Unausgeglichenheiten, Unstimmigkeiten, nicht völlig und eindeutig ausgeführten, skizzenhaften Zügen. Alles, was sie vollbringt, entbehrt der exakten Korrektheit und schwingt in größeren oder kleineren Amplituden um die genaue Mitte. Vielleicht handelt es sich hier um weit zurückreichende Atavismen, um Erinnerungen an uralte Vorfahren; und in der Tat findet sich Zweigeschlechtlichkeit, Hermaphroditismus ja nicht nur unter Pflanzen, sondern auch noch unter Tieren, und zwar unter relativ hochentwickelten, zum Beispiel bei Krebsen und Fischen. So hat denn Blühers Annahme von der Bisexualität jedes Menschen manches für sich.

Aber eben damit kommen wir zu dem schwersten Einwand, der sich gegen seinen Standpunkt erhebt. Gerade wenn der Mensch sich in seiner Heterosexualität noch nicht so ganz sicher fühlt, ist es nicht am Platz, die revolutionären homosexuellen Neigungen, die in seinem Unterbewußtsein auf der Lauer liegen, zu unterstützen. Es sei denn, daß man allen Ernstes die gleichgeschlechtliche Liebe für das Höhere hält, welcher Gesichtspunkt aber, einerlei ob er richtig oder falsch ist, der Ethik, Ästhetik und selbst Logik unserer derzeitigen Kultur – und nur mit dieser können wir ja rechnen – so entgegen ist, daß wir uns mit ihm nicht auseinandersetzen können. Aus Blühers Werken geht übrigens ganz unzweideutig hervor, daß die gesamte Wandervogelbewegung ein erotisches Phänomen ist (dies gilt allerdings nur für Deutschland, nicht für Österreich, weil bei uns ja bekanntlich alles verschlampt wird). Blüher macht nicht den geringsten Versuch, dieses Faktum zu leugnen, sondern reiht es vielmehr triumphierend als ein wichtiges Beweisstück in sein System ein. Dieser Tatbestand entbehrt nicht gewisser ergötzlich grotesker Züge. Man stelle sich diese harmlosen Tölpel von Oberlehrern vor, wie sie mit ihrem

Phrasengedresch von deutscher Heimatliebe, Wanderlust und Ertüchtigung zu dieser Bewegung ermuntert haben, und schließlich entpuppt sie sich als ein systematisch organisiertes Institut zur Beförderung und Ausbreitung der Päderastie. Ich wenigstens kann eine kleine Schadenfreude darüber nicht unterdrücken, daß der Versuch, den Menschen schon in den Knabenschuhen zum Vereinsmeier, Turnbruder und Schweißfußpatrioten zu machen, ein so überraschendes Resultat ergeben hat. Und jedenfalls zeichnet sich Blüher vor jeder Art von heutigen Pädagogen dadurch aus, daß es ihm leidenschaftlich ernst um seine Sache ist und er nicht mit halbwissenschaftlichen Redensarten um ein dunkles und gefährliches Problem der Menschheit herumzukommen sucht, dem diese nichts entgegenzustellen hat als einige platte Moralsentenzen, die sie überzeugungslos und phonographisch wiederholt.

Im Grunde aber hat man wohl in all dem nichts anderes zu erblicken als einen der vielen Köpfe der Hydra Bolschewismus. Blüher selbst freilich ist nichts weniger als ein Bolschewik. Er ist Anhänger der „Aristie" und aufs tiefste überzeugt vom Rangunterschied der Menschen und der Regierungsbedürftigkeit der Masse. Aber der Bolschewismus ist ja in seinem innersten Wesen kein politisches Programm, sondern eine psychologische Kategorie, die uralt ist. Es gab ihn zum Beispiel schon im Mittelalter. Damals nannten sich seine Anhänger „Brüder vom freien Geiste". Sie waren ebenfalls kommunistisch und ihr oberster moralischer Grundsatz lautete: Jede Tat ist notwendig; vor dem „Geiste" gibt es keine unsittliche Handlung. Die Ähnlichkeit springt in die Augen, wenn man sich daran erinnert, daß die heutigen Modernen mit dem Begriff „Geist" einen ganz ähnlichen Mißbrauch treiben. In der Tat nennt ja auch Blüher die homosexuelle Richtung ganz deutlich die „Linke".

Die Therapie gegen derlei Dinge besteht nun aber keineswegs in deren moralischer Verdammung oder gar gerichtlicher

Verfolgung, sondern in einer radikalen Änderung der Methode unserer Kindererziehung. Der Geschlechtstrieb, hermetisch abgeschlossen von seiner natürlichen Ergänzung, labil und unberaten, wie er in der Pubertätszeit zu sein pflegt, muß notwendig verwirrt und pervertiert werden. Man gebe die läppische und geradezu unmoralische Trennung der Geschlechter in der Schule auf und man wird gerade dadurch erreichen, daß sich deren Verkehr in die geraden und wohltätigen Bahnen einer selbstgeschaffenen Sittlichkeit bewegt. Denn es gibt im Grunde nur ein Schutzmittel gegen das Laster: die Freiheit.

WIE ICH INTERNER KRITIKER WAR

Von allen Theaterberufen ist der des Kritikers vielleicht der schrecklichste. Vor einiger Zeit schrieb mir der Chefredakteur der Berliner ‚B. Z. am Mittag': „Denken Sie eigentlich noch hie und da daran, daß wir Sie als Wiener Theaterkorrespondent engagiert haben?" Ich antwortete ihm: „Selbstverständlich denke ich daran, sogar täglich und stündlich, und weil mir vor diesem Gedanken ununterbrochen so furchtbar graust, eben darum schicke ich Ihnen ja keine Berichte." Vor ungefähr drei Jahren genoß ich sogar das Glück, als sogenannter interner Kritiker dem Redaktionsstab einer neugegründeten Wiener Tageszeitung anzugehören. Ich wollte zunächst ablehnen, weil ich nämlich in Erfahrung gebracht hatte, daß ein Burgschauspieler, mit dem ich seit Jahren befreundet bin, in der nächsten Saison eine große Shakespeare-Rolle kreieren werde, und dann sagte ich mir überhaupt: es ist dir bis jetzt unter ungeheuren Opfern an Intelligenz und Charakter gelungen, dich so ziemlich mit allen Leuten gut zu stellen, kaum bist du aber Kritiker, so ändert sich das sofort; denn schimpfst du auf einen Dichter oder sonstigen Zeitgenossen, so hast du ihn zum Feind; lobst du ihn aber, so hast du alle seine Kollegen zu Feinden. Der liebenswürdige Herausgeber beruhigte mich aber, indem er sagte: „Mit I h r e r Feder dürfen Sie sich erlauben was Sie wollen, denn Sie nimmt ja kein Mensch ernst. Im übrigen erwarte ich von Ihnen, daß Sie die Wiener Tageskritik auf ein ganz neues Niveau heben werden." Nun, darin sollte er sich nicht getäuscht haben: das Niveau meiner Referate war wirklich neu. Nachdenklich angelegt, wie ich nun einmal bin, hatte ich bereits lange Jahre über die Stellung des Theaterkritikers im Weltall gegrübelt und war zu dem Resultat gekommen, daß die geistige und sittliche Reformierung dieses Berufes nur von dem Prinzip strengster Aufrichtigkeit und rücksichtslosester Wahrheitsliebe ihren Ausgang nehmen könne. Ohne nach rechts und links zu blicken und mich jemals durch irgendwelche Kameraderien und Protektionssachen beirren zu lassen, fußte ich in meinem Urteil immer nur auf der klaren Realität der Tatsachen. Ich schrieb zum Beispiel: „Dieses Stück ist ein wahres Kleinod, denn ich war beim Verfasser schon viermal zum Essen eingeladen" oder „Diese Schauspielerin ist ein Phänomen, denn sie ist die Cousine eines Redaktionskollegen". Aber mit diesem Wahrheitsfanatismus erntete ich ebensowenig Dank wie Brand und Gregers Werle. So nahm es mir zum Beispiel ein Wiener Dichter furchtbar übel, daß ich bei einem derartigen Anlaß geschrieben hatte: „Seine Dichtung ist ein Gipfelpunkt europäischer Theaterkunst; aber ich muß trotzdem sagen: noch lieber wäre es mir gewesen, wenn ich bei M a e t e r l i n c k Grammelpogatschen bekommen hätte." Er stellte mich empört zur Rede und sagte: „Ich möchte wirklich wissen, was Sie zu diesem rüden Ausfall veranlaßt hat. Von dem Niveau Ihrer Kritik will ich gar nicht reden; aber Verleumdungen verbitte ich mir. Ich führe eine erstklassige Küche: wann haben Sie je bei mir Grammelpogatschen bekommen?“ Ich erwiderte: „Nun, das war so eine kleine poetische Lizenz. Übrigens habe ich mich da vielleicht wirklich ein wenig vergaloppiert, aber ich werde Sie rehabilitieren. Sie wissen ja, daß die ‚B. Z. am Mittag‘ meine Kritiken nachdruckt: ich werde sofort telegraphieren, daß dort ‚Mohnnudeln‘ genannt werden.“ Es passierten mir aber auch sonst allerhand Entgleisungen. Da lebt zum Beispiel in Wien ein Mensch namens Lunzer, der jahrelang Schauspieler war. Jetzt hat er sich geläutert und spielt nicht mehr Theater, sondern schreibt mit meinem älteren Bruder Operetten. Der gab einmal in einem Detektivstück eine Episode, die nur im ersten Akt auftritt, einen Arzt. Ich schrieb infolgedessen: „Gestern abend habe ich gesehen, wie vorsichtig man mit Superlativen sein soll. Ich habe immer geglaubt, Herr Lunzer sei der schlechteste Schauspieler der Welt; aber der Mensch, der im vierten Akt den schurkischen Kammerdiener gibt, ist noch unvergleichlich schlechter.“ Am nächsten Tag sagte der Herausgeber zu mir: „Da haben Sie das Blatt wieder einmal schön blamiert, der im vierten Akt war doch auch der Lunzer!“ [...]

Von da an ging meine Kritikerlaufbahn steil abwärts. Zunächst kam die Sache mit Karl Forest. Es war nämlich gerade wieder eine Teuerungsbewegung unter den Kohlenhändlern ausgebrochen und ich klagte Forest, daß man sich ja unter diesen Verhältnissen gar nicht mehr richtig werde erwärmen können. Darauf sagte Forest: „Ja wenn du aber auch so dumm bist, mit Kohle zu heizen! Ein vernünftiger Mensch heizt doch heutzutage nur noch mit Alkohol. Das ist nicht nur viel schmackhafter, sondern auch viel billiger!“ Ich erwiderte: „Das erstere leuchtet mir vollkommen ein, aber beim letzteren käme es auf eine Probe an.“ „Die können wir ja gleich machen“, sagte Forest, „gehen wir zu Stiebitz, prüfen wir den dortigen Slivowitz, und wenn ich finde, daß ich genug von den darin enthaltenen Kalorienmengen abbekommen habe, so werde ich es dir sagen und du wirst mir recht geben müssen.“

Die Sache verlief aber nicht vollständig programmgemäß: er bekam zwar genug, konnte es aber nicht mehr sagen. Auf dem Heimweg wären wir noch beinahe wegen Wachebeleidigung arretiert worden: ein Schutzorgan sagte nämlich zu uns „Legitimieren Sie sich!" und wir erwiderten ihm etwas Ähnliches. Am nächsten Tag sagte der Nachtredakteur zu mir: „Sagen Sie, warum fehlten in Ihrem gestrigen Nachtreferat in allen Sätzen die Prädikate? Verfolgten Sie damit eine bestimmte stilistische Absicht?" „Ja", sagte ich, „es war ein Versuch, die Dinge etwas gedrängter und chiffrierter beim Namen zu nennen, expressionistisch sozusagen; aber ich bin von dieser Schreibweise inzwischen wieder abgekommen."

Kurz: an jedem meiner Beiträge hatte man irgend etwas auszusetzen. Eines Tages aber bekam ich sogar einen rekommandierten Brief, in welchem stand: „Verehrter Herr Doktor! Sie sandten uns gestern einen sehr interessanten Aufsatz über ‚Macbeth', den wir aber bereits im ‚Prager Tagblatt', in den ‚Frankfurter Nachrichten' und in der ‚Düsseldorfer Lokalzeitung' gelesen haben. Wir machen Sie höflichst darauf aufmerksam, daß man mit einem Gesäß nicht auf mehreren Hochzeiten tanzen kann." Es blieb mir nichts anderes übrig, als eine Postkarte zu nehmen und darauf zu antworten: „Sehr geehrte Redaktion! Sie unterschätzen mein Gesäß."

Schließlich fanden alle diese Konflikte eine Lösung darin, daß das Blatt Pleite machte. Übrigens eine meiner schönsten Pleiteleistungen: eine Tageszeitung, die in vier Monaten eingeht; das ist vielleicht ein in der Geschichte des Gazettenwesens einzig dastehender Fall.

Im übrigen gibt es nichts Leichteres, als ein erster Kritiker zu werden. Es ist in ein paar Stunden zu erlernen; man muß nur das Rezept wissen. Davon soll das nächste Kapitel meiner Lebenserinnerungen handeln.

ZUR PSYCHOPATHOLOGIE DES SCHAUSPIELERS

Die Aufgabe, jene sonderbare Form des Irrsinns, die man Theaterspielen nennt, von oben herab zu psychologisieren und eine Art experimentelle Pathologie der Schauspielkunst zu liefern, stößt auf große Schwierigkeiten, und ich muß schon jetzt um Entschuldigung bitten, wenn ich bei ihrer auch noch so skizzenhaften Durchführung sehr enttäuschen sollte. Man kann natürlich die schönsten theoretischen Erörterungen anstellen, und sie sind ja auch schon oft angestellt worden; aber sie sind alle miteinander völlig wertlos, weil sie eben recht theoretisch sind. Stammen sie von Nichtschauspielern, also zum Beispiel Literaten, Dichtern, Gelehrten und so weiter, so sind sie gänzlich unmaßgebend, denn kein Mensch, und wenn er das größte Genie der psychologischen Einfühlung wäre, ist imstande, sich in jene merkwürdige Psychose des Theaterspielens zu versetzen, ohne sie persönlich erlebt zu haben. Was aber die Schauspieler selbst anlangt, so sind sie, falls man sie vor die Aufgabe stellt, von den seelischen Grundlagen ihrer Tätigkeit Rechenschaft zu geben, entweder vollkommen außerstande, das Geringste darüber auszusagen, oder aber sie bringen, bewußt oder unbewußt, faustdicke, parfümierte Lügen vor, das heißt, sie spielen eben weiter Theater. Der Grund, warum man über das Theaterspielen nicht philosophieren kann, ist ganz klar. Über eine Sache philosophieren heißt: diese Sache zugleich erleben und betrachten, zugleich draußen und drinnen stehen; steht man bloß draußen, so fehlt die empirische Grundlage, ohne die alle Philosophie leeres Geschwätz ist; steht man bloß drinnen, so fehlt die geistige Vogelschau, ohne die alle Philosophie blindes Herumtappen ist. Beim Theaterspielen kann man aber nur drinnen stehen oder vielmehr: wenn man imstande ist, sich während dieser Tätigkeit zugleich über sie Rechenschaft zu geben, so ist man kein Schauspieler, sondern ein Dilettant. Ich bitte mich nicht mißzuverstehen. Selbstverständlich kann (und muß sogar) der Schauspieler ein sogenannter denkender Künstler sein: er muß genau wissen, was er tut; aber nur in den Einzelheiten. Über die allgemein menschlichen und seelischen Grundlagen seines Berufes darf er aber nicht nachdenken, sonst geht es ihm wie dem Nachtwandler, der, sowie er zum Bewußtsein seines Zustandes gebracht wird, sofort vom Dach stürzt und sich das Genick bricht. Auch diese Feststellung könnte übrigens noch mißverstanden werden. Ich meine nämlich: ein Schauspieler kann sehr gut außerhalb der Bühne ein geistig überlegener und sogar ethisch orientierter Mensch sein; aber wenn er auf der Probe oder gar vor dem Publikum steht, muß er alles sofort vergessen; und er vergißt es auch ausnahmslos.

Mein Freund und Kollaborator Alfred Polgar hat einmal in jener milden und wohlmeinenden Art, die er besonders gern gegen ihm Nahestehende zur Schau zu tragen pflegt, zu meinem Lobe hervorgehoben, ich sei ein schauspielerischer Dilettant; ein Dilettant unterscheide sich nämlich von den Berufsschauspielern sehr vorteilhaft dadurch, daß er sich seiner Unfähigkeit schäme, während diese sich etwas darauf einbilden. Ich glaube aber: da hat der gute Alfred, der überhaupt an dem Fehler leidet, seine Mitmenschen zu überschätzen, mir zu viel Ehre erwiesen; ich bin nämlich gar kein Dilettant, sondern in dem Augenblick, wo ich mit der Bühne zu tun kriege, bin ich ein ebenso großer, ja vielleicht ein noch größerer Idiot als alle anderen und mit sämtlichen sittlichen Defekten behaftet, die der Bazillus der Bühnenatmosphäre unvermeidlich erzeugt. „Erkenntnis" vermag dagegen gar nichts. Wenn ein Arzt zuckerkrank ist, so hat er vor der gedankenlosen Menge der medizinisch ungebildeten Zuckerkranken das voraus, daß er eine Blutanalyse von sich machen und den Zuckergehalt genau konstatieren kann, aber dieser Zuckergehalt wird nicht um ein einziges Prozent geringer dadurch, daß der Kranke Medizin studiert hat. Ja es ist sogar zu beobachten, daß die

Ärzte meistens hypochondrischer sind und sich kränker zu fühlen pflegen, als die von der Theorie unberührten Laien. Und so glaube ich denn auch, daß ich in meiner Eigenschaft als Schauspieler jene Form von moral insanity sogar noch um eine Nuance ausdrucksvoller verkörpert habe als die anderen. Wenn ich daher eine Art psychologischer Autovivisektion versuche, so tue ich das ganz außerberuflich, und es darf nicht die ungerechte Annahme erwecken, ich sei als Schauspieler gescheiter oder sittlich höherstehend als irgendein anderer Kollege.

Beim Schauspielerberuf tritt uns gleich auf den ersten Blick eine ungeheuerliche Paradoxie entgegen: er ist der wertloseste und zugleich der am heißesten umworbene von allen Theaterberufen. Die Theaterleidenschaft aller Klassen, aller Lebensalter, aller Stände hat die Unüberwindlichkeit und wilde Energie einer Naturkraft. In jeder neuen Generation schlägt sie immer wieder ihre Wurzeln. Besonders in Wien und Österreich ist der Theaterirrsinn ja geradezu eine Volksepidemie. Wenn man hierzulande mit einer jungen Dame spricht, einerlei, ob sie Millionärstochter, Probiermamsell oder Doktorin der Philosophie ist: immer wird zum Schluß herauskommen, daß sie „eigentlich" zum Theater will. Denn sie hat eine so gute Aussprache. Aber auch im späteren Alter streben die Menschen immer noch nach dem Theater. Alle: die Aristokraten, die Beamten, die Gelehrten, die Politiker, die Industriellen wollen irgendeine Beziehung zum Theater. Sie suchen leidenschaftlich die Bekanntschaft mit irgendeinem Schauspieler oder einer Sängerin, sie arrangieren unter großen Geldopfern Wohltätigkeitsvorstellungen, weil das sie in Berührung mit den Bühnenleuten bringt, sie werden Theateraktionäre und verzichten gern auf ihre Dividende, wenn sie dafür unbeanstandet hinter die Kulissen gehen dürfen. Das Höchste aber für den Wiener sind Freikarten. Fühlt er sich nämlich im Besitz eines Billetts, auf dem das märchenhafte Wort „frei" aufgedruckt ist, so hat er die Idee, daß er gewissermaßen „dazugehört“. Nichts ist ihm verhaßter, als der fremde zahlende Besucher zu sein, mit dem die Kunst ihr kaltes Geschäft macht. Ich glaube, die Wiener Theater, die ja jetzt fast alle mit Riesenschritten der Pleite entgegengehen, könnten sich ganz leicht sanieren: wenn sie sich entschließen wollten, von jetzt an um das Doppelte des Preises Freikarten zu verkaufen.

Es ist nun doch wohl nicht genügend, wenn man das Ganze einfach damit abtut, daß man es für ein Produkt des österreichischen Schwachsinns erklärt. Denn erstens hat man dazu wahrhaftig nicht nötig, sich auf das abliegende und relativ irrelevante Theatergebiet zu begeben, und zweitens muß man sich doch sagen: hinter einer Leidenschaft, die sich so elementar geltend macht, muß irgendeine psychische Tatsache stehen, irgendein Instinkt, ein organischer Wille und Trieb.

Zuerst springt ja freilich nur das Absurde der Sache in die Augen. Denn was ist denn am Schauspieler so Außergewöhnliches und Faszinierendes, das ihn an Suggestionskraft alle anderen Künstler übertreffen ließe? Ja ist denn an der Schauspielkunst, auch nur als bloßer Beruf genommen, irgend etwas besonders Beachtenswertes und Verehrungswürdiges? Ein Beruf kann in dreierlei Rücksicht Anerkennung beanspruchen: physisch, intellektuell und ethisch. Am Arbeiter, am Kaufmann, am Ingenieur imponieren vorwiegend gewisse physiologische Qualitäten: Fleiß, Zähigkeit, technische Geschicklichkeit; an Berufen wie dem des Lehrers, des Richters, des Geistlichen überrascht uns die Selbstzucht, die Selbstentäußerung, die Fähigkeit, für andere zu leben; beim Gelehrten und Künstler bewundert man die Universalität, die Bildung, die Geistigkeit des Berufs. Aber der Schauspieler zählt als Arbeitskraft überhaupt nicht – denn das bißchen Rollenlernen und Herumschreien auf den Proben ist doch keine Arbeitsleistung – und von Selbstverleugnung ist bei ihm ebensowenig die Rede wie von Geistigkeit und Bildung; ich spreche natürlich nur vom breiten Querschnitt, der allein für eine generelle Beurteilung maßgebend ist. Und in sonderbarstem Widerspruch zu dieser beruflichen Minderwertigkeit ist der Schauspieler so ziemlich die einseitigste und beschränkteste Varietät von Berufsmensch, die es gibt. Jeder andere ist einmal am Tage schließlich doch kein Fachsimpel mehr; wenn ein Advokat vier Stunden von seinen Prozessen gesprochen hat, spricht er schließlich dann doch von Teesorten oder von der Jagd oder von einer anderen Sache, die ihn interessiert. Aber der richtige Normalschauspieler wird nie von etwas anderem reden als vom Theater, weil er von etwas anderem nicht das geringste versteht (und vom Theater, unter uns gesagt, übrigens auch nichts). Und trotz alledem wird keine künstlerische oder soziale Tätigkeit so gefeiert, wie die des Schauspielers. Es ist ja wahr: dem Mimen flicht die Nachwelt keine Kränze; aber dafür flicht die Mitwelt niemandem so viele wie ihm. Ich glaube, wenn man die Lorbeeren zusammenzählen wollte, die Ibsen im Laufe seines Lebens überreicht wurden, und diejenigen, die Hansi Niese bis jetzt bekommen hat, so würde sich ein bedeutender Überschuß zugunsten der letzteren ergeben.

Die Romantik des Theaters

Was treibt die Menschen so konvulsivisch zum Theater? Nun – um mit einem der unwichtigeren Gründe zu beginnen – zum Teil wohl der schon angedeutete Sachverhalt: die sofortige Liquidation des Erfolges. Der Schauspieler ist der einzige Künstler, der für seine Leistung sogleich die Quittung in Form klingenden Applauses ausgestellt bekommt; jeder andere muß Monate, Jahre und oft Jahrzehnte auf den äußeren Erfolg warten; und selbst wenn sich der seltene Fall ereignet, daß die Anerkennung der Leistung auf dem Fuße folgt, so hat sie doch niemals die Unmittelbarkeit wie beim Schauspieler; denn wenn zum Beispiel ein Maler das Lob für sein Bild ebenso direkt einheimsen wollte wie der Mime, so müßte er in die Gemäldeausstellung gehen, sich neben sein Werk stellen und horchen, was doch höchst lächerlich wäre. Der Schauspieler stellt sich aber tatsächlich neben seine Leistung und sackt eigenhändig die Zustimmung ein. Der menschlichen Eitelkeit wird also bei keiner Tätigkeit eine so reichliche Speise geboten wie beim Theaterspielen, und wenn man bedenkt, daß ein wilder Heißhunger nach Eitelkeitsbefriedigung den prädominierenden Beweggrund für einen Großteil aller menschlichen Unternehmungen bildet, so wird man nicht mehr darüber erstaunt sein, daß die meisten Menschen, vor die Wahl gestellt, einen Faust schreiben oder spielen zu dürfen, sich für das letztere entscheiden würden.

Und doch dürfte dies nur ein untergeordnetes Motiv für die Attraktion des Theaters sein. Der eigentliche Grund scheint mir in etwas Tieferem zu liegen. Das Theater ist nämlich der einzige Ort, wo die Menschen den stets latent in ihnen lebenden Traum von der Schönheit des Daseins zur Erfüllung bringen können. Im gewöhnlichen Leben klappen die Sachen fast nie, widrige Realität drängt sich ein: das Theater aber ist der Schauplatz der gelöschten Tücke des Objekts. Störungen von außen, Hemmungen von innen lassen im Alltag nur höchst selten jene künstlich gereinigte Form des Erlebnisses zu, die gerade das Wesen des Theaters ausmacht. Hier findet sich das, was jeder, auch der scheinbar gemeinste Mensch im Grunde immer ersehnt: schöne Empfindungen, die er sonst nur in besonders gesteigerten Momenten alle paar Jahre einmal hat, warten hier auf ihn täglich, er braucht nur hineinzukriechen; schöne Gebärden, die ihm aus dem Stegreif nur selten gelingen, kann er hier so lange für sich einüben, bis sie vor anderen den richtigen Wurf und Stil haben; schöne Sitten, schöne Gedanken, schöne abenteuerliche Seelengewänder: alle diese Dinge, auf die man im Leben so selten trifft, werden ihm hier gleichsam ins Haus geliefert, hunderte von Händen und Hirnen arbeiten fieberhaft daran, damit ihn, den Schauspieler, reinste und strahlendste Poesie umfließe. Und dazu kommt noch ein eigenartiger Zauber der Distanz: im Theater gelangen die Menschen durch die merkwürdige Einrichtung der Rampe und Soffitte in eine isolierende Belichtung, die keineswegs etwas bloß Äußerliches ist; sie werden durch sie zu etwas Fernem, Fremden, Traumartigen und Unwirklichen hypostasiert. Im Theater ist jeder ein Held, weil er entrückt ist, das Theater bringt nämlich das Kunststück zuwege, schon der Gegenwart jenen romantischen Glanz zu verleihen, den für uns sonst nur die Vergangenheit besitzt. Die Gegenwart ist fast immer unpoetisch. Das Leben, das ich mit meinen Mitmenschen lebe, wird gleichsam in lauter kleine Molekularbewegungen zerlegt, und darüber kann ich zu keiner poetischen Gesamtempfindung kommen. Hingegen denken wir an vergangene Erlebnisse, auch wenn sie peinlich waren, immer mit einem gewissen Neid und finden, das Leben sei damals schöner gewesen. Und deshalb erscheint uns alles Historische als etwas schon von Natur aus Gesteigertes, Verklärtes: wenn ich Friedrich Barbarossa oder Cola Rienzi sage, entsteht in jedem sofort eine romantische Empfindung. Im Theater nun aber wirken schon die lebenden Menschen wie ein Stück Historie; infolge eben jenes bildhaften, irrealen Eindrucks, den sie erwecken. Und dazu kommt noch, wie bereits erwähnt, daß alles präpariert, hergerichtet, sorgfältig gestellt vor den Zuschauer tritt. Es wird eben so lange herumprobiert, geübt und studiert, bis aus dem gewöhnlichen Durchschnittsmenschen ein Lord Byron und aus der trivialsten Gans eine Märchenprinzessin geworden ist.

Und nun ist es höchst seltsam, daß gerade die Existenz des Schauspielers, die sich für den außenstehenden Betrachter als ein Leben in höchster Schönheit darstellt, außerhalb der abendlichen Theatervorstellung ein Dasein in äußerster Häßlichkeit ist. Wenn so viele Menschen den heißen Wunsch haben, zum Theater gehen zu dürfen, so machen sie es darin wie der Knabe, der sich wünscht, Matrose zu werden. Er sieht nur die Romantik des Berufes: den blauen Himmel, das strahlende Meer, spannende Seeabenteuer, exotische Menschen und Länder. Aber in Wirklichkeit muß er den ganzen Tag auf einem scheußlichen nassen Seil herumklettern und wird dafür noch angeschrien. Ebenso besteht der eigentliche Beruf des Schauspielers in lauter Unannehmlichkeiten: Staub, Warten, Kälte, Herumstehen, Hin- und Hergestoßenwerden, ein Leben in fortwährender Abhängigkeit von der rohesten Mechanik der Zufälle und Äußerlichkeiten. Es besteht eine sehr bedeutsame Parallele zwischen Theater und Militär, die, soviel ich weiß, bisher noch nie hervorgehoben worden ist; sie erstreckt sich auf eine ganze Anzahl von Übereinstimmungen. Zunächst die große Rolle, die Exaktheit und Pünktlichkeit in beiden Berufen spielen, und die eminenten Gleichgewichtsstörungen, die das Außerachtlassen auch der kleinsten Pflichten mit sich bringen kann. Hiemit im Zusammenhang steht die strenge und pedantische Disziplin, die in beiden Fällen geübt wird, und die Grobheit der Vorgesetzten, die sowohl beim Militär wie beim Theater umso ordinärer und ungebildeter zu sein pflegen, je höher ihr Rang ist. Beiden Milieus ist ferner gemeinsam die vollendete Rücksichtslosigkeit, mit der die Zeit und die Arbeitskraft des „Menschenmaterials" behandelt wird: das stundenlange, unnütze Herumlungernlassen, das Bestellen zu früheren Zeitpunkten, als notwendig wäre, das Ansetzen von Proben und Exerzierübungen, die nachher wieder abgesagt werden, überhaupt die Beschlagnahme des ganzen Menschen und seiner Lebensenergien zu, wie sich sehr oft später herausstellt, überflüssigen Zwecken. Im Kontrast dazu ein großer Glanz des äußeren Apparats: Musik, zahlreiche Dienerschaft, glänzende Kostüme und als Folge davon Glück bei Frauen. Dabei fortwährendes Gerenne und Geschrei, fieberhafte Aufregung bei den Manövern und Proben, die beide die

Eigenschaft haben, daß es im Ernstfall, nämlich im Krieg und bei der Première, ganz anders ausgeht. Und schließlich noch dies, daß beide Berufe, trotz des großen Lärms, den sie verüben, und trotz der eminenten Wichtigkeit, die sich ihre Träger beilegen, im Rahmen einer wirklich gesitteten Kultur vollkommen deplaciert wären.

Was die geradezu unvermeidliche Grobheit des Theaterverkehrs anlangt, so habe ich diese Auffassung auch schon einmal vor Gericht dargelegt und damit großes Befremden erregt. Ich war damals Zeuge in einem Prozeß, in dem eine Schauspielerin ihren Direktor wegen Ehrenbeleidigung verklagt hatte, weil er ihr zugerufen hatte: „Pfui Teufel, was sind Sie für ein Charakter!" Ich erklärte, im Rahmen einer Theaterprobe sei dies keine Ehrenbeleidigung; einer Dame gegenüber sei diese Bemerkung natürlich höchst verwerflich, aber auf dem Theater gebe es keine Damen, so wenig wie Gentlemen auf dem Kasernenhof, wo der Leutnant den Oberst, der ihm „Sie Trottel!" zuruft, auch nicht zum Duell fordern könne, wozu er doch zweifellos berechtigt wäre, wenn ihm dieselbe Sache im Kasino zustieße. Tatsächlich wurde denn auch der Direktor in erster Instanz freigesprochen, das Landesgericht hob aber das Urteil auf, mit der Begründung, von dem Hauptentlastungszeugen Herrn Friedell wisse man, daß er ein frivoler Mensch sei, der als juristische Person überhaupt nicht ernst genommen werden könne. Ich habe mir diesen Gerichtsbescheid aufgehoben, man kann nie wissen, wozu man so etwas noch brauchen kann.

Die theatralische Sendung

Der Schauspielerberuf ist seelisch einer der häßlichsten, denn nirgends – die Kreise der Universitätsprofessoren vielleicht ausgenommen – wird soviel Neid, Mißgunst, Heuchelei und

Perfidie produziert. Und doch ist alles dies notwendig. Hierüber machte Goethe einmal eine vorzügliche Anmerkung in ‚Wilhelm Meisters theatralischer Sendung‘: „Ich behaupte, daß, je mehr das Theater gereinigt wird, es zwar verständigen und geschmackvollen Leuten angenehmer werden muß, allein von seiner ursprünglichen Wirkung und Bestimmung immer mehr verliert. Es scheint mir, wenn ich ein Gleichnis brauchen darf, wie ein Teich zu sein, der nicht allein klares Wasser, sondern auch eine gewisse Portion von Schlamm, Seegras und Insekten enthalten muß, wenn Fische und Wasservögel sich darin wohlbefinden sollen.“

Ja diese organische Verkommenheit des Theatermilieus hat sogar wahrscheinlich einen hohen moralischen Wert. In fast allen Menschen nämlich lebt ein ziemlich bedeutender Fonds von Unanständigkeit. Indem nun der Schauspieler alles, was an Eitelkeit, Dummheit, Lüge, Bosheit, Brutalität, Ichbesessenheit und Niedertracht in ihm angesammelt ist, beruflich aufbraucht, befreit er sich in seiner Privatexistenz davon, gleichsam wie alle bösen und giftigen Säfte des Körpers in einem Ekzem zusammenschießen und dort, von einem Isoliergewebe umgeben, den übrigen Organismus rein erhalten. Und so ist es denn vielleicht gerade dem Schauspieler eher als anderen Leuten möglich, im Zivil ein anständiger Mensch zu sein.

Ich behaupte also, daß das Theaterspielen nicht so sehr eine Kunst als eine Krankheit ist, indem es weniger auf der Hypertrophie einer bestimmten Begabung als auf dem Mangel an gewissen intellektuellen und moralischen Hemmungen beruht. Karl Kraus hat einmal das ausgezeichnete Schlagwort vom „Defektschauspieler“ geprägt, im Grunde ist aber Schauspielerei überhaupt identisch mit Defekt. Man hat ja auch die moralische Minderwertigkeit des Theaterberufes schon öfters dadurch betont, daß man erklärte, er sei eine Art Prostitution. Aber gerade hier kommen wir wieder zu einem der Gründe, warum alles sich so unwiderstehlich vom Theater angezogen fühlt. Die „Prostitution“ ist nämlich ein ungeheurer Reiz. Der Mensch hat einen tiefen Hang, sich zu prostituieren, aufzudecken, nackt zu zeigen – nur kann er ihn nirgends befriedigen. Dies war schon die Wurzel des uralten Dionysos-Kults, wo die Männer und Frauen sich im Rausche die Kleider vom Leibe rissen und einander wild durcheinander begatteten, was aber die Griechen, die keine solchen Philister waren wie wir, nicht als schamlose Orgie, sondern als „heilige Raserei“ bezeichneten. Übertragen wir das ins Psychologische, so stoßen wir auf den merkwürdig suggestiven Haut-goût, den aller Zynismus an sich hat. Im Grunde verbirgt sich auch hinter diesem Trieb der Wille zur Macht. Der Mensch weiß, daß er nur wirkt, interessiert, Macht über Menschen gewinnt, wenn er er selber ist: als er selber ist jeder Mensch interessant. Aber im gewöhnlichen Leben besteht gerade die Aufgabe, die die Gesellschaft ihm stellt, darin, möglichst geschickt nicht er selber zu sein, sondern immer Masken, Hüllen, Draperien, Schleier zu tragen. Immer ist der Vorhang unten, nur einmal ist er oben – eben im Theater. Gerade dort also, wo sich nach der landläufigen Meinung der Herrschaftsbereich der Verstellung, des Kostüms befindet, springt der Mensch wahrer, nackter, ungeschminkter hervor als sonst irgendwo.

Woher kommt das? Man hört oft die Bemerkung, daß niemand sich selbst zu spielen vermag, das heißt: den Menschen, der sich mit seiner Alltagserscheinung deckt. Das ist eine alte Theatererfahrung, die kaum irgendeine Ausnahme aufweist. Genauer gesagt ist die Wahrheit die, daß jeder Schauspieler am besten sein Komplement darstellt, seine seelische Ergänzung. Der tiefmelancholische Hypochonder Raimund war ein hinreißender Komiker, der seelensgute Lewinsky ein klassischer Jago und Franz Moor. Wäre er wirklich ein Schurke gewesen, so hätte er niemals Schurken gestalten können, die Phantasie hätte ihm dazu gefehlt. Das, was gestaltet wird, ist nämlich immer das Ideal; irgendein Ideal, ein wahres oder ein eingebildetes, darzustellen, ist das Ziel aller Kunst. Man könnte mit nur geringer Übertreibung den Satz aufstellen: nur was einer nicht ist, vermag er in eine künstlerische Form zu bringen. Die saftigsten und innigsten Naturschilderungen stammen nicht von Bauern oder Rittergutsbesitzern, sondern von Städtern und Kaffeehausmenschen, und die Dichter der leidenschaftlichsten und empfundensten Liebeslyrik sind niemals Don Juans gewesen. Nietzsche, der sein ganzes Leben lang krank war, hat eine Philosophie geschaffen, die ein Hohelied auf die kraftvolle Vitalität ist, während Maeterlinck, der Schöpfer der fragilsten, anämischesten Gestalten, die die moderne Literatur besitzt, ein kerngesunder Vlame ist, dessen zufriedenes Bulldoggengesicht eher auf einen Herrenreiter schließen ließe. Was wir sind, interessiert uns nicht, ja wir bemerken es zumeist gar nicht, weil wir keine Distanz dazu nehmen können. Im letzten Kapitel von ‚Plisch und Plum' erscheint ein Mister namens Pief, der ununterbrochen durch sein Fernglas blickt und diese seltsame Handlungsweise mit folgendem Monolog begründet: „Warum soll ich nicht im Gehen", spricht er, „in die Ferne sehen? Schön ist es auch anderswo und hier bin ich sowieso." In diesem Satz steckt, wie in den meisten Äußerungen Wilhelm Buschs, eine tiefe Philosophie. Das Schöne ist immer das „Anderswo", das „Hier" lockt niemals, weil wir da eben „sowieso" sind. Nur jenes zweite Ich, das wir nicht sind, jenes traumhafte zweite Gesicht, das uns in gesteigerten Zuständen der Selbstentrückung erscheint, löst unsere Kräfte, befruchtet unsere Phantasie, reizt unsere Unruhe. Ja man kann sogar noch weiter gehen und sagen: dieser „Andere", dieses „Anderswo" ist viel mehr unser ureigenstes Selbst als jener philiströse Herr oder jene satte Dame, die ihren toten Leib durch die Straßen und Zimmer spazieren führen. Dieser unser dämonischer Doppelgänger, unsere Komplementseele, die legitime und wahrhaft herrschberechtigte Schwester unserer Alltagsseele, bricht hervor, wenn der Mensch sich auf die ebenso reizvollen wie gefährlichen Pfade der Kunst begibt, und am stärksten im Schauspieler, der nie etwas anderes zu gestalten vermag als jenen unheimlichen „Anderen". Dies ist der wahre Sinn jener „Prostitution", die das Wesen der Schauspielkunst ausmacht: das Geheimste kommt nach oben, es muß heraus, ob der Träger des Geheimnisses will oder nicht. Josef Kainz sagte einmal zu mir: „Im Leben können sich die Leut natürlich sehr leicht verstellen; aber wie einer einmal zum Theaterspielen anfangt, kommt alles auf, sogar wie er zu die Weiber is und wieviel Schulden er hat." Und nun sehen wir, daß das Theater ganz gewiß nicht ohne Ursache, sondern aus einem fast metaphysischen Grund heraus die Menschen in seinen finsteren gefräßigen Rachen strudelt, daß es doch etwas mehr ist, als die meisten glauben, keine bloße bunte Oberfläche, kein bloßes Theater, sondern etwas Entzauberndes und Erlösendes, etwas schlechthin Magisches in unserem Leben, das an unsere tiefsten Mysterien zu rühren vermag. Und daß die Schauspielkunst, obgleich die untergeordnetste von allen Künsten, doch wiederum diejenige ist, in der der Wille der Kunst am reinsten zur Auswirkung gelangt. Denn was ist alle Kunst? Sie gestaltet unsere Sehnsucht.

DAS PUBLIKUM

Was ist denn das überhaupt, das Publikum? Hierüber hat Chamfort einmal eine ebenso konzise wie unzweideutige Auskunft gegeben. Als er eines Tages ein Buch lobte und man ihm die gegenteilige Meinung des Publikums entgegenhielt, rief er entrüstet aus: „Das Publikum! Das Publikum! Wieviel Dummköpfe müssen denn zusammenkommen, damit ein Publikum entsteht?" Ich kann mich nun dieser Ansicht nicht vollkommen anschließen. Ich bitte meine geneigten Leser, das nicht als eine captatio benevolentiae aufzufassen; aber ich halte Sie nämlich für gar nicht dumm, ich halte Sie sogar für sehr gescheit. Natürlich nicht als einzelne, sondern als Ganzes. Wenn nämlich eine bestimmte Anzahl von Menschen, und je mehr, desto besser, sich vereinigen, um sich von irgendeinem Erlebnis gemeinsam ergreifen zu lassen, so hören sie plötzlich auf, Privatmenschen, also Idioten zu sein (die griechische Übersetzung für Privatmann heißt bekanntlich Idiotes) und aus ihnen tritt siegreich der Wille der Gattung hervor, jene fortschrittlichste, instinktsichere und unendlich weise Kraft, die unseren Planeten regiert. Fragt man einen sogenannten Fachmenschen, so wird man allerdings in den meisten Fällen die gegenteilige Ansicht zu hören bekommen. Durch die Jahrhunderte klingt die Klage der Verleger, Zeitungsherausgeber, Konzertagenten, Theaterdirektoren: man dürfe dem Publikum nun einmal nichts Neues, nichts Tiefes, nichts Ernstes vorsetzen, sein Geschmack sei immer nur auf platte Unterhaltung, auf Kitsch und Konvention gerichtet. Das ist aber ganz einfach eine Umkehrung des wahren Sachverhalts. Die rückständigen, ordinären und oberflächlichen Elemente sind die Fachleute. Vor allem sind sie entsetzlich feig. Und außerdem blitzdumm: sonst hätten sie schon längst herausbekommen, daß jenes Gespenst „Publikum", auf das sie mit permanentem Schrecken blicken, eben ein Gespenst ist, nämlich gar nicht existiert. Es verhält sich damit wie mit jener Kafferngottheit, die in einer großen unzugänglichen Felsenhöhle lebte und von den Kaffern regelmäßig eine große Menge Nahrung und Kostbarkeiten zum Opfer erhielt. Eines Tages jedoch erschien ein frecher, aber ziemlich gescheiter Missionar und erbrach zum Entsetzen aller Kaffern die Höhle. Und es zeigte sich, daß die Höhle leer war. Das Publikum, als eine greifbar umrissene seelische Erscheinung mit deutlich durchgearbeitetem Weltbild, klarer ethischer Dominante, scharf bestimmbarem Gesichtskreis ist gar nicht der Wirklichkeit entnommen, sondern existiert nur in den Gehirnen verängstigter Zeitungsschreiber und Theaterleute. Das Publikum ist nichts anderes als ein großes Aufnahmebecken, in das man alles hineingießen kann, ein Riesenmaul, das alles in sich hineinfrißt und zermalmt, was man ihm vorsetzt. Daß es aber lieber Gutes frißt als Schlechtes, scheint mir völlig außer Frage. Das zeigt sich sofort ganz unzweideutig, wenn wir den Blick vom Tag und von der Stunde nur um einige Jahrzehnte zurückschweifen lassen. Woher kommt es zum Beispiel, daß von dem Modedichter Vulpius, dessen ‚Rinaldo Rinaldini' seinerzeit verschlungen wurde, heute nur noch ein paar Seminaristen etwas wissen, während sein Schwager Goethe, der Verfasser des damals ebenfalls gierig gelesenen Saisonschlagers ‚Werther', heute noch allgemeine Anerkennung genießt? Als die naturalistische Bewegung in Deutschland einsetzte, da sprach man von Sudermann und Hauptmann wie von zwei Dioskuren, ja viele stellten sogar Sudermann höher, und die ‚Ehre' ist in der Tat nicht nur öfter gespielt worden als ‚Hannele', sondern hat auch zunächst intensiver gewirkt. Oder, um die Gegenwart ins Auge zu fassen: glaubt man wirklich, daß in fünfzig Jahren jemand von Schönherr oder Hans Müller auch nur den Namen wissen wird, ja, daß die Millionen von Menschen, die heute vor deren Stücken sitzen, nicht schon in diesem Augenblick, mitten im Applaus das ganz deutliche Gefühl haben, daß es sich um Tageswerke handelt? Und umgekehrt: gibt es auch nur eine einzige Zelebrität, die mehr als hundert Jahre alt ist und es nicht verdiente, eine Zelebrität zu sein? Sind Homer und Dante denn nicht wirklich die größten Epiker, Plato und Kant die größten Philosophen? Und wenn man alle Theatervorstellungen der letzten hundert Jahre durchgehen wollte, so würde als meistgespielter Dramatiker ganz bestimmt Shakespeare herauskommen. Wer hat also diesen Männern den ihnen gebührenden Platz mit so untrüglich sicherem Urteil angewiesen? Vielleicht die Literaturprofessoren? Die nehmen ein Genie doch erst ernst, wenn schon der letzte Postbeamte es verdaut hat. Nein, niemand anderer als das Publikum trifft diese kunstsinnigen und verständnisvollen Entscheidungen; man muß ihm nur ein bißchen Zeit lassen. Wird ihm von der Gemeinheit oder dem Dilettantismus der sogenannten kompetenten Faktoren minderwertige Nahrung geboten, so akzeptiert es auch diese, aber nur weil es keine bessere bekommt; und früher oder später wird sein Instinkt es, trotz allen Hemmungen, die ihm von den leitenden Kreisen bereitet werden, doch an die richtige Quelle führen. Daher kann man auch bei allen Genies einen unerschütterlichen Glauben nicht nur an ihr Werk, sondern auch an ihren Erfolg beobachten. Schopenhauer hat vierzig Jahre auf den Ruhm warten müssen, aber nicht eine einzige Zeile, weder in seinen Schriften noch in seinen Briefen, weist darauf hin, daß er auch nur einen Augenblick lang an dem Sieg seiner Philosophie irre geworden ist. Nietzsche, der während der ganzen Zeit seiner Produktivität eine Obskurität war, redet dennoch stets von sich in einem Ton, als ob bereits alle Welt wüßte, wer er sei. Stendhal sagte: „Im Jahre 1900 wird mich alle Welt plötzlich zu lesen beginnen", und er hat es fast auf das Jahr erraten. Auf die Dauer gibt es kein verkanntes Genie.

Es gibt Protisten, die sich zu Zellvereinen oder Zellkolonien zusammentun: diese Tierchen besitzen dann zwei Seelen, nämlich eine Individualseele und eine sogenannte Zönobialseele, die sich als Gemeingefühl des ganzen Zellenstockes äußert. Ähnlich geht es dem Menschen als Publikum. Zu seiner Individualseele bekommt er plötzlich eine zweite hinzu: die Publikumsseele. Ich möchte daher Chamforts Frage so beantworten: ich weiß nicht, wie viele Dummköpfe zusammenkommen müssen, damit ein Publikum entsteht, aber ich glaube: wenn genug von ihnen beisammen sind, so entsteht etwas, das viel gescheiter ist als sie. Es kommt nun im einzelnen ganz darauf an, ob einer genug Enthusiasmus und Hingebung besitzt, um ganz in der überlegenen Kollektivseele des Zellenstockes aufzugehen, oder ob er dünkelhaft an seiner Individualseele festhält, die gar nichts versteht. Und ich glaube, daß der erstere Fall der weitaus häufigere ist. Ich horche daher im Theater immer auf die Bemerkungen, die das Publikum macht, und habe da sehr oft treffende Urteile gehört, die nur selten einem zünftigen Kritiker einfallen. Hierunter möchte ich nicht jenen Ausspruch eines Generals rechnen, der in der ‚Frau vom Meere' zu seiner Gattin äußerte: „Das ist nichts für Erwachsene"; aber es war schließlich ein General. Wohl aber, was eine Probiermamsell in ‚Gyges und sein Ring' zu ihrer Kollegin sagte: „Die Rhodope wird halt einen Schönheitsfehler gehabt haben." Ich finde, daß man die schiefe Psychologie und den konstruierten Konflikt dieses Hebbel-Dramas gar nicht schlagender charakterisieren kann.

Die Theaterdirektoren schlagen immer ein schreckliches Lamento an, wenn sie auf das Unterhaltungsbedürfnis des Publikums zu sprechen kommen. Aber dieses Bedürfnis ist ein sehr gesundes und berechtigtes. Gute Theaterdichtungen sind nämlich immer unterhaltlich. Sehr treffend sagt Otto Ludwig in seinen ‚Shakespeare-Studien': „Wenn wir Shakespeares Gestalten sich vor uns ausleben sehen, so wird der nicht am wenigsten bezeichnende Ausdruck für die Art ihrer Wirkung der sein, der sie als ‚amüsant' bezeichnet. Sie sind alle gute Gesellschafter, in deren Gegenwart Langeweile nicht aufkommen kann." Und sind ‚Götz', die ‚Räuber' und die ‚Wildente' nicht ebenfalls amüsant? Und was die Dialoge des Plato anbelangt, so könnten sie noch heute in jedem literarischen Kabarett aufgeführt werden. Wenn aber das Publikum in Dichtungen wie ‚Iphigenie' und die ‚Braut von Messina' nicht hineingeht, so hat es ganz recht; es sind eben schlechte, nämlich fade Theaterstücke. Schon Voltaire hat gesagt: „Die einzige schlechte Dichtungsgattung ist die langweilige."

Trotzdem wäre es sehr falsch, zu glauben, daß das Publikum bloß Unterhaltung haben will. Es will, allerdings mehr im Unterbewußtsein, noch etwas anderes.

DER UNFUG

Der Schriftsteller und überhaupt jeder, der mit dem Publikum in einen geistigen Verkehr tritt, hat nur zwei Möglichkeiten: entweder er sagt, was das Publikum erwartet, also das Vertraute, das Gestrige, das Konventionelle, oder er sagt die Wahrheit, also das Gegenteil davon. Tut er das erstere, so wird ihn das Publikum mit Beifall und Auszeichnungen überschütten und ihn im Unterbewußtsein, in seinem weisen Gattungsbewußtsein, das immer recht hat, aufs tiefste verachten, als das unbrauchbarste und überflüssigste Geschöpf in der Welt. Tut er das letztere, so wird ihn das Publikum verhöhnen, verleumden und von sich stoßen und im Unterbewußtsein mit tiefster Dankbarkeit verehren als das einzige Wesen, das hienieden wirklich notwendig ist.

Es gibt Schriftsteller, die den „Zeitgeist" ansprechen: darunter hat man die Summe jener Vorurteile zu verstehen, die zu einem bestimmten Zeitpunkt auf der Erdoberfläche die herrschenden sind. Diese Schriftsteller sind Idioten oder Heuchler.

Es gibt Schriftsteller, die die „Wahrheit" aussprechen: darunter hat man die Summe jener Erkenntnisse zu verstehen, die vorläufig noch das schlechte Gewissen gegen sich haben. Jede Wahrheit beginnt nämlich als Anachronismus. Es braucht immer eine gewisse Zeit, bis ihre Tiefe heraufsteigt, nach oben kommt und sichtbar, das heißt: oberflächlich wird.

Die Schriftsteller dieser letzteren Art sind die einzig berechtigten. Ihre Mission ist: Unruhe und Mißtrauen zu verbreiten. Ihre scharfen Fragen dringen durch die Lücken und Risse der geistigen Schicht, auf der wir soeben behaglich wohnen, lokkern sie auf, verwittern sie, spalten sie auseinander. Ihre beiden wesentlichsten Eigenschaften sind: Taktlosigkeit und Indiskretion. Sie sprechen über alles. Sie dekouvrieren. Ohne Schamgefühl. Nach rechts und links. Nach allen Seiten. Sie erörtern Angelegenheiten, über die die Menschen niemals zu sprechen pflegen, wie wenn sie einen geheimen Kontrakt geschlossen hätten, diese Dinge ein für allemal nicht zu berühren. Und sie stellen fortwährend Fragen, und zwar taktlose. Sie fragen: ist das Gute denn auch wirklich gut, ist das Wahre auch wirklich wahr, ist das Altehrwürdige nicht vielleicht bloß alt, aber gar nicht ehrwürdig? Ist das Einfache nicht am Ende ungemein verwickelt, das Durchsichtige höchst problematisch, das Vertrauteste sehr rätselhaft? Der Dichter, der Schriftsteller, der Künstler, der Prophet – man kann diese lästige und ein wenig verrückte Menschenklasse nennen wie man will: man erkennt sie ja doch sofort aus den anderen heraus – ist also der geborne outsider, das enfant terrible der Menschheit, der Störenfried und Fremdkörper in der gesitteten Gesellschaft. Er ist unnütz, ja schädlich, er gilt als Unfug.

Nun hat es aber mit dem Begriff „Unfug" eine sehr sonderbare Bewandtnis. So lange eine Sache in der öffentlichen Meinung als Unfug g i l t, ist sie lebensfähig; in dem Augenblick aber, wo die kompakte Majorität, der breite Querschnitt der Gesellschaft a u f h ö r t, in ihr einen Unfug zu erblicken, ist sie wirklich zum Unfug geworden. Jede arrivierte Sache ist eine erledigte Sache. Die Menschheit pflegt nämlich alles Vernünftige erst dann ernst zu nehmen, wenn es nicht mehr ernst zu nehmen ist, in dem Augenblick nämlich, wo es eingelebt ist, was aber ganz dasselbe bedeutet wie ausgelebt. Wenn wir sagen: die Sache hat sich „durchgesetzt", so meinen wir damit ganz einfach, daß sie von der geistigen Mittelklasse eingeholt worden ist, daß sie eine Institution geworden ist, und das heißt: rückständig; denn Institutionen sind immer rückständig. Das können wir auf allen erdenklichen Kulturgebieten beobachten. Beginnen wir mit der Religion. Eines der wenigen profanen Zeugnisse für die historische Existenz des Heilands ist die vielumstrittene Stelle aus Sueton, welche lautet: „Zu jener Zeit erregten die Juden auf Anstiften eines gewissen Chrestus in Rom Streitereien und Verdruß und mußten deshalb von Kaiser Claudius ausgewiesen werden." Nun, Sueton war ja kein genialer Durchleuchter der Historie wie etwa Thukydides, sondern bloß ein ausgezeichneter Sammler und Erzähler von welthistorischem Tratsch, eine geschmackvolle und fleißige Mediokrität, aber gerade darum dürfen wir in ihm einen der kompetentesten und charakteristischesten Wortführer der römischen Mentalität erblicken; und wir erfahren also aus seiner Bemerkung ziemlich genau die offizielle Meinung der damaligen gebildeten Kreise über das Christentum: man hielt es für einen jüdischen Unfug. Das hat sich bekanntlich im Laufe der späteren Jahrhunderte geändert: das Christentum eroberte sich durch seine ebenso tiefe wie einfache Lehre die halbe Welt, es wurde zu einer Kirche mit Bischöfen und Priestern, Domen und Altären und einer genau geregelten, komplizierten Katechetik und Liturgie, es wurde zur allgemein anerkannten, verehrten und gefeierten Institution, und genau in dem Augenblick begann es von seiner ursprünglichen Höhe herabzugleiten, zu erstarren und zu fossilieren. Es versank in den tiefen, starrkrampfähnlichen Schlummer der Arriviertheit. Und immer bedurfte es gewisser genialer und mutiger Unruhestifter, wie es im Mittelalter die Mystiker waren oder am Beginn der Neuzeit die Reformatoren, um den schlafenden christlichen Gedanken aufzuwecken und wiederzubeleben. Alle diese Männer wurden von der Kirche, die in jenen Zeiten die Repräsentantin der öffentlichen Meinung war, verdammt, exkommuniziert, was in klerikaler Sprache so viel heißt wie: als grober Unfug erklärt. Aber auch der Protestantismus konsolidierte sich, petrifizierte zur Staatsreligion, und auf einmal wurde auch er ein totes System von Wortklaubereien und Schuldogmen. So daß schließlich einigen verzweifelten Wahrheitssuchern nichts übrig blieb, als dem Christentum überhaupt abzuschwören. Seit es aber in jedem zweiten sächsischen oder deutsch-böhmischen Provinznest Monistenbünde gibt und Salbaderer, die Zarathustra-Predigten halten, verstehen wir jenen merkwürdigen, erst vor wenigen Monaten ans Licht gekommenen Brief, den Strindberg bereits vor fast vierzig Jahren an Nietzsche schrieb, wo noch kein Mensch diesen Namen aussprechen, geschweige denn behalten konnte, und in dem er sagt: „Ich bin glücklich, daß Ihre Lehre bis jetzt esoterisch geblieben und nur einigen wenigen Bewunderern zugänglich geworden ist. In dem Augenblick, wo Sie bekannt und verstanden sein werden, wird der Pöbel Sie duzen und zu sich erniedrigen."

Seit der Sozialismus Regierungspartei geworden ist, ist er geradeso zur sterilen Bureaukratie erstarrt wie der Absolutismus und der Liberalismus. Ebenso verhält es sich mit den Erfindungen. Sie alle wurden ursprünglich entweder für teuflische Bubenstücke oder für alberne Spielereien gehalten. Heute aber beginnen die „technischen Errungenschaften" des XIX. Jahrhunderts, die von aller Welt als die größten Wunder und Wohltaten gepriesen werden, sich nachgerade zu einer unerträglichen Belästigung auszuwachsen, die den geistigen und moralischen Fortschritt der Menschheit mehr verhindert als irgend etwas anderes.

Vor diesem Schicksal ist auch das Genie nicht geschützt. Woher kommt es, daß so ein klassischer Dichter uns so gar nichts Rechtes mehr zu sagen hat? Waren sie vielleicht am Ende doch keine großen Dichter? Durchaus nicht: sehr groß; der Grund liegt in einer anderen Eigenschaft, ich nannte sie schon: weil sie klassische Dichter sind. Ein Dichter wird zum Klassiker, das heißt soviel wie: jedermann versteht ihn, sogar die Schullehrer. Das heißt: er ist zum Normalmenschen, zur menschlichen Norm, registriert, kanonisch geworden, das heißt: er ist nicht mehr da. Er hat seine Mission erfüllt, er hat sich verbreitet über den ganzen Erdraum, alle Köpfe indossiert mit seinem neuen Wissen und zu jeder einzelnen menschlichen Seele sich hinzuaddiert. Er hat sich verteilt unter alle, sich verflüchtigt in die ganze Menschheit. Er ist aus einer verborgenen, einer latenten Kraft etwas Offenkundiges, Stationäres geworden, aus dem labilen Gleichgewicht ist er in das stabile der Totenstarre übergegangen.

Woher kommt nun die sonderbare Fähigkeit des Dichters, Neues zu schaffen? Sie kommt ganz einfach daher, daß er, im Gegensatz zu allen übrigen Menschen, die Dinge nicht auf ihre Nützlichkeit hin ansieht, sondern auf ihr Wesen. Alle anderen wollen etwas von ihrer Umwelt, sie sehen sie mit praktischen Augen an, bewußt oder unbewußt fragen sie sich bei allem: wozu kann ich oder mein Ober-Ich, die Gesellschaft, das verwenden? Der Dichter allein blickt mit idealen Augen auf die Erscheinungen, er forscht nicht nach ihrem Nutzen, sondern nach ihrer Idee, er fragt nicht: was sind sie für mich, sondern: was sind sie für sich? Daher kann und muß er stets Neues entdecken. Denn das, was wir „Nutzen" nennen, ist das, was die Art, die Gattung will, das ewig Gleiche, und daher eine ziemlich stupide, jedenfalls aber höchst langweilige Angelegenheit. Das Wesen der einzelnen Geschöpfe ist aber niemals dasselbe, denn der liebe Gott ist nun einmal ein extremer Individualist. Nicht zwei Amöben und zwei Schachtelhalme hat er ganz gleich geschaffen und jedem Menschen hat er eine Seele geschenkt, einmalig, einzigartig, keiner zweiten vergleichbar, nie vorher so dagewesen, nie nachher so wiederkehrend, ein Lichtstreifen zwischen zwei Unendlichkeiten – eine Seele: aber darüber denkt niemand nach. Nur der Dichter tut es, der denkt ununterbrochen darüber nach, der Dichter und das religiöse Genie.

„Religiös“ empfinden heißt die Menschen und Dinge auf ihren Eigenwert hin ansehen, heißt dichterisch empfinden; „sozial“ empfinden heißt die Menschen und Dinge auf ihren Nutzwert hin ansehen, heißt undichterisch empfinden. Zweifellos ist diese letztere Einstellung die praktisch vorteilhaftere, aber die Natur, die das Prinzip hat, jede Förderung auf der einen Seite durch einen Mangel auf der anderen Seite auszugleichen, entzieht dem undichterischen Menschen dafür die Möglichkeit reiner Erkenntnis. Er gelangt nie zum Einblick in Wesen und Gesetz einer anderen, in Wesen und Gesetz seiner eigenen Seele. Er ist dazu verurteilt, sein Leben lang nur jene Ausschnitte aus der Wirklichkeit zu erblicken, die ihm förderlich sind, sein Leben lang nützlich, das heißt: einseitig, falsch, unoriginell, philiströs zu empfinden.

Der Dichter hingegen betrachtet die Umwelt, als ob sie gänzlich unnütz wäre. Der Dichter nimmt die Realität, nämlich das, was die „Menschheit“ Realität nennt, nicht ernst, für ihn ist die Wirklichkeit das Unwirkliche, und der das zuerst erkannte, war der erste Dichter. Hiedurch befreit er sich von der Beschränktheit und Blindheit des Selbsterhaltungstriebes, er zerreißt den Schleier der Maja, den der Nützlichkeitsinstinkt zwischen die Welt und die erkennende Seele gelegt hat. Er sieht die Realität nicht mehr unter dem Aspekt der Tierheit, nämlich als Fördernis oder Hemmnis seiner Ernährung und Fortpflanzung, sondern unter dem Aspekt der Göttlichkeit: als selbstherrliches freies Kunstwerk.

Ich sagte vorhin: was den Menschen zu dieser Nützlichkeitseinstellung treibe, sei der dumpfe Gattungswille: sieht man aber etwas näher zu, so ist vielleicht sogar das falsch. Es ist mehr als wahrscheinlich, daß die Natur mit uns etwas ganz anderes vorhat; was das ist, wissen wir freilich nicht, aber es dürfte etwas anderes sein. Es läßt sich aus manchen Zeichen schließen, daß sie diese ganze Mißgeburt „Mensch“ mit seinem Wahn, die Welt zu rationalisieren, für eine durch eigenen

Dünkel verunglückte Episode hält und von diesem Nützlichkeitshanswurst mit seinem bleiernen Ernst und seiner läppischen Würde, der nicht mehr die naive Sorglosigkeit des Tiers und noch nicht die heilige Sorglosigkeit des Engels hat, nichts wissen will. Dies ist auch eine der wenigen Fragen, über die das Alte und das Neue Testament sich einig sind. Denn während Jesus uns ermahnt, so unbekümmert und untätig wie die Lilien auf dem Felde zu sein, steht am Eingang der Bibel die Erzählung vom Paradies und der Vertreibung daraus. Aus dieser Geschichte geht ganz unzweifelhaft hervor, daß Gott dem Menschen ursprünglich ein Dasein in unnützem Nichtstun zugedacht hatte und dann leider gezwungen war, ihn zu praktischer Arbeit zu verdammen. Und der „Segen" der Arbeit dürfte eine Erfindung der kapitalistischen Bourgeoisie sein, die der vorläufig zu eigenen Gedankenkonzeptionen noch unfähige Sozialismus von ihr ganz kritiklos übernommen hat.

„HERBSTMANÖVER"

von Kalman, zum größten Teil in der Besetzung der Première, aus der schönen Zeit, wo wir noch Lodomerien, das Zipser Komitat und den Sandschak Novibazar besaßen. Aber der fesche Storm, die Gobelins und die herzige Kartousch sind uns ja geblieben. Neu ist Kammersänger Tauber als Dirigent und Fritz Grünbaum als Wallerstein. Die Attraktion des ersteren beruht darauf, daß der Wiener bekanntlich leidenschaftlich gern sieht, wie ein Mensch, der irgendetwas kann, etwas anderes macht, was er nicht kann, also zum Beispiel: die Niese den Faust oder Pallenberg ein Hindernisrennen. Herr Tauber macht also einen Kapellmeister nach, aber er übernimmt sich in dieser Rolle, indem er die geringfügigsten musikalischen

Anlässe zu einem wienerischen Wursteltheater benützt, wie es noch nie ein Dirigent aufgeführt hat. Aber das brillant geschulte Orchester des Bürgertheaters ließ sich durch kein aufgeregtes Wetzen und Wippen, unmotiviertes Indieluftstechen und japanisches Gliederverrenken seines Befehlshabers aus dem Takt bringen. Herr Grünbaum bringt das Kunststück zuwege, sich selbst zu spielen, was bekanntlich nur einem Dilettanten gelingt, während der Künstler immer nur sein Negativbild, seine seelische Ergänzung zu gestalten vermag, weil die Wurzel aller Kunst die Sehnsucht ist (über welches Thema ich mich hier nicht verbreiten werde, weil ich darüber im vorigen Winter einen ganzen Vortrag gehalten habe). Aber wenn man auch nicht recht weiß, ob der Grünbaum den Wallerstein oder der Wallerstein den Grünbaum spielt, so muß man jedenfalls sagen, daß dieser Wallerstein-Grünbaum eine grundgescheite, unaufdringlich lustige, rührend liebenswürdige Erscheinung und vor allem ein wirklicher Mensch ist, den man nicht ohne Schmerz in diesen Niederungen erblickt.

Man könnte nun zwar diesen scharmanten Abend mit seinen zahllosen Blumenspenden, Empfängen, Abgängen, minutenlangem Gelächter und nicht endenwollendem Applaus auch von einer anderen Seite ansehen, indem man zum Beispiel darüber befremdet wäre, daß heute, nachdem ein großer Teil der Bevölkerung Europas vier Jahre lang das Leben von Bagnosträflingen geführt hat, etwa ein Zehntel davon elendiglich verreckt ist, ein paar weitere Zehntel verkrüppelt und zerfetzt und fast alle Beteiligten und Unbeteiligten verschweint und verpowert worden sind, nicht – womöglich täglich – die ‚Letzten Tage der Menschheit' gespielt werden, damit die warnende Erinnerung an diesen schamlosen Mißbrauch gottgeschaffener Seelen zwar nicht in die nichtvorhandenen Gehirne, aber doch in die Nerven der Hinterbliebenen gehämmert werde; sondern daß vielmehr alles beim alten geblieben ist und eine solche dudelnde, hüpfende und kalauernde Propaganda für kommende Bestialitäten, die mit der wirklichen Operette des Militarismus bloß die tierische Stupidität und freche Verlogenheit, aber nicht den Mord und das Grauen teilt, bejubelt und sicher monatelang zum allgemeinen Ergötzen wiederholt wird. Aber wer wird denn so ein öder Spielverderber sein?

GESPRÄCH MIT EGON FRIEDELL
Von
Karl Marilaun

Ginge es nach Friedells guten Freunden, so gäbe es gegenwärtig zwischen Kritzendorf und, mindestens, Viareggio keinen halbwegs ausgezeichneten Fleck Erde, auf dem man ihn nicht behufs sogenannter Ferienerholung dingfest gemacht hätte. Nun hat er aber, nachdem er bei Reinhardt den Dottore im ‚Diener zweier Herren', den Tubal, den Hofmarschall Kalb, den berühmten Herrn im ‚Schwierigen' spielte, die Erholung wirklich nötig. Infolgedessen kaufte er sich einen neuen Schlafrock und schreibt auf seinem Balkon an einer ‚Kulturgeschichte der Neuzeit', von der er mit sachlich gelassenem Sarkasmus sagt: „Dieses Buch ist von keinem Historiker geschrieben, was aber vermutlich niemanden stören wird als die Historiker, auf deren Leserschaft wiederum von der Seite des Autors keinerlei Wert gelegt wird."

Und Dr. Friedell zündet sich, umrahmt von zwei Pelargonienstöcken, die ihre guten Tage bereits hinter sich gebracht haben, seine lange Pfeife an. Zur Belebung der Riviera wird der Hund Schnack auf den Balkon beordert, der im übrigen den Abscheu seines Herrn vor Leuten, die sich jetzt aus Gründen der Erholung einen Reisepaß, ein Leumundszeugnis und ein Auslandsvisum besorgen, durchaus teilt. Statt von Sonnen-

untergängen über einem wildfremden Gletscher sich belästigen zu lassen, schwärmt Friedell für weniger branchenentlegene Naturerscheinungen, zum Beispiel für seinen Direktor Max Reinhardt.

„Ich bin seit zwanzig Jahren", *sagt er,* „an seiner Art interessiert und hoffe also nicht in den Verdacht zu kommen, meine Reinhardt-Begeisterung erst in dem Augenblick entdeckt zu haben, in dem er mich engagierte. Es war immer meine Überzeugung, daß seine Schauspieler mindestens zwei Drittel ihres Erfolges ihm zu verdanken haben. Bei mir wenigstens ist dies ganz bestimmt der Fall. Reinhardt geht unerhört auf den Schauspieler ein und unterscheidet sich von allen Regisseuren dadurch, daß selbst die besten von ihnen dem Darsteller sehr gut zu zeigen vermögen, wie sie, die Regisseure, es machen würden. Reinhardt aber zeigt, wie er, der Schauspieler, es machen könnte, aber nur merkwürdigerweise nicht macht! Daher kommt es auch, daß Reinhardt dieselbe Rolle jedem Schauspieler anders ‚zeigt'. Das Geniale seiner Arbeitsweise liegt darin, daß er aus dem Schauspieler nicht das Möglichste herauspreßt, sondern ihn auf seine Höhepunkte bringt. Er steigert uns zu den in uns vorhandenen Möglichkeiten, auf die wir ja – da kein Mensch sich selbst kennt – immer erst von anderen aufmerksam gemacht werden müssen.

Und weil Reinhardt ein genialer Mensch ist, ist er auch ein unerhört einfacher, bescheidener, fast möchte ich sagen: kindlicher Mensch, den sich natürlich alle falsch vorstellen, die nicht ihn, sondern nur seine Kommentatoren kennen."

Friedell unterbricht sich nun, erstens, um sich seiner Pfeife zu widmen, und zweitens, um ein aufdämmerndes Mißbehagen zu bekämpfen. Er möchte nämlich ganz gern auch ein paar Worte über seine eigene Schauspielerei sagen. „Aber nicht gern", *meint er,* „würde ich es sehen, wenn ich damit in den Verdacht käme, nun von mir blasen zu wollen ..."

Schnack wird berufen, um die Gewissensbedenken seines

Herrn zu beschwichtigen. „Man wird ja wissen", *sagt Friedell nun einigermaßen beruhigt,* „daß ich jetzt ziemlich lange Zeit anderes als eine Schauspielerei betrieben habe. Um so lieber spiele ich nun wieder Theater, denn eine Beschäftigung ist immer sehr schön und angenehm, wenn man von einer anderen kommt. Um das auf meinen Fall zu exemplifizieren: kommt man vom Theaterspielen, so freut man sich über die Intelligenz des Schriftstellertums; kommt man vom Schriftstellern, so zieht einen das Amüsante des Theaterspielens an.

Im übrigen tut man mir bitter unrecht, wenn man es kurios findet, daß ein Mensch mit allerlei Interessen nun auch Komödie spielt. Gar so schwer faßlich wird es doch nicht sein, daß gerade der Schauspieler auch noch an anderen Dingen als an der Zahl seiner Hervorrufe interessiert sein kann. Jedem aber, der mit dem Hinweis auf meine anderen Beschäftigungen behauptet, daß ich als Schauspieler gewissermaßen Outsider bin, kann ich durch Zeugen beweisen, daß ich von dem Stück, in dem ich spiele, absolut nichts verstehe und überhaupt keine andere Szene kenne als die, in der ich beschäftigt bin. Ich bin also geradezu der Prototyp des Berufsschauspielers und im übrigen der Schrecken meiner Mitspieler, weil man mir die psychologischen Zusammenhänge des Stückes viel schwerer begreiflich machen kann als anderen, die nie in ihrem Leben Literat gewesen sind!

Was mich an der Schauspielerei nun aber am meisten freut, hat übrigens schon Reinhardt herausgebracht. Er sagt: Schauspielerei wäre gar kein ‚Beruf'. Wenn ich etwas hinzufügen darf, so behaupte ich in diesem Zusammenhang gleich, daß ich auch das Schriftstellern für keinen Beruf halte. Beide sind Müßiggänger. Nehmen wir die Schauspieler Stanislawskis, so sehen wir, daß jeder einzelne, bevor er zur Bühne ging, alles mögliche trieb. Wir finden Offiziere, Fabrikanten, Schullehrer unter ihnen, aber keinen einzigen, dem es eingefallen wäre, sich auf den Schauspielerberuf, wie es sich für einen Beruf gehört, ‚vorzubereiten'.

Und bei den Dichtern wird es noch viel klarer, daß sie die Insinuation, ihr Dichten als ‚Beruf' zu betreiben, als Frechheit angesehen hätten. Der Beruf Herders war Pastor. Schiller ist Professor gewesen, Goethe war Staatsmann, Mörike wieder Pastor, Shakespeare Theaterdirektor, was doch ganz sicher ein Beruf ist! Und Theodor Körner war Held; kein Mensch wird anstehen, das geradezu als vollkommen ausreichend für einen Hauptberuf anzusehen!

Ich schreibe also eine Kulturgeschichte und bin anderseits Schauspieler bei Reinhardt, und ich hätte nicht das mindeste dagegen, wenn ich damit Schule machen würde. Ich würde es im Gegenteil aufrichtig begrüßen, wenn sich etwa Herr Kollege Höbling mal an eine Kulturgeschichte machen würde und der Rektor unserer altehrwürdigen Alma mater zu seiner Erholung den Hofmarschall Kalb spielte.

Nun habe ich aber so viele dunkle Andeutungen von meinem Buch gemacht, daß es vielleicht am besten ist, wenn ich einiges darüber sage. Der Plan dieses Werkes, das ich ‚Von der schwarzen Pest bis zum Weltkrieg' betitle, ging von dem Gedanken aus, daß es noch keine nach modernen Gesichtspunkten geschriebene, ja eigentlich überhaupt noch gar keine Kulturgeschichte gibt. Unter Kulturgeschichte soll zunächst verstanden werden: ein ebenso einheitliches wie vielseitiges Gemälde sämtlicher Lebensäußerungen eines bestimmten Zeitalters. Herder und Schiller stellten als Erste ein ähnliches Programm auf, ohne es auszuführen. Einen einzelnen, aber ziemlich eng begrenzten Abschnitt, die italienische Renaissance, hat Burckhardt in meisterhafter Weise behandelt. Hegels ‚Philosophie der Geschichte' verzichtet auf alle Detailschilderungen und überhaupt auf jede Anschaulichkeit. Ein glänzendes Bild der französischen Revolutionszeit hat Taine entworfen. Lamprecht verfügt über ein vorzügliches Schema und außerordentliche Kenntnisse, schreibt aber leider das übliche ungenießbare Professorendeutsch. Den Höhepunkt dieser Entwicklung bildet Spengler, der aber ebenfalls nur ein groß angelegtes, durch einzelne blendende Schilderungen belegtes Programm entwickelt.

Was ich persönlich mir unter ‚Kulturgeschichte' vorstelle, werde ich vor Erscheinen des Werkes vielleicht noch selbst näher auszuführen versuchen. Jetzt nur soviel: man hat ursprünglich Geschichte politisch geschrieben, nämlich als eine stumpfe und taube Registrierung von toten Tatsachen: Schlachten, Parlamentsverhandlungen, Truppenbewegungen und diplomatischen Winkelzügen. Zur Zeit unserer Klassiker hat man sie philosophisch traktiert, und in der jüngsten Zeit psychologisch. Es bleibt noch die Aufgabe übrig, sie dramatisch zu behandeln. Ich versuche dies. Ich schlage ein Figurentheater auf, ich entwerfe eine Art seelischer Kostümgeschichte.

Hiedurch gelangt, und gerade aus wissenschaftlichen Erwägungen heraus, in die Geschichtsdarstellung ein anekdotischer Charakter. Was ich zu erzählen versuche, ist unsere Anekdote, unsere Legende von der Neuzeit, oder, wenn man will, ihre chronique scandaleuse. Man könnte einwenden, daß für die Lösung der vorliegenden Aufgabe ein einzelner Mensch nicht ausreicht, daß niemand auf allen Gebieten kompetent sein kann. Hierauf ist zu erwidern: da dies zweifellos richtig ist, anderseits eine derartige Aufgabe aber doch sehr erwünscht, ja fast unerläßlich ist, so bleibt nichts übrig, als daß sie von einem inkompetenten Menschen in Angriff genommen wird. Das Buch ist von keinem Historiker geschrieben, daran werden sich aber voraussichtlich nur die Historiker stoßen und ich habe schon gesagt: daß auf diese Leserschaft der Autor im vornhinein zu verzichten gedenkt ..."

In Berlin sind Hunderte von Menschen fieberhaft um eine Unordnung bemüht, die in Wien ein einzelner Dienstmann spielend zuwegebringt.

*

Der Barockmensch in Berlin

Eine herrliche Berliner Einrichtung ist der Autobus mit Dach, höchst geeignet zum Spazierenfahren. Ich fuhr letzthin zu diesem Zweck nach Halensee.

An der Endstation sagte der Schaffner: „Der Herr muß aussteigen."

„Nein", sagte ich, „meine Geschäfte hier sind schon erledigt; ich fahre gleich wieder zurück."

„Da muß der Herr aber trotzdem aussteigen", sagte der Schaffner, „denn der vordere Wagen fährt früher weg."

„Das macht nichts", sagte ich, „ich bleibe trotzdem sitzen." Er entfernte sich kopfschüttelnd.

Alsbald erschien in großer Hast ein zweiter Schaffner: „Der Herr sitzt im falschen Wagen, der vorne macht früher weg."

„Nein", sagte ich, „ich habe Zeit." Schon begannen sich erregte Gruppen zu bilden.

Schließlich kletterte ein achtjähriger Knabe aufs Dach und rief: „Wenn der Herr nicht sofort aussteigt, verliert er volle vier Minuten!"

*

Ich habe Berlin allen Ernstes als Luftkurort entdeckt. Es hat von allen Städten Mitteleuropas das weitaus beste Klima. Aber jeder Berliner, dem ich das erzählte, hielt es für einen Witz. In Wien ist das ganz anders. Wien hat das beste Wasser des Kontinents. Infolgedessen erwidert jeder Wiener auf alle

Vorhaltungen über Faulheit, Dummheit, Unbildung, Schlamperei, Korruption und dergleichen, die man ihm macht, triumphierend: „Ja, aber unser Hochquellwasser! Wer in der Welt kann uns das nachmachen?" Von diesem Einwande lebt der Wiener seit Generationen. Wäre der Berliner wie der Wiener, so könnte er von der Berliner Luft leben.

*

Man kann jedoch zum Lob Berlins noch soviel Gewichtiges und Stichhaltiges vorbringen: auf die Dauer ist es eben doch nicht möglich, in einer Stadt zu leben, in der es ein Wort wie „Mampediktiner" gibt.

*

Ferner gibt es etwas, das „Kant-Diele" heißt. Platte Rationalisten behaupten, das käme daher, weil dieses Lokal sich in der Kantstraße befindet. Dem ist aber nicht so. „Kant" ist die Abkürzung für den weltberühmten Kantorowicz, für den Erzeuger sämtlicher Liköre, nach dem diese Diele, in der seine Fabrikate ausgeschenkt werden, ganz logischerweise genannt ist. Hingegen verdankt der Königsberger Erkenntnistheoretiker seine Popularität lediglich dieser zufälligen Namensgleichheit, wie ja auch das System Leibnizens erst seit dem Hervortreten des Leibniz-Keks wieder zu neuer Zelebrität und Anhängerschaft gelangt ist. Geht man aber der Sache ganz auf den Grund, so ist die Kant-Diele überhaupt die Formel für die gesamte neudeutsche Mentalität, die in einer Synthese aus Metaphysik und Diele besteht und immer Kantorowicz meint, wenn sie Kant sagt.

*

In Wien bekommt man, genau genommen, in allen Restaurants nur Gulasch zu essen, aber es schmeckt immer anders. In Berlin bekommt man alles, was es gibt: Austernpastete, warmen

Hummer, Ananascreme, gebackene Trüffeln, aber es schmeckt alles wie Sülzkotelette.

*

Wunderschön hingegen und viel zu wenig anerkannt ist die Umgebung Berlins, besonders die Kieferngegend. Getrübt wurde mir nur der Genuß durch die Beobachtung, daß dort neben jedem Baum eine sauber geschichtete Lage Hölzer liegt. Denn ich habe den furchtbaren Verdacht, daß aus diesen Hölzern die Bäume gemacht werden.

DRAMATURGIE DES DICHTERS

Vor kurzem ist Alfred Polgar fünfzig Jahre alt geworden. Dieses Ereignis ist ohne nennenswerten Lärm verlaufen. Um in Österreich gefeiert zu werden, muß man bekanntlich entweder der Mittelpunkt zahlreicher Bestechungsaffären oder ein rosa getünchter Schauspieler oder ein schwachsinniger Professor sein. Dies alles hat Alfred Polgar nicht zu bieten. Er hat sich nie von etwas anderem bestechen lassen als von weiblicher Anmut oder erlesenen Kunsteindrücken, und um selber bestechen zu können, dazu fehlen ihm leider die nötigen finanziellen Mittel; gegen die Schauspielkunst hegt er einen beträchtlichen Abscheu und zum Schwachsinn hat er eine exorbitant schwache Veranlagung. Er hat aber für die Unauffälligkeit, mit der sich sein Übertritt in das zweite Semisäkulum seines Lebens vollzog, eine sehr noble und geistreiche Rache genommen: da man ihn nicht fetierte, hat er das Publikum regaliert, und gleich mit zwei kostbaren Geschenken auf einmal: mit einem neuen Skizzenband ‚An den Rand geschrieben‘ und der ersten Abteilung seiner gesammelten Kritiken, der in kurzem zwei weitere folgen sollen. Der Verlag Ernst Rowohlt in Berlin hat es nämlich übernommen, Polgars zahllose verstreute Meisterminiaturen, die Gelegenheitsarbeiten im besten Sinne des Wortes sind, zu sammeln, ihnen ein ebenso geschmackvolles wie apartes und somit des Inhalts würdiges Äußeres zu geben und so allmählich das Lebenswerk Alfred Polgars vor der Leserwelt neu erstehen zu lassen; und der große Erfolg dieser beiden ersten Publikationen hat dem Verlag gezeigt, daß er damit nicht nur ein gutes, sondern auch ein kluges Werk getan hat.

Manchem wird das Wort „Lebenswerk“ im Hinblick auf Polgars Schriften etwas zu pathetisch vorkommen. Aber das ist auch eines der vielen Vorurteile des deutschen Lesers, daß er glaubt, zu einer bedeutenden literarischen Leistung müßten notwendig „zusammenhängende“ Konzeptionen gehören. Was mich betrifft, so finde ich in Lichtenbergs ‚Bemerkungen vermischten Inhalts‘ mehr Tiefblicke in die Rätsel des Lebens und der Kunst als in Lessings komponierten großen Abhandlungen und sogar, ich bitte um Entschuldigung, in Johann Joachim Winckelmanns ‚Geschichte der Kunst des Altertums‘, in den ‚Fragmenten‘ von Novalis, die er selber nur als ‚Blütenstaub‘ bezeichnete, mehr echte romantische Philosophie als in den dicken, ungenießbaren Schmökern, die die Brüder Schlegel verfaßten, und in Kürnbergers ‚Siegelringen‘ mehr Geist, Psychologie und Belehrung als in den bornierten Platitüden seiner berühmten Zeitgenossen Dühring, Eduard v. Hartmann und David Friedrich Strauß. Und ich gebe für ein Bändchen Polgarscher Skizzen sämtliche mehrbändigen Romane von – nun ich will keine Namen nennen, und für ein Bündel seiner Wochenreferate alle richtunggebenden Essays des ihm stilistisch fast ebenbürtigen, im übrigen aber erschreckend leeren und aufgeblasenen, nervenlosen und kunstblinden Theatergottes Ludwig Speidel. Übrigens, auch Polgars Gedanken und Bilder „hängen zusammen“, nur weniger gewaltsam als in einem „seriösen“ Werk, zarter, freier, menschlicher. Und daß seine „kurzen Sachen“ zusammen kein Ganzes bilden, kommt einfach daher, daß jede von ihnen selber ein Ganzes ist. Es ist der sonderbarste Dank, den ein Autor für seine äußerste geistige Konzentration, für sein unter stärkstem Hochdruck arbeitendes Denken und Gestalten empfängt, wenn man seine Edelprodukte, die eben wegen ihres komprimierten Gehalts nicht umfangreich sind, als „Kleinigkeiten“ nicht ernst nimmt.

Polgars Kritiken sind Selbstdarstellungen, nicht mehr und nicht weniger. Sie sind kein theatergeschichtlicher Baedeker, sondern die Autobiographie eines für alle Schwingungen seiner Umwelt empfindlichen, extrem hellhörigen und hellsichtigen Künstlers, entwickelt an einer Reihe von bisweilen bedeutenden, zumeist abschreckend trivialen äußeren Anlässen. Ein Stück Kunst oder Kitsch, gesehen durch ein Temperament. Nie hat ein Kritiker von Rang etwas anderes vollbracht oder auch nur zu vollbringen versucht. Die Begriffe „Gerechtigkeit“ und „Objektivität“ wären bei solcher künstlerischen Kritik, der einzig berechtigten, ebenso deplaciert wie bei einem lyrischen Gedicht im Hinblick auf die darin abgeschilderten und beurteilten Naturgegenstände und Weibspersonen.

Polgar hat den ersten Band seiner gesammelten Kunstbetrachtungen ‚Kritisches Lesebuch‘ genannt, und ein solches ist er auch in einem von ihm nicht beabsichtigten Nebensinn. Er ist ein Schulbuch des guten Stils, an dem man durch fleißiges Studieren lernen kann, was es heißt, die Sprache souverän zu handhaben, für jeden Eindruck das durchsichtigste und kantigste, saftigste und gehaltvollste, farbigste und einprägsamste Wort zu finden; alles ist gesättigt von einer verschwenderisch reichen und doch niemals belastenden Fülle schwebender, opalisierender und dabei stets scharf und sicher geprägter Metaphern. Die Reinheit und Buntheit dieser bis ins Feinste und Kleinste abschattierten, jede Gedanken- und Gefühlsnuance restlos ausschöpfenden Ausdruckskunst übergießt alle, auch die nichtigsten Objekte wie mit einem schillernden Lack und macht sie dadurch zugleich schön und dauerhaft.

Ähnlich wie zum Theater verhält sich die Kritik Polgars auch zu der zumeist noch viel dilettantischeren, banaleren und langweiligeren Komödie, die das Leben spielt. „An den Rand geschrieben“ sind seine Noten und Glossen; aber sie sind viel reicher und aparter als der alltägliche Text, den sie begleiten. Jede dieser Skizzen ist eine kostbare Essenz, ein wohlriechender Extrakt, gepreßt aus dem Duft, den tausend kleine Lebenserfahrungen zurückgelassen haben. Dieses Parfüm riecht freilich nicht allzu milde, vielmehr ziemlich scharf und beißend, denn Polgar besitzt, wie Lichtenberg einmal von sich sagt, „die Gabe, aus allem Gift zu saugen“. Aber wenn man ein Vierteljahrhundert lang gezwungen ist, Theaterkritiken zu schreiben, kann man nicht gut eine sonnige Weltanschauung haben.

Es könnte nun vielleicht dem einen oder anderen scheinen, daß ich für Polgars Werke ein wenig voreingenommen bin, weil ich bei einer Reihe von heiteren Gelegenheitsarbeiten sein Kompagnon war. Aber dies hieße erstens das Wesen des Mitarbeiters vollkommen verkennen, denn es gibt (Schwägerinnen vielleicht ausgenommen) keine zweite Menschenklasse, innerhalb derer der gegenseitige Abscheu so ausgebildet wäre wie unter den literarischen Kollaboratoren. Wenn ich bedenke, mit welchem Respekt mich mein Freund Sassmann betrachtet hat, ehe er mit mir ein Nestroy-Stück bearbeitet hatte! Und zweitens ist die hohe Meinung, die ich von Polgar habe, nicht die Folge, sondern die Ursache unserer Kollaboration. Da ich ein ziemlich intelligenter Mensch bin, so müßte es doch sonderbar zugegangen sein, wenn ich mir nicht den besten Mitarbeiter ausgesucht hätte, der aufzutreiben war. Im übrigen ergänzen wir uns ganz vortrefflich. Von mir ist gewöhnlich der schöpferische Einfall, die treibende Grundidee.

Von mir stammte zum Beispiel die Idee, für das Kabarett ‚Fledermaus' eine Reihe lustiger und geistreicher Einakter zu schreiben, und die Idee, zu den Wiener ‚Bösen-Buben-Bällen' witzsprühende satirische Faschingszeitungen zu verfassen. Die mehr untergeordnete Arbeit der detaillierten Ausführung dieser fruchtbaren, zielweisenden Gedanken war dann Polgars Sache. Nur in einem ergänzen wir uns nicht: ich bin faul und er ist nicht fleißig. Das heißt: er besitzt nur Fleiß in der Ausbosselung der Einzelheiten, aber zu etwas Systematischem langt es nicht. Besäße er die erhabene Kraft, seine delikaten kritischen Bonbons unter Zusatz von viel dickem Mehl und wässerigem Eiklar zu der großen konsistenten Torte einer „Dramaturgie der Gegenwart" zu verkneten oder seine superben psychologischen Beobachtungen an dem groben Faden eines „Zeitromans" aufzureihen oder einfach seine Meisterfeuilletons zu Dialogen zu dramatisieren, wie dies so viele andere mit weit wertloserem Material zuwegebringen, so hätte ich zwar keinen Anlaß mehr, mich für ihn zu begeistern, aber das wäre dann auch ganz überflüssig, denn dann würden sich die „führenden Kreise" für ihn begeistern, er wäre zu seinem fünfzigsten Geburtstag Ehrenbürger und Hofrat geworden und der Stadtrat hätte die Stiftung eines „Polgardanks" beschlossen. Im Grunde bedaure ich das sehr, denn – hier kommt zum Schlusse eben doch der gehässige Mitarbeiter zum Vorschein – ich würde es ihm von Herzen vergönnen.

WIE MEIN NEKROLOG AUSSEHEN SOLL*
[Antwort auf eine Umfrage]

„Die europäische Theaterwelt hat einen unersetzlichen Verlust erlitten. Gestern starb, mitten auf der Bühne, der unvergleichliche Menschendarsteller Egon Friedell, und damit ist der letzte Schauspieler von überlebensgroßem Format von uns gegangen. Friedell erinnerte manchmal an Talma, bisweilen an Garrick, am meisten an Novelli, den er jedoch an Verwandlungsfähigkeit übertraf. In seiner souveränen Suggestionskraft hatte er große Ähnlichkeit mit Mitterwurzer, in der Anmut seiner Bewegungen mit Fanny Elßler sowie der unvergeßlichen Neuberin. Im Leben war er ein ebenso großes Original wie auf der Bühne, denn er pflegte sich in seinen Mußestunden nicht mit jenen Dingen zu befassen, mit denen sich sonst Schauspieler zu vergnügen pflegen: er schrieb kleine Gelegenheitsdichtungen, wie die ‚Judastragödie', ja in seinen letzten Lebensjahren arbeitete er sogar an einer ‚Kulturgeschichte der Neuzeit', die freilich wohl kaum für die Öffentlichkeit bestimmt war, aber gleichwohl von dem tiefen Bildungsstreben zeugt, das diesen gewaltigen Histrionen erfüllte. Entdeckt wurde er von Max Reinhardt, dem dadurch für immer ein hervorragender Platz in der deutschen Theatergeschichte gesichert bleibt. Eine jahrzehntelange, innige Freundschaft verband ihn mit dem berühmten Kritiker Alfred Polgar, dessen Lebensarbeit bekanntlich eine seit langem erwartete monumentale Monographie über diesen größten Jünger Thaliens bildet. Meister Bassermann wird durch den Tod Friedells in große Verlegenheit gesetzt werden, da sich unter den Lebenden jetzt wohl kaum mehr ein würdiger Träger des Ifflandringes finden dürfte. In später Nachtstunde teilt uns die Direktion der Wiener Reinhardtbühne mit, daß infolge der durch Friedells Ableben hervorgerufenen katastrophalen Besetzungsschwierigkeiten dieses Theater auf unbestimmte Zeit geschlossen bleibt."

SELBSTANZEIGE

Soeben ist im Verlag C. H. Beck in München der erste Band von Egon Friedells ‚Kulturgeschichte der Neuzeit' erschienen. Das Werk schildert von einem völlig neuen Gesichtspunkt in glänzender Dialektik und fast dramatischer Spannung an einer Fülle farbiger Bilder den Schicksalsweg der europäischen Gesamtkultur von der schwarzen Pest bis zum Dreißigjährigen Krieg und wird kaum verfehlen, in den geistig interessierten Kreisen großes Aufsehen zu erregen. Hoffentlich lassen sich unsere Leser durch die nachfolgende launige Selbstkritik des Verfassers die Freude an dem im Grunde tief seriösen Werk nicht verderben.

(Anmerkung der Redaktion) [des *Neuen Wiener Journals*]

Vor allem muß ich die Leser bitten, bei der Schöpfung des Endurteils freundlichst in Betracht ziehen zu wollen, welche gigantischen Schwierigkeiten und Hemmungen bei der Durchführung meiner Arbeit zu überwinden waren. Wie ich in der ‚Einleitung' meiner Kulturgeschichte ausführlich dargelegt habe, war es mein unverbrüchliches Leitprinzip, eine möglichst unwissenschaftliche Darstellung zu geben. Diese ideale Forderung habe ich nicht einen Augenblick aus den Augen verloren; sie überall restlos zu erfüllen, dürfte freilich die bescheidenen Kräfte eines einzelnen übersteigen, und wohl nur allzu oft wird man den guten Willen für die Tat nehmen müssen.

Der Nachweis aller einzelnen Ungenauigkeiten, Willkürlichkeiten und Entstellungen würde einen viel zu großen Raum in Anspruch nehmen, auch glaube ich diese Aufgabe getrost Berufeneren überlassen zu dürfen; aber der geneigte Leser darf versichert sein, daß ein ehrliches Stück Arbeit geleistet wurde. Dem Laien wird bei der Lektüre allerdings manches wertvolle Detail entgehen müssen, aber auch er wird, wenn nur das Interesse am Gegenstand hinlänglich stark ist, genug unkontrollierbare Behauptungen und sonstige Dubiosa zu entdecken vermögen; im übrigen freilich muß ich mich auf den Verlegenheitsrat beschränken, er möge das Buch vorläufig so lesen, als ob das Meiste, was darin steht, einfach wahr wäre. Vielleicht schöpft er aus dem Studium die Anregung zu einer eindringenderen Beschäftigung mit der Materie, die ihm später einmal ein fruchtbringendes Aufspüren von Fehlern ermöglicht; und schließlich ist mir ein Leser, der oberflächlich genug ist, meine Untersuchungen für exakt zu halten, immer noch lieber als gar keiner.

Allerdings muß ich, gleich fern von Beschönigung wie von falscher Scham, das freimütige Bekenntnis ablegen, daß ich Namen, Jahreszahlen, statistische Angaben und überhaupt alle sogenannten positiven Daten nirgends wissentlich gefälscht habe. Jeder Einsichtige wird mir jedoch zugestehen müssen, daß ein subjektiveres Verfahren in einem Zeitalter der allgemeinen Volksschulbildung, der Konversationslexika und der Überschwemmung mit Tabellen und Handbüchern eine aussichtslose Donquichotterie gewesen wäre. Ein gutes Feld für Inkorrektheiten verschiedenster Art bot jedoch das Gebiet der „Auffassung", über die sich bekanntlich nicht streiten oder vielmehr nur streiten läßt, sowie die „Zusammenfassung", das heißt: die eigenmächtige Gruppierung von Tatsachen, die offenbar nichts miteinander zu tun haben. Daß in dieser Rücksicht bei fester Konsequenz auch auf engem Raum Entscheidendes geleistet werden kann, zeigt zum Beispiel gleich am Anfang der Abschnitt über die ‚Seele des Mittelalters', wo in dem knappen Rahmen weniger Seiten zwei kardinale Verstöße untergebracht werden konnten: die Feststellung, daß Augustinus der repräsentative Denker des Mittelalters gewesen sei, obgleich er gar nicht im Mittelalter gelebt hat, und die Identifizierung von Mittelalter und Gotik, obgleich diese nur wenige Jahrhunderte umfaßt hat.

Bei der „Übergangszeit" stand es ziemlich mißlich, weil hier die Quellen so spärlich und eindeutig sind, daß man teils gar nichts Zuverlässiges weiß, teils absolut hinfällige Angaben fast unmöglich sind. Aber auch hier wurde wenigstens der Versuch gemacht, durch ein unzulässiges optisches Verfahren, das die Geschehnisse von hundertfünfzig Jahren fast als gleichzeitig betrachtet und sozusagen in e i n Blickfeld zusammenschiebt, ein schiefes Bild zu erzeugen. Immerhin mögen auch hier manche Korrektheiten unterlaufen sein.

Relativ dankbar war die Behandlung der Renaissance. Hier ist der Gelehrtenfleiß vieler Generationen so unermüdlich bis in alle Schlupfwinkel hinein tätig gewesen, daß es für den Nichtspezialisten fast undenkbar ist, andere als fragwürdige Ergebnisse zutage zu fördern. Auf dem Gebiet der Periodisierung hingegen hat der Eigensinn ebenderselben Gelehrten eine solche Konfusion erzeugt, daß man leider von einer dilettantischen Lösung der hierher gehörigen Fragen kaum mehr reden kann, da für jeden erdenklichen Trugschluß eine Autorität als Gewährsmann beigebracht werden kann. Auch mein Versuch, über das Wesen der Hochrenaissance eine unhaltbare Ansicht zu verbreiten, muß als gescheitert betrachtet werden, da dieselbe Irrlehre bereits an mehreren Universitäten doziert wird.

Für den Abschnitt ‚Das Hereinbrechen der Vernunft' muß ich um besondere Nachsicht bitten, da er sich teils mit einer längst versunkenen Kultur, wie der mexikanischen, befaßt, der sich auch der unvoreingenommenste Forscher nicht anders als durch phantastische Vermutungen nähern könnte, teils eine so primitive Beschäftigung wie das Entdecken behandelt, über die beim besten Willen keine Mißverständnisse möglich sind. Das Kapitel ‚Der Beginn' erörtert ohne ausreichendes Beobachtungsmaterial und ohne strenge Beweisführung eine Reihe von Fragen, die mehr dem medizinisch-naturwissenschaftlichen Fachkreis angehören, was eine reine Fleißarbeit darstellt, da ich als Verfasser eines Geschichtswerks gar nicht verpflichtet gewesen wäre, auch in diesen Dingen inkompetent zu sein. Tatsächlich werden die Historiker hier einen schweren Stand haben, da sie, welches Zugeständnis ich aber nicht als unzulässige captatio benevolentiae aufzufassen bitte, auf diesem Gebiet mindestens ebenso große Dilettanten sind wie ich.

Ein ziemlich abenteuerlicher Mißbrauch wurde mit Begriffen wie „Schwachsinn" und „Wahnsinn" getrieben, indem ich, wenn es mir zusagte, nicht bloß gewisse prominente Persönlichkeiten, sondern auch vielköpfige Parteien, ja ganze Zeitalter für geistesgestört erklärte, wobei ich mich zur Verschärfung der psychiatrischen Terminologie bediente. Ferner war ich, wo es nur immer anging, eifrig beflissen, allerlei Klatschgeschichten, Legenden, unverbürgte Versionen und dergleichen als legitim zu behandeln. Da aber die ganze Weltgeschichte im Grunde nur ein großer Tratsch ist, so gebe ich mich keiner Täuschung darüber hin, daß man dieses Verfahren nur cum grano salis als unwissenschaftlich bezeichnen kann.

Der zahlreichen Mängel, die meiner Arbeit anhaften, bin ich mir also wohl bewußt. Doch tröstet mich hiebei mancherlei. Zunächst die Hoffnung, daß mein gesunder Instinkt für das Unzutreffende mich in vielen Fällen unbewußt geleitet und auch dort zu pseudowissenschaftlichen Resultaten geführt hat, wo ich sie gar nicht beabsichtigt habe. Sodann mein festes Vertrauen in die Zukunft, die sicher viele grobe Mißverständnisse und vor allem eine Menge falscher Daten enthüllen wird, die dem heutigen kurzsichtigen Geschlecht noch verborgen sind. Und schließlich das ermutigende Bewußtsein, daß gerade der am erstesten Strebende immer nur für einen kleinen Kreis von Kennern, für ein Idealpublikum schreibt. Das meine sind die Fachgelehrten. Ich bin der festen Überzeugung, daß sie die Feinheiten meines Werkes viel besser zu würdigen wissen werden, als ich selber es vermag.

PRAKTISCHE LEBENSKUNST
[Antwort auf eine Umfrage]

Da ich nicht annehmen kann, daß meine Privatmarotten für die Öffentlichkeit hinlänglich interessant sind, so möchte ich nur einige allgemeine Lebensregeln mitteilen, die sich mir im Laufe der Jahre bewährt haben und von denen ich glaube, daß sie auch anderen nicht schaden dürften.

1. Mache Dir im vornhinein eine genaue Zeiteinteilung, womöglich für die ganze Woche, jedenfalls aber immer für den nächsten Tag, und halte sie genau ein. Es kommt dabei gar nicht darauf an, daß Du eine besonders große Anzahl von Stunden der Arbeit reservierst, sondern nur darauf, daß Du in der Zeit, die Du der Arbeit bestimmt hast, auch wirklich arbeitest. Du kannst ruhig in Deine Tabelle setzen: von 4 bis 6 Uhr nachmittags rauchen und in die Luft starren; Du kannst überhaupt alles Denkbare hineinsetzen, wenn es Dir angenehm oder ersprießlich erscheint: die Hauptsache ist, daß Du es einhältst.

2. Lasse nie einen unangemeldeten Besuch zu Dir: ein unerwarteter, der zehn Minuten bleibt, irritiert Dich für den ganzen Tag; ein vorgesehener, den Du mit zwei Stunden eingestellt hast, fügt sich reibungslos in Dein Tagewerk.

3. Besuche so selten wie möglich ein Kaffeehaus. Selbst sogenannte „überbürdete" Menschen trifft man sehr oft im Kaffeehaus, das ihnen die Zeit stiehlt, ohne ihnen dafür eine wirkliche Rekreation zu bieten. Würden sie diese Zeit mit wahrer Erholung (zum Beispiel: träumend in der Sonne liegen) oder Aufarbeitung ihrer Arbeitsrückstände ausfüllen, so wären sie weder übermüdet noch überbürdet.

4. Schlafe mindestens acht Stunden; es gibt aber auch Menschen, die zehn Stunden brauchen. Es ist eine ganz falsche Rechnung, wenn man glaubt, durch Früheraufstehen Zeit zu gewinnen. Um das, was man dem Schlaf entzogen hat, wird

die Arbeit nicht nur langsamer, sondern auch lustloser, also in doppelter Hinsicht entwertet.

5. Emanzipiere Dich vom Mittagessen: es kostet Dich mitten im Tage mindestens zwei Stunden Verdauung und dadurch verursachte Gehirnlähmung. Nimm einige Schnitten Weißbrot und dazu abwechselnd einen Teller Fleischbrühe oder ein Trinkei oder ein Glas Yoghurt oder eine Tasse Milchkaffee oder eine Portion gekochte Pflaumen (aber nicht alles auf einmal). Anfangs wirst Du etwas Hungergefühl empfinden, in zwei Wochen wirst Du daran gewöhnt sein.

6. Verbringe Dein Leben teils (möglichst rasch) gehend, teils ausgestreckt liegend, aber sitzend oder stehend nur in jener Zeit, wo Du durch äußere Umstände dazu gezwungen bist. Besonders das Sitzen ist ein ungesunder und unnatürlicher Unfug, der uns nur nicht zum Bewußtsein kommt, weil wir in ihm von Jugend auf erzogen sind. Das Sitzen ist eine der vielen infamen und menschenfeindlichen Erfindungen der Neuzeit. Die Orientalen verbringen seit Jahrtausenden ihr Dasein im liegenden Zustand; die Griechen und Römer lagen, wie jedermann weiß, sogar beim Essen. Kein Tier sitzt von Natur, Hund und Katze tun es hier und da, weil sie schon so lange in der korrumpierenden Gesellschaft des Menschen leben; Kuh, Pferd oder Löwe tun es nie, außer im Zirkus. Liegender Zustand erzeugt in uns Milde, Objektivität, Gleichgewicht, Überlegenheit; Sitzen erzeugt Nervosität, Geldgier, Malice, Unzufriedenheit.

7. Was schließlich den Alkohol anlangt, so glaube ich, daß er bei allen Tätigkeiten, die exaktes strenges Denken erfordern, absolut von Übel ist. Rechnungsmethode, scharfe logische Operationen, Gruppierung von Analogien, Überblikken langer Tatsachenreihen: dies und dergleichen ist mit Alkoholgenuß natürlich unvereinbar. Aber wenn es sich um blitzartiges Erfassen weit auseinanderliegender Zusammenhänge, um kühne, ja absurde Assoziationen, um neuartige Kombina-

tionen handelt, kann er oft von Nutzen sein. Die Vorstellungen, die in unserem nüchternen geordneten Denken unzertrennbar miteinander verknüpft sind, lösen sich plötzlich auseinander, wenn die normalen Hemmungen der Logik und das Kausalitätsgefühl fortfallen, und neue Verbindungen sind möglich. Und im übrigen glaube ich, daß die Menschheit den Alkohol so lange brauchen wird, als sie genötigt sein wird, sich über ihre eigene Unzulänglichkeit hinwegzutäuschen; also vermutlich noch ziemlich lange.

ZUM 50. GEBURTSTAG: FIKTIVE WÜRDIGUNGEN*

Neue Freie Presse

BEFREMDENDE EHRUNG AN EINEN CABOTIN UND UNWILLIGES AUFHORCHEN IN DER BEVÖLKERUNG UND WARNUNG VOR ZU STARKEM DRÜCKEN DER EITERBEULE

Eine beunruhigende Nachricht kommt aus der Oppolzergasse. Ein Mensch ohne Grundsätze, der ernsten Männern nicht einmal die Schuhriemen lösen darf, ist zum Gegenstand abgeschmackter Huldigungen gemacht worden. Wir wollen nicht in Empfindungen wühlen, aber wenn Frau Zuckerkandl ein wenig in sich hineinhorcht, wird sie sich sagen müssen, daß der Julius Bauer kein Spielzeug ist. Dem Verfasser eines Liedes von so abstoßender Schlüpfrigkeit, wie es der Panamahut ist, sollte nur mit Kopfschütteln geantwortet werden. Persönlichkeiten zu feiern, die Goethe, das Bollwerk liberalen Empfindens, am Barte gezupft haben, ist Verderbtheit. Eine Kulturgeschichte, die die Börse, den Fruchtherd alles Schöpferischen, mit frivolen Späßen besudelt, verdient in Achselzucken begraben zu werden. Als Friedrich der Große eines Tages ein gegen ihn gerichtetes Pamphlet bemerkte, lächelte er fröhlich und sagte „Tiefer hängen!" Man sollte diese Worte des großen Freidenkers beherzigen und sich sagen, daß Pamphlete nicht mit der Palme gekrönt, sondern tiefer gehängt werden müssen. Österreich ist der arme Mann wie Hamlet. Zehn Jahre der Nahrungsknebelung und der Geldverschlechterung und der wirtschaftlichen Verkrüppelung und des Herauspressens von Millionenwerten haben uns so auf die Knochen zermürbt, daß auch Nadelstiche empfindlich sind und der leiseste Druck auf die Wunde bewirken kann, daß alles auf die Gasse spritzt.

Rohen Trunkenbolden sollte von den besonnenen Elementen die kalte Schulter gezeigt werden. Nach der letzten katastrophalen Baisse der Bidetwerte, deren Erregung noch in aller Nerven hämmert, darf nicht auch noch die österreichische Kultur in die Kontremine getrieben werden. Wir möchten nicht vorgreifen, aber wir halten es für Entartung, eine Schellenkappe mit Lorbeerreisern zu schmücken. Frau Zuckerkandl wird eine unruhige Nacht haben. Vindobona röchelt.

Sechs Uhr Blatt

ER WIRD FÜNFZIG

Gegenwartsmythos wird plötzlich greifbar. Dynamische Polaritäten treten hier (völlig schräg) in eins zusammen. Illegitim lauerndes Sinistres wird zu zuständigem Lachen zersonnt. Sein sordiniertes, aber turbulentes Melos stürmt behutsam gegen die Kreuzwände unseres (ach so limpiden!) Alltags. Ein Loisl Ungrad plus den umflorten Lüsten eines Rasputin und der silbernen Nachgeborenheit eines westlich gewendeten Haresu, wozu (als Exkulpierung) Mentalität tritt, die gewissermaßen grundsatzlos bleibt, oder auch nur klaffend, die in ihrer, ins Schmissige transponierten Morbidezza …

Wohin gehen wir heute abend?
No natürlich in die Schnuki-Bar!

Wiener Stimmen

Der völkische Dichter Erhard Friedel feiert am 21. des heurigen Schweißmonds seinen siebzigsten Geburtstag, ein Beweis, daß es unter den germanischen Langschädeln noch kraftvolle Federn gibt und unser deutsches Schrifttum nicht auf die geschäftstüchtigen Moisches angewiesen ist. Allen in Erinnerung ist seine köstliche Judaskomödie, die zu verballhornen dem feigen Pazifisten und Drückeberger Paulsen (recte Pollak) nicht gelungen ist. Bald darauf veröffentlichte er eine erquikkend antisemitische Naturgeschichte, in der den p. p. Krummnasen gehörig die Wahrheit gesagt wird. Nur zwei Entgleisungen haben wir ihm vorzuwerfen: daß er die freimaurerischen Schriften des Hebräers Lichtenberg herausgab, der sich später, seh' der an da, Lie nannte und daß er sein Trauerspiel ‚Goethe' mit dem Juden- und Negermischling Alfred Molnar schrieb. Er hat dies aber dadurch wettgemacht, daß er das ritualmordpredigende Wuchererstück ‚Dreimal Hochzeit' durch seine aufrechte Darstellung, die eine lebende Kampfansage gegen den artfremden Schmachgeist war, zu Fall brachte.

BRIEFKASTEN

(Betrogener Betrüger.) Sie schreiben uns: „Um meine Vermögenslage ein wenig zu verbessern, entlehnte ich von einem guten Freunde ein Exemplar der Judastragödie. Der Preis, den mir der Antiquar dafür bot, war aber so skandalös, daß ich ihn gar nicht zu nennen wage. Ein echt österreichisches Schicksal!" Wenden Sie sich doch das nächste Mal an Herrn Hofrat Herterich, der mit Freuden den doppelten Ladenpreis bezahlen wird.

*

(Bildungsfreudiger.) Wir erhalten folgenden Brief, der Herrn Friedell sicher zu hoher Genugtuung gereichen wird: „Ich habe meinem Vater die ganze Kulturgeschichte von der ersten bis zur letzten Seite vorgelesen, und war derselbe von dem Werk begeistert. Besondere Bewunderung flößte ihm das tiefe und reiche Wissen ein, die ungeheure Belesenheit und Gelehrsamkeit, die aus jeder Zeile spricht. Mein Vater bittet Sie, seinen Dank an den Autor, dessen stupende Bildung ihn tief erschüttert hat, womöglich zu veröffentlichen. Er hat mir diesen Brief, der seine ehrlichste Überzeugung enthält, wörtlich in die Feder diktiert, da er leider vollkommener Analphabet ist."

*

(Graphologische Ecke.) Wir haben als Geschenk für unsere Leser zur Geburtstagsfeier die Schrift Egon Friedells, natürlich ohne Namensnennung, von dem berühmten Graphologen Rafael Schermann beurteilen lassen und teilen nachstehend das Gutachten des genialen Hellsehers mit: „Die eingesandte Schriftprobe stammt von einer zarten und schmächtigen, sehr blutarmen jungen Dame. Sie besitzt üppiges rotes Haar, feurige Kohlenaugen, winzige Füße und eine kecke Stumpfnase. Busen und Becken sind fast gar nicht entwickelt. Sie ist von düsterer und verschlossener Gemütsart und in ihrem Wesen von ungewöhnlicher Nüchternheit. Sie liebt es, beim Sprechen die Worte übertrieben scharf zu artikulieren. Ihr wichtigster Charakterzug besteht darin, daß sie vollkommen unfähig ist, sich zu verstellen."

Die Stunde

Auch wir wollen in der Reihe der Gratulanten nicht fehlen und begrüßen das liebe Geburtstagskind aufs herzlichste, schon um ihm zu dokumentieren, daß die kleinen Malversationen längst vergessen sind, derentwegen er seinerzeit aus dem Verbande unseres Blattes entlassen werden mußte. Wir können übrigens unseren Lesern verraten, daß diese ganze Geburtstagsfeier eine der vielen originellen und lustigen Mystifikationen Friedells ist, da er heute bereits sein 58. Lebensjahr erreicht. In dieser langen Zeitspanne hat er uns viel Schönes geschenkt. An dem ersten Opus, mit dem er in die Öffentlichkeit trat, der geistsprühenden Satire ‚Goethe', die zündend einschlug, war er allerdings nur mit dem Namen beteiligt, da der Text, wie in Literatenkreisen allgemein bekannt ist, zur Gänze von seinem Mitarbeiter Polgar stammte. Dem Burgtheater spendete er die durch prachtvolle Diktion ausgezeichnete ‚Judastragödie'. Leider war das Stück im Bau und in der Anlage der Charaktere verfehlt, so daß es sich trotz verschwenderischer Ausstattung nicht im Repertoire halten konnte. Für diese sprachgewaltige Dichtung zeichnete er als alleiniger Autor, während sein Mitarbeiter Hans Sassmann, von dem der gesamte Dialog stammte, sich bescheiden im Hintergrund hielt. Die Lust am Gestalten weckte in ihm das Vorbild seines älteren Bruders, des berühmten Bühnenschriftstellers Oscar Friedmann. Auch Friedell trug ursprünglich diesen Namen, sah sich aber gezwungen, ihn zu ändern, da er ihn unter mehrere uneingelöste Wechsel gesetzt hatte. Lange stand er im Schatten seines genialen Bruders, eines Geistes von versengender Gedankenglut und hohem ethischen Pathos, dessen feinziselierte Seelengemälde, besonders seine im ‚Café Reclame' unzähligemale gespielte Szenenreihe ‚Drei Paare in einem Bett' noch allen Freunden erlesener Artistik in dankbarer Erinnerung sind. Dem hohen sozialen Ansehen dieses Mannes war es auch zu verdanken, daß eine gerichtliche Untersuchung niedergeschlagen wurde, die seinerzeit gegen Friedell anhängig war, als er sich im Resselpark halbwüchsigen Mädchen in unerlaubter Weise genähert hatte. Dieser nicht bloß von uns hochverehrte Künstler war überhaupt immer ein Liebling des Glücks. Jahrelang war er bekanntlich ein sehr erfolgreicher Häuserschieber, dann führte er eine geraume Zeit ein glänzendes Leben auf Kosten seines großzügigen Mäzens Peter Altenberg und schließlich gelangte er zu einem sorgenfreien Dasein durch seine vielglossierten Beziehungen zu einer bekannten Dame der Gesellschaft und Schwägerin eines führenden französischen Staatsmanns, deren Namen wir natürlich nicht nennen können; ihren opulenten Tees verdankt er die Leibesfülle, die ihn heute ein wenig entstellt. Sein Engagement ans Josefstädter Theater, wo er als vortreffliche zweite Besetzung kleiner Episodenrollen berechtigtes Aufsehen erregte, erreichte er durch seine rein freundschaftlichen Beziehungen zu dem bekannten Homosexuellen Dr. Hock. Über seine ‚Kulturgeschichte' brauchen wir unseren Lesern nichts zu sagen, da wir einige ihrer geistvollsten Kapitel in unserer Schnittmusterbeilage veröffentlicht haben. Und so können wir denn dem hochverdienten Geburtstagskind ein um so herzlicheres „Glück auf!" zurufen, als, wie wir aus zuverlässigster Quelle erfahren, seine tertiäre Lues vollkommen geheilt ist. Wir bringen untenstehend, von Photo Willinger zum Ehrentage aufgenommen, das vorzüglich gelungene Bild seines Gesäßes, an dem jedermann seine vielgerühmte Ähnlichkeit mit Goethe nachprüfen kann.

Herr Friedell, über dessen Kulturgeschichte schon viel gelacht worden ist und dessen Humor immer nachdenklicher stimmt, ist unter großem Geräusch unter die Fünfziger eingereiht worden. Da einzelne Reklamnotizen sogar bis Merseburg und Chemnitz drangen, so wäre es eine grobe Fahrlässigkeit von mir, wenn ich unter den Gratulanten fehlen wollte. Ich stehe denn auch nicht an, zu bekennen, daß ich diese Mischung aus einem Lustigmacher, dessen Witz für den Radius eines Zuckerkandltees gerade noch genug Schlagkraft hat, und einem unbotmäßigen Seminaristen, der dem Professor Maikäfer ins Kollegheft legt, immer sehr pikant gefunden habe. Die Zugehörigkeit zu den „Schauspielern im Theater in der Josefstadt unter der Führung von Max Reinhardt" (so was gibt's!) gönne ich ihm von Herzen. Der schwer zu vermeidende Scherz, daß die Schriftsteller ihn für einen Schauspieler, die Schauspieler ihn für einen Schriftsteller halten, wird von mir Lügen gestraft, da ich, obgleich Schriftsteller, ihn nie für einen Schauspieler gehalten habe. Als Komiker kann ich ihn nicht einmal ernst nehmen, sondern nur als Alkoholiker. Und obgleich er in seiner ‚Kulturgeschichte' oft und mit Nachdruck versichert, daß sie unwissenschaftlich sei, so bin ich fest überzeugt, daß es sich trotzdem so verhält. Die Bemerkung des gratulierenden Herrn Salten, „daß der Kreis derer, die ihn lächelnd bewundern, immer größer werde", kann sich unmöglich auf mich beziehen, da ich schon von allem Anfang an über ihn gelächelt habe. Hingegen billige ich vollkommen die Konstatierung des Herrn Fontana, „daß er die stärkste satirische Kraft sei, die im neueren Wien erschienen ist". Es ist nicht auszudenken, welche Gegenmaßnahmen ich hätte ergreifen müssen, wenn der Fontana-Preis auf mich gefallen wäre.

Der Abend

UNERHÖRTE ZUSTÄNDE IN DER WIENER BOURGEOISIE. EIN BÜRGERLICHES SCHWEIN WIRD SECHZIG JAHRE ALT, WÄHREND ARBEITSLOSE DARBEN.

Gestern ist der sattsam bekannte E. Friedell fünfzig Jahre alt geworden. Das ist eine beispiellos freche Provokation des klassenbewußten Proletariats. Wenn man bedenkt, wie viele Arbeiterkinder infolge erzwungener Ehelosigkeit des geknechteten vierten Standes überhaupt nicht auf die Welt gekommen sind, während dieses Fettschwein bereits ein halbes Jahrhundert lang frißt, muß sich das Blut unter jeder ehrlichen Arbeiterbluse in Galle verwandeln. Wir kennen den reaktionären Lumpen ganz genau, der sich herrliche Luxushunde hält und dadurch den stillenden Müttern schmackhafte Nahrung entzieht, der in seinen schmutzigen Altenberggeschichten den Militarismus gepredigt hat und dessen von Monarchisten bezahlte sogenannte ‚Kulturgeschichte' ein plumper Versuch ist, Österreich wieder unter die rohe Habsburgerfuchtel zu bringen, wie sie der sadistische Kaiser Franz Josef geschwungen hat, den Geldgeber jener Frau Schwarzwald, der Besitzerin einer Grundlseer Lasterhöhle, in der der Schweiß der braven Arbeiter in wüsten Saufgelagen verzecht wird. Uns wird er nichts vormachen, wir wissen, daß er am 15. Juli an der Spitze jener Löschaktion gestanden hat, die das Aufkochen des Volksunwillens in verbrecherischer Weise zu vereiteln versuchte. Und um dem Hohn auf alle bürgerliche Gleichberechtigung die Krone aufzusetzen, hat, wie wir hören, die bekannte rohe Dienstbotenschinderin und Kindermißhändlerin Bertha Zuckerkandl, jene Dame, die sich ihr Vermögen dadurch gemacht hat, daß sie ihren Gästen stark mit Gips versetzten Zucker vorsetzt, gestern ein Fest gegeben, auf dem die zahlreich erschienenen Großschieber und Fürstenknechte so gefressen haben sollen, daß ihnen das Fett von ihren reaktionären Mäulern nur so heruntergetropft ist. Der berüchtigte Weißgardist Csokor soll allein acht Paar Frankfurter den schwerarbeitenden Proletariersäuglingen vom Mund gestohlen haben. Was sagt der Herr Staatsanwalt zu diesen Vorgängen?

Der feiste Geldwanst Julius Bauer, ferner ein gewisser Hugo Thimig, ein bereits zweimal ausgewiesener Mehlschieber und Börsenschwindler, und Emil Geyer, ein gefürchteter Messerheld und Ableugner von Nachmittagshonoraren, hielten Reden, in denen der Klassenkampf auf schamlose Weise verspottet wurde. Wieviele Geburtstage wird der Blutsauger noch feiern, bis dem ehernen Tritt der Arbeiterbataillone die Geduld reißt und er an den Pforten des bourgeoisen Saustalls in der Oppolzergasse rüttelt?

GLÜCKWÜNSCHE AN EGON FRIEDELL

Statt eines Berichtes über die Feier des 50. Geburtstages Friedells in Wien veröffentlichen wir hier die von *F. Th. Csokor* abgeschriebenen Glückwunschtelegramme an den Komiker-Historiker.

Doktor Egon Friedell

Wien

Pippa tanzt heute für den Weber der Kulturgeschichte, Egon Friedell, das Urbild meines Till!

Doktor Gerhart Hauptmann.

*

Egon Friedell

Wien

Sie, verlassen im gottlosen juste milieu der Deutschen mit nun fünfzigjähriger Hoffnungslosigkeit bedeutend und trotz notwendiger Menschenverachtung gleich mir gesonnen mitzutun, um Zukunft, in die wir uns wölben, grüßt mit rauschendem Glückwunsch der andere große Satiriker einer unseligen Nation, die keinen Spaß versteht.

Karl Sternheim.

*

Egon von Friedell

zu Wien in Händen

Der niemals niemand anrief ruft dich an
aus bronzebraunen reben wächst achat
sesam dein hirn wer kost der worte würdigstes
aber die zunge die am wein verschmeckt
sich formt zum fest des ruches aller freuden
die du .. o jünglinge preist mir den ungeringen namen ..
wir halten dich in händen einen kelch
wir trinken ... dich ... zerspring uns nicht darob

Stefan George.

*

L. T.: (Brieftelegramm):
Dem Meister der Kulturgeschichte

Wien, Gentzgasse 7

Ein gewachsener Mensch, von Ambition und Schliff, der – man soll so sagen – sublim beraten, schlechterdings nicht umhin konnte, Philosophie zur himmlischen Braut seines patrizisch gezüchteten Hirnes wählend, im Studententrubel Heidelberg verstrickt, nun im Alter der Stillung am Blut auftaucht, ja, zehnmal fünf Jahre geleitet vom Blute der Ahnen, das aus Wein und bunterlei Phantastik ihn zur Bildung von Kunstwerk vermag und drüber hinaus sich – heiliger Sebastian seiner Sendung – als Schauspieler – von dem Juwelenschrein des Wissens unter den rieselnden Lärm der Bühne begibt, sich zu verwandeln, – kurz, in einem Wort: Dieses monströse Unikum, diese Paniske Natur, dieser Polydaimon, dieses mittelalterliche Universale, diese reductio scientium et artium in deum, dieser gotische Türsturz mit der Kosmologie alles menschlichen Erfahrens, Trachtens, Glaubens, Ersehnens an der Domfassade der Menschheit – Egon Friedell – er lebe so hoch, wie es ihm gebührendermaßen zu stehen angemessen sei vor seinem

Thomas Mann.

*

Friedell

Europe

Zwischen Berlin und New York radiotet mich Kunde vom Fest gehälfteten Jahrhunderts an. Schräg einstürzt Explosion von Licht zu würdigster Verklärung. Rast schmetternd Hemisphäre an Hemisphäre? Fällt Erde zum Urschoß? Nichts würgt nichts. Drüber weg reizt zu Formung von Werk Mensch vollendet: In Egon Friedell!

Georg Kaiser.

*

Friedell

Wien, Gentzgassen

Blüah weitar teutscher Ackerrr!

Korl Schönherr.

*

Friedellllll

Wihin

Da ifflandring schon bergner fergäben grinde für sie iffland-armband

Albert Bassermann.

*

Georg Friedl

Wien

Dem Durchschauer Judas im Judas, – heil!

Hitler m. p.

*

Egon Friedmann

Wien

Dem Sänger des Judas Ischariot ein Sportheil

Hakoah.

*

Friedell

Wien

Erbitten für Kollektivspiel mitwirkend drei Regimenter roter Kavallerie Judastragödie auf Oktoberwiese stop Moskauer Zensur wünscht belanglose Änderung stop Handlung soll sich nicht um Christus drehen

Tairoff.

*

Friedell

Wien

Wie alt wären Sie erst, wenn Sie keinen Alkohol getrunken hätten!

Antialkoholliga.

*

Egon Friedell

Wien

Die Früchte Ihrer Pflaumenblüte wünscht Ihnen in vergeistigter Form

Die Spirituszentrale.

*

Egon Friedell, Kabarettier

Wien

Herzlichsten Glückwunsch dem Kollegen vom Geistestrapez!

Artistenloge Wien.

*

Friedell

Wien

Sogar den Fünfziger müssen Sie mir nachmachen, Sie, Herr Kollege, Sie?

Max Pallenberg.

*

Egon Friedell

Wien

Glückwunsch trotz Ihering!

Kerr.

*

Egon Friedell

Wien

Glückwunsch trotz Kerr!

Ihering.

*

Egon Friedell

Wien

Rückdrahtet stop ob zu fünfzigstem stop Judastragödie stop bolschewistisch stop stop aufführen soll stop Judas Trotzky stop Herodes Stalin stop

Piscator.

*

Egon Friedell

Wien, Gentzgasse 7/III

Für die Biografie Ihres nun anbrechenden Lebensabends, auf Wunsch auch Nekrolog vorgelegt zur Begutachtung, prompteste Bedienung, erste Referenzen, empfiehlt sich dringendst

Josef Chapiro.

Keine Antwort genügt, komme dennoch sofort.

GESCHICHTE DER „FLEDERMAUS“

1907 kam Fritz Wärndorfer, ein geistreicher Gentleman mit sehr viel Geld und Geschmack – zwei Dinge, die bekanntlich fast nie beisammen sind – auf den Gedanken, durch die Wiener Werkstätte ein Kabarett namens ‚Fledermaus‘ bauen zu lassen. Sowohl die buntgekachelte Bar wie der ganz in Schwarz und Weiß gehaltene Zuschauerraum war eine Kostbarkeit an Intimität und Noblesse. Infolgedessen war ganz Wien außer sich, denn man war damals noch gewöhnt, für sein Geld roten Plüsch und vergoldeten Gips zu bekommen. Der spätere Besitzer suchte das Unglück wenigstens zum Teil dadurch wettzumachen, daß er die Türen rosa anstreichen und ein paar fesche Faune an die Wände malen ließ. Großen Verdruß erregte auch die originelle Form des Tischservices, besonders der Löffel, weil man mit ihnen so schwer Sauce essen, und der Messer, weil man sich mit ihnen so leicht schneiden konnte. Der Eröffnungsabend wurde zu einem ungeheuren Skandal. Die dem Unternehmen liierten Künstler: Klimt, Hoffmann, Wimmer, Moser hatten nämlich die ungeheure Frechheit, alles das zu machen, nur viel geistiger, persönlicher und erwachsener, was fünfzehn Jahre später der ‚Blaue Vogel' unter menschenerdrückendem Zulauf vorführte. Aber sie kamen zu früh. Es ist eben alles Glückssache. Fritz Wärndorfer leitete das Lokal ausgezeichnet. Nie hat es ein farbigeres und beschwingteres, kapriziöseres und originelleres Kabarett gegeben als die ‚Fledermaus' und nirgends bessere Weine als in der Bar. Aber Wien blieb empört. Man nahm es Fritz Wärndorfer schrecklich übel, daß er als reicher Mann, als Herr aus der guten Gesellschaft sich zum Direktor eines Nachtlokals erniedrigte, für das Narren wie Peter Altenberg und Taugenichtse wie Alfred Polgar Texte schrieben. Hätte er kein Geld gehabt, so hätte man es ihm verziehen und er wäre der Reinhardt des Kabaretts geworden. Es ist eben alles Glückssache. Mir hat man mein Auftreten in der ‚Fledermaus' nicht verübelt, und zwar weil ich Geld hatte. Man fand es riesig nett, daß ich, obgleich ich es „nicht nötig hatte", den Leuten jeden Abend einen Wurstel machte. Später verlor ich allerdings, wie alle übrigen Menschen und auch Fritz Wärndorfer, meine Reichtümer. Aber da hatte man sich schon an mich gewöhnt. Es ist alles Glückssache. Nachdem Fritz Wärndorfer Pleite gemacht hatte, erschien ein Fachmann, der duftige kleine Operetten, wie ‚Putzi, sei doch nicht so fad' und kecke kleine Szenerien wie ‚Die Geheimnisse eines Bidets' spielte. Aber auch dieser erstklassige Fachmann machte Pleite und die ‚Fledermaus' wurde ein Revuetheater, worin schlankbeinige Mädchen auftraten, die man an den Tisch bitten konnte. Ich habe auch gegen diese künstlerische Entwicklungsphase nichts einzuwenden. Wenn nur der Wein sich nicht so verschlechtert hätte.

ERNEUERUNG DER OPERETTE?
[Antwort auf eine Umfrage]

Ich bin dafür, daß die Operette in jeder Form von der Erdoberfläche verschwindet, da sie eine der empfindlichsten Entehrungen des menschlichen Geschlechts bildet. Wenn jemand um jeden Preis zwei Autos und eine Villa haben muß, so soll er sie sich auf saubere Weise erwerben, zum Beispiel durch Getreideschiebungen oder durch Erzeugung von Abortpinseln.

WIE ICH ENTDECKT WURDE
[Antwort auf eine Umfrage]

Ja, als was denn? Ich hatte und habe so viele Berufe, daß Sie sich da schon ein wenig genauer ausdrücken müssen. Wie ich als Kabarettier entdeckt wurde (zusammen mit Marya Delward, die damals ein entzückendes schnippisches Backfischchen war), dürfte heute keinen Menschen mehr interessieren; ebenso dürfte meine Tätigkeit als Theaterkritiker bereits vergessen sein, außer von einigen Schmierenschauspielern, die ich mit Mitterwurzer verglichen habe. Als Dramatiker wurde ich von niemand entdeckt. Hingegen habe ich immerhin die Genugtuung, daß wegen meiner ‚Judastragödie' meine verehrten Freunde Albert Heine und Max Paulsen demissionierten: der erstere, um sie nicht spielen zu müssen; der letztere, weil er sie gespielt hatte. Als Schauspieler wurde ich natürlich von Max Reinhardt entdeckt. Als ich ihn vor meinem ersten Auftreten (es war als Kaiser in der deutschen Uraufführung von Shaws ‚Androklus und der Löwe') schüchtern fragte: „Aber wäre es nicht besser, wenn Sie sich für diese Rolle einen Schauspieler kommen ließen?", erwiderte er überlegen lächelnd:

„Schauspieler interessieren in Berlin nicht." Als Geschichtsforscher wurde ich von einer zionistischen Zeitschrift (ich glaube, sie hieß ‚Die Stimme' oder so ähnlich) entdeckt; in einem vortrefflichen Essay, der den Titel führte: ‚Nebbich als Kulturhistoriker'. Möglicherweise gebührt dieser Ruhm auch einer führenden kommunistischen Zeitschrift; das kann ich aber nicht beurteilen. Denn ihre Kritik begann mit den Worten „Dieses Dreckbuch"; da habe ich gar nicht erst weitergelesen, indem ich mir, empfindlich, wie Schriftsteller einmal sind, dachte: dieser Anfang gefällt mir schon nicht; auch wenn der Tadel im weiteren Verlauf noch so sehr eingeschränkt wird: etwas wirklich Ermunterndes ist kaum mehr zu gewärtigen. Eine andere Besprechung (ebenfalls in einer zionistischen Zeitschrift) betonte, das meiste erinnere an Fritz Grünbaum. Das empfinde ich als durchaus schmeichelhaft und doch auch wieder als ungerecht, denn ich kann auf Ehrenwort versichern, daß ich die Kulturgeschichte von Fritz Grünbaum nicht gelesen habe. Als Germanist wurde ich von Professor Jakob Minor entdeckt, der mir, da er bekanntlich schwerhörig war, das Doktorat magna cum laude verlieh.

IST DIE ERDE BEWOHNT?

In ihrer genaueren Formulierung lautete diese Frage, die vor zwei Lichtjahren auf dem innersten Planeten des Sternpaars Cygni („Die Schwäne"), eines der uns zunächst gelegenen Sonnensysteme, gestellt wurde: Sind die Trabanten des Fixsterns Sol bewohnt oder wenigstens bewohnbar? Sie wurde von den Gelehrten einstimmig verneint. Sie erklärten:

1. Nur Planeten von Doppelsonnen sind bewohnbar, weil nur sie durch die einander aufhebenden Anziehungskräfte der

beiden Gegensonnen in Gleichgewicht und Ruhe erhalten werden. Sol ist jedoch ein Einzelstern und seine Planeten daher Drehsterne. Die hierdurch bewirkte grauenvolle Bewegung läßt jeden Gedanken an dortiges Leben als Wahnwitz erscheinen.

2. In der Atmosphäre der Soltrabanten wurden beträchtliche Mengen des Sauerstoffs festgestellt, jenes bösartigen Giftgases, von dem schon geringe Spuren genügen, um alle Lebenskeime zu vernichten.

3. Es steht völlig außer Zweifel, daß auf keinem Soltrabanten die Durchschnittswärme 500 Grad übersteigt, ja auf manchen sinkt sie bis zu 100 Grad! In einer Temperatur, die so weit davon entfernt ist, Violettglut zu erzeugen, vermag Leben nicht zu entstehen, geschweige denn sich zu höheren Formen zu entwickeln.

4. Sol ist einer der lichtschwächsten Fixsterne. Die gesamte Lichtmenge, die er während eines Solarjahrs produziert, würde grade noch genügen, um die Bewohner des nächsten seiner Planeten eine Cygnalsekunde lang zu ernähren! Selbst wenn man also einen Augenblick lang die absurde Hypothese annehmen wollte, daß auf einem sauerstoffverpesteten, in blitzschneller Rotation befindlichen Ball „Lebewesen“ existieren können, so könnten diese eben nur einen Augenblick lang leben, denn im nächsten wären sie bereits an Lichthunger elend zugrunde gegangen.

5. Sämtliche Solplaneten sind ungeheuer schwer. Selbst der leichteste von ihnen, der dreiundzwanzigste, wiegt noch immer etwa vierzigtausendmal soviel wie beide Cygni zusammen. Infolgedessen müssen diese Monstra eine Gravitationskraft besitzen, die die Existenz luftartiger Geschöpfe völlig ausschließt. Da Leben nur in Gasform möglich ist, so erledigt sich schon durch diese Tatsache die ganze Frage nach der Bewohnbarkeit dieser Weltkörper.

6. Da Sol eine immerhin mehrtausendfach höhere Temperatur und eine viel geringere Dichte als seine Planeten besitzt,

so wäre die Möglichkeit, daß er selbst bewohnt ist, theoretisch denkbar. Aber auch sie muß verneint werden. Denn die Spektralanalyse hat festgestellt, daß er einen hohen Prozentsatz an Eisen enthält. Von diesem furchtbaren Gas würde ein Milligramm ausreichen, um Myriaden von Cygnoten durch die Kraft seines Magnetismus auf der Stelle zu töten. Die ehernen Naturgesetze, die die Wissenschaft entschleiert hat, gelten auch für die Lebenserscheinungen und umspannen unerbittlich den ganzen Kosmos, weshalb man müßige Spekulationen über die Bewohnbarkeit unserer benachbarten Liliputsonne und ihrer toten Drehsterne den Romanschriftstellern überlassen sollte. –

Nur ein verrückter Privatdozent der Philosophie erklärte: Selbstverständlich sind alle Solplaneten bewohnt, wie überhaupt alle Weltkörper. Ein toter Stern: das wäre ein Widerspruch in sich selbst. Jeder Weltkörper stellt eine Stufe der Vollkommenheit dar, einen der möglichen Grade der Vergeistigung. Jeder ist ein Gedanke Gottes: also lebt er und ist er belebt, wenn auch seine Bewohner vielleicht nicht immer so aussehen wie ein Professor der cygnotischen Astronomie.

Worauf ihm wegen Verhöhnung der Fakultät die Befugnis zur öffentlichen Gedankenübertragung entzogen wurde.

DER GANZE FRIEDELL?

Sobald ein Mensch gestorben ist, ist er der sinnlichen Anschauung ein für allemal entrückt; nur der tote Abdruck seiner allgemeinen Umrisse bleibt zurück. Und sofort beginnt jener Prozeß der Inkrustation, der Fossilierung und Petrifizierung [...]. *Er versteinert. Er wird legendär.*[1] Friedell widersprach dieser seiner Behauptung gründlich, indem er die Legendenbildung zu seiner Person gleich selbst in die Hand nahm – was hier noch nicht Thema sein kann–, während sich die Umrisse seines schriftstellerischen Werkes vorzeitig, auch durch eigenes Zutun, verwischten.

Denn eine Vielzahl seiner Arbeiten ging in seiner ‚Kulturgeschichte der Neuzeit' auf und vermischte dadurch Früh- und Spätwerk, worüber im ersten Band[2] bereits berichtet worden ist. Wirklich gravierend aber wirkte es sich aus, daß sein Nachlaß den Nazis in die Hände fiel. Er hatte peinlich darauf geachtet, von jedem Artikel wenigstens ein Belegexemplar zu archivieren,[3] und griff dann gerne auf diesen Fundus zurück, wenn ein Verleger eigentlich etwas Neues von ihm erwartete. Gemäß seiner Devise *Größte Wirkung bei kleinstem Aufwand*[4] verkaufte er sogar einer führenden kulturpolitischen Zeitschrift denselben Artikel zweimal – im Abstand von acht Jahren.[5] Nach dem Verlust jenes gesamten Materials, in Unkenntnis darüber, was wann und wo erschienen war, schien sein Schaffen kaum mehr rekonstruierbar.

Hier setzte die systematische Suche ein, deren umfangreiches Ergebnis zu der vorliegenden Auswahl führte. Gleichwohl ist die Recherche noch nicht abgeschlossen, und es mag noch zu dem einen oder anderen interessanten Fund kommen. Die Edition sollte nur Texte enthalten, die weder Friedell noch einer seiner Herausgeber in ein Buch übernommen hatten, und dies ist auch mit einer Ausnahme erfüllt.[6] Der aufmerksame Leser wird aber schnell überblicken, daß sich in diesem zweiten Band die chronologisch geordneten Essays sehr ungleichmäßig über den vorgegebenen Zeitraum – Anfang 1919 bis zu Friedells Tod am 16. März 1938 – verteilen. Hat er tatsächlich ab 1924, also im ganzen letzten Lebensviertel, nur noch so wenig veröffentlicht, oder sind die Arbeiten aus dieser Zeit bereits alle in Auswahlbänden erfaßt? Oder allgemeiner gefragt: Was ist in diesen beiden Bänden nicht enthalten?

Verschollen sind wohl viele Artikel des jungen Friedell, insbesondere seine Arbeiten für Tageszeitungen. 1909 taucht sein Name im ‚Neuen Wiener Journal' und in der ‚Frankfurter Zeitung' auf; für welche Blätter er vorher geschrieben hat, ist nicht bekannt. Nur aus Eigenzitaten geht hervor, daß er bereits als Student Beiträge geliefert hat. Er selbst gibt keine Auskunft darüber, wer ihn als Feuilletonisten entdeckt hat;[7] so bleibt vorläufig die Legende, er hätte bei Karl Kraus[8] debütiert.

Der Herausgeber der ‚Fackel' hat aber auf jeden Fall als erster den Kabarettisten Friedell gewürdigt,[9] der ab 1908 mit Solovorträgen und Einaktern bekannt wurde. Etliche seiner Bühnenmonologe, häufig in Ich-Form gehalten, hat Friedell auch veröffentlicht; als Beispiele dafür sind ‚Der Panamahut' und ‚Die Todesnachricht' aufgenommen.[10]

Nicht vertreten sind hier jedoch die Stücke der „Polfried AG", d. h. die von Alfred Polgar und Friedell gemeinsam verfaßten Kabarettszenen, die nicht nur in der Wiener ‚Fledermaus' beklatscht wurden. Mit Ausnahme von ‚Goethe im Examen' sind sie nie oder nicht mehr aufgelegt worden und gelten – glücklicherweise zu Unrecht – als verschollen. Sie schieden leider für diese Sammlung aus, da die Handschrift der beiden „Kollaboratoren"[11] nicht mehr unterscheidbar ist. Gleiches gilt für die ebenfalls erhaltene Nachkriegstätigkeit der Polfried AG. Ab 1921 entstanden jeweils im Fasching fünf Parodien auf Wiener Zeitungen, die in ihrer Schärfe und Treffsicherheit eher sozialkritische Arbeiten als Faschingsscherze waren. Als

Friedell die ‚Stunde', für die er selbst schrieb, 1924 aufs Korn nahm, feuerte ihn der Herausgeber kurzerhand als „Nestbeschmutzer".[12]

Mit diesem Hinauswurf endigten fünf Jahre Arbeit als Theaterkritiker für Blätter unterschiedlichsten Niveaus – von der sensationslüsternen ‚Stunde' bis hin zum höchst seriösen ‚Merker'. Schon zuvor hatte er zwischen eigenen Auftritten in Kabarett und Theater Kritiken verfaßt, jetzt aber schrieb er „hauptamtlich", um des Broterwerbs willen. Diese Periode ist im vorliegenden Buch unterrepräsentiert. Schuld daran ist einmal, daß die Artikel für die ‚Stunde' fast ausnahmslos, wenn auch gekürzt, im ‚Friedell-Brevier'[13] enthalten sind. Zum anderen konnten zwei Zeitungen, für die er Beiträge lieferte, bislang nicht identifiziert, eine dritte nicht ausgewertet werden.[14] Doch waren diese Arbeiten, obwohl Friedell sich selten auf die Aufführung als solche beschränkte, vermutlich zeitgebundener als die übrigen.

Reine Tagesaktualität reizte Friedell nur in Ausnahmefällen. Es können jetzt einige Aufsätze vorgelegt werden, in denen er auf die Nachkriegsereignisse – Trauma der Niederlage, Republikgründung, Wirtschafts- und Währungskrise – reagiert hat. Ähnlich nahegegangen ist ihm nur das erste Kriegsjahr. Mehrere Artikel sind damals unter dem Eindruck des weithin euphorisch erlebten Kriegsbeginns entstanden. Da er selbst aus ihnen eine Broschüre[15] zusammengestellt, später aber diese Pamphlete bedauert hatte, schieden sie in jedem Fall für die Auswahl aus.

Zurück zu dem für Friedell entscheidenden Jahr 1924. Sein Hinauswurf war ihm willkommener Anlaß, mit den inzwischen ungeliebten Theaterkritiken endgültig Schluß zu machen. Max Reinhardt bereitete damals die glanzvolle Neueröffnung des Theaters in der Josefstadt vor und holte ihn in sein Ensemble. Der „Theatrarch" hatte Friedell vor dem Krieg als Schauspieler entdeckt.[16] Jetzt setzte er ihn erneut auf und hinter der Bühne ein, denn Friedell agierte nicht nur im Rampenlicht, sondern auch als dramaturgischer Berater und Autor von Bühnenfassungen. Von diesen Textbüchern – er schrieb sie meist in Coproduktion mit Hanns Sassmann, nach Reinhardts Emigration auch für andere Bühnen – haben sich drei erhalten, auf die hier nur hingewiesen werden kann.[17]

Für den Schriftsteller Friedell war aber die Schauspielerei nicht nur willkommener Ausgleich, sondern vor allem auch der finanzielle Rückhalt, um in Ruhe sein Hauptwerk, die ‚Kulturgeschichte der Neuzeit', zu schreiben. Historie nicht als Registrierung von Fakten, sondern als *eine Art geistiger Kostümgeschichte* – darüber reflektierte er ja schon in ‚Gymnasialreform';[18] das Konzept und die Vorarbeiten zu dieser „Geschichte der Ideen" waren wohl abgeschlossen, als ihn Reinhardt berief. Denn nun schritt die endgültige Fassung rasch voran. Bereits zwei Wochen nach der Josefstädter Eröffnungsvorstellung begannen die – nicht als solche gekennzeichneten – Vorabdrucke aus der Kulturgeschichte.[19]

Ab diesem Zeitpunkt kommt fast ausschließlich der Kulturhistoriker Friedell zu Wort, der seine Absichten in dem Gespräch mit Karl Marilaun klar darzulegen weiß.[20] Daneben antwortet er zwar gelegentlich auf die damals beliebten Rundfragen an Prominente,[21] aber er schreibt keine Betrachtungen zum Zeitgeschehen mehr; solche finden sich allenfalls in seinen – nur teilweise veröffentlichten – Briefen.

Bis 1931 arbeitet er an seiner ‚Neuzeit', dann wendet er sich dem Altertum zu. Diese zweite Kulturgeschichte hält ihn bis zu seinem tragischen Selbstmord fest; das Werk bleibt ein Torso. Die Vorabdrucke zu beiden Werken unterscheiden sich nur in Ausnahmefällen vom späteren Buchtext, lediglich die Zwischentitel variieren. So gehören sie nicht in die Auswahl, hinterlassen jedoch mangels anderer Essays die große chronologische Lücke.

Um den vorgegebenen Rahmen und Umfang nicht zu sprengen, mußte bei den Jahren zuvor auf viel, zum Teil „frisch ausgegrabenes“ Material verzichtet werden, das mehr als einen weiteren Band füllen würde. Doch Vollständigkeit war ja kein Anspruch dieser Sammlung. Das schon in ‚Abschaffung des Genies‘ formulierte Ziel, wesentliche Aspekte aus Friedells Leben und Schaffen widerzuspiegeln, wurde dagegen im Auge behalten. Zum Buchrezensenten und Theaterkritiker, zum Kulturhistoriker und Philosophen treten jetzt der Parodist und Satiriker, der Pamphletist und selbst der Gebrauchslyriker. Und in und hinter allem: der Autobiograph seiner Seele.

Heribert Illig

ANMERKUNGEN ZUM NACHWORT

1 Kulturgeschichte der Neuzeit, München 1927, S. 12 der Beck'schen Dünndruckausgabe (1960 ff.)

2 Egon Friedell: ‚Abschaffung des Genies‘, Löcker Verlag, Wien - München [1]1982, [2]1984. Im weiteren abgekürzt mit ADG. Zu Friedells Modul-Technik vgl. dort S. 278.

3 Friedell schreibt 1925 an seine Haushälterin Hermine Schimann: „Bei dieser Gelegenheit fällt mir ein, ob Sie meine letzten Artikel aufgehoben haben. [. . .] Sollten Sie sie nicht mehr haben, so bitte ich Sie, das Neue Wiener Journal anzutelefonieren, da ich doch unbedingt wenigstens ein Exemplar haben muß.“ (Brief in Besitz von Frau A. Kotab, Kufstein)

4 Dieses Motto hatte er wohl von Peter Altenberg übernommen. Vgl. ADG S. 59.

5 Der Artikel ‚Das Zeitalter Shakespeares‘ (vgl. ADG S. 143) erschien am 26. 10. 1911 und am 21. 8. 1919 in der Berliner ‚Schaubühne‘ (1918 in ‚Weltbühne‘ umbenannt).

6 Der letzte Essay dieses Bandes ist die erste Ausnahme.

7 Vgl. die Antwort auf die Rundfrage ‚Wie ich entdeckt wurde‘, S. 221 f.

8 Vgl. ‚Vorurteile' in ADG und die zugehörige Anmerkung auf S. 286.

9 Vgl. ADG S. 286 die Anmerkung zu S. 18.

10 Vgl. ADG S. 18 und S. 25 oder auch S. 122 ‚Die Post und die Pseudonyme'.

11 So Friedells eigene Formulierung auf S. 197

12 Nach Parodien auf ‚Wiener Chronik', ‚Neue Freie Presse' und ‚Reichspost' kam am 27. 1. 1924 ‚Die Böse Buben-Stunde' auf dem Bösen Buben-Ball zur Verteilung. Friedells letztes Referat für Imre Békessys ‚Stunde' erschien am 2. 2. 1924.

13 Friedell-Brevier. Herausgegeben von Walther Schneider, Wien 1947.

14 Forschungsstand bei Herausgabe der zweiten Auflage:
Friedells Arbeiten für den Wiener ‚Morgen', erst kurz vor Drucklegung der ersten Auflage entdeckt und deshalb unberücksichtigt geblieben, sind inzwischen ebenso untersucht worden wie die Nachdrucke in der ‚Berliner Zeitung am Mittag'. Das dritte Journal wartet noch auf seine Identifizierung.

15 Die Broschüre ‚Von Dante zu d'Annunzio' kam in der zweiten Jahreshälfte 1915 in Wien heraus.

16 Vgl. S. 221. Friedells erste Rolle unter Reinhardt war der römische Kaiser in Bernard Shaws ‚Androklus und der Löwe'. Bei einer Aufführung dieses Stückes, das am 25. 11. 1913 im Deutschen Theater, Berlin, Premiere hatte, entstand das Foto, mit dem der Umschlag für ‚Abschaffung des Genies' gestaltet worden ist. Friedell war aber auch schon vorher auf der Theaterbühne gestanden, erstmals wohl 1905, im Alter von 27 Jahren.

17 Friedells erhaltene Dramenbearbeitungen (Co-Autor in Klammer):

1931 Die schöne Helena. Opera buffa von Jacques Offenbach (H. Sassmann)
Was den Damen gefällt. Lustspiel nach Eugène Scribe (vermutlich nach 1931 und mit B. Zuckerkandl als Mitautorin)

1936 Die Welt, in der man sich langweilt. Lustspiel nach Edouard Pailleron (B. Zuckerkandl)

18 Vgl. S. 25.

19 Der erste Artikel war ‚Die erkrankte Menschheit', Neues Wiener Journal, 13. 4. 1924.

20 Vgl. S. 187 ff.

21 Nicht immer erwiderte Friedell so ausführlich wie auf den Seiten 199 und 204 ff. Die Frage: Was würden Sie tun, wenn Sie die Macht hätten? beantwortete er kurz und bündig mit „Sofort niederlegen!" (9. 11. 1928, Literarische Welt, Berlin).

QUELLENNACHWEIS UND ANMERKUNGEN

Der Anmerkungsteil folgt in seinem Aufbau den Kriterien, die bereits im ersten Band (‚Abschaffung des Genies') erläutert worden sind.

Mit * sind vom Herausgeber formulierte Überschriften gekennzeichnet.

Die Liste der Abkürzungen bildet zugleich ein Verzeichnis aller Publikationsorgane, in denen die hier aufgenommenen Arbeiten Friedells erschienen sind (bei Zeitschriften ist der Erscheinungszeitraum in Klammern angegeben):

ADG Abschaffung des Genies; erster Band dieser Essay-Sammlung; Wien - München [1]1982, [2]1984
BZM Berliner Zeitung am Mittag, Berlin
DBH Das blaue Heft, Berlin (Okt. 1921 - 1929)
FDB Freie Deutsche Bühne, Berlin (1919 - Sept. 1921, danach als DBH)
FZ Frankfurter Zeitung, Frankfurt
KAL Künstlerhilfe-Almanach der Literaria; Hrsg. Karl Oskar Piszk; Wien (1924)
KGN Friedells ‚Kulturgeschichte der Neuzeit', drei Bände 1927 - 1931. Die Seitenangaben beziehen sich auf die einbändige Dünndruckausgabe der Beck'schen Verlagsbuchhandlung, München (ab 1960).
LIW Literarische Welt, Berlin (1925 - 1933)
MOR Der Morgen, Wien
MRK Der Merker, Wien (1909 - 1922)
NWJ Neues Wiener Journal, Wien
QUE Querschnitt, Berlin (1921 - 1933)
STU Die Stunde, Wien
TGB Tagebuch, Berlin (1920 - 1932)
WAZ Wiener Allgemeine Zeitung, Wien
WEB Weltbühne, Berlin (1918 - 1933)
WOR Das Wort, Wien (1923 - 1925)
WWW Die Welt-, Wald- und Wiesenbühne (Faschingsnummer der WEB)

[...] Auslassung oder Einfügung im Textteil

Dank für die freundliche Unterstützung bei der Suche nach unbekannten Publikationen gebührt der Wiener Stadt- und Landesbibliothek und der Staatsbibliothek Preußischer Kulturbesitz, Berlin. Ebenso herzlicher Dank gilt Frau Annemarie Kotab, Kufstein, die diese Edition unterstützte und ermöglichte.

Motto (S. 9)

Das Motto des Buches stammt aus Friedells Aphorismensammlung ‚Steinbruch', Wien 1922; S. 31

Eine Frage (S. 11 - 14)

1. 1. 1919 NWJ / Übernahme: KGN S. 711

Der Aufsatz erschien nach Kapitulation der k.u.k. Armee (am 3. 11. 1918), nach Gründung der Republik Deutsch-Österreich (am 12. 11. 1918) und vor der ersten Wahl für die Konstituierende Nationalversammlung, die auf den 16. 2. 1919 festgesetzt worden war.

11 John *Ruskin* (1819 - 1900), englischer Schriftsteller und Maler, der als Sozialreformer für eine neue Wirtschaftsethik kämpfte

12 *Dans toutes les guerres* ...: Bei allen Kriegen handelt es sich immer nur um Raub.

palpabel: tastbar, handgreiflich

13 *Adolf* von *Harnack* (1851 - 1930) wurde als führender evangelischer Theologe der wilhelminischen Epoche angesehen.

Die Betrachtungen eines Unpolitischen (S. 15 - 20)

9. 3. 1919 NWJ/ Nachdruck: 3. 10. 1920 FDB II (6) S. 121

Am 15. 10. 1922 machte Thomas Mann seinen Hörern in der Rede ‚Von deutscher Republik' die Notwendigkeit der Republik klar, ohne die ‚Betrachtungen eines Unpolitischen', Berlin 1918, zu widerrufen: „Ich nehme nichts Wesentliches zurück. Ich gab meine Wahrheit und gebe sie heute." So blieb das Werk „ein Rückzugsgefecht großen Stils – das letzte und späteste einer deutsch-romantischen Bürgerlichkeit – geliefert im vollen Bewußtsein seiner Aussichtslosigkeit und also nicht ohne Edelmut" (Th. Mann, Politische Reden und Schriften II, S. 112, 167; Frankfurt 1967).

15 Samuel *Fischer* (1859 - 1934), Verleger, „die Zentralfigur eines goldenen Zeitalters der deutschen Literatur, des Zeitalters der zweiten deutschen Klassik, 1890 - 1933, das mit gutem Recht die Fischerzeit heißen könnte" (Sebastian Haffner: ‚Zur Zeitgeschichte', München 1982)

17 *‚Rembrandt als Erzieher'* stammte von dem Schriftsteller Julius Langbehn (1851 - 1907), dem „Rembrandtdeutschen".

Blague: Pest

antediluvianisch: voreiszeitlich, vorsintflutlich

18 *Petrefakt*: Versteinerung

20 *exzitierend*: erregend

Die Gymnasialreform (S. 20 - 26)

23. 3. 1919 NWJ / Nachdruck: 1. 5. 1924 DBH V (8) S. 39 / Übernahme: KGN S. 1360

24 *Friedrich Paulsen* (1846 - 1908), Philosoph und Pädagoge

Hippolyte *Taine* (1828 - 1893), Geschichtsphilosoph, den Friedell auch übersetzt hat

25 Alexander von *Humboldt* (1769 - 1859); der Naturforscher schrieb bis zu seinem Tode an den fünf Bänden des ‚Kosmos', einer Zusammenschau von Naturgeschichte und -forschung.

Hermann von *Helmholtz* (1821 - 1894), Physiker und Physiologe

Johann Friedrich *Herbart* (1776 - 1841), Philosoph und Pädagoge

John *Locke* (1632 - 1704), eigentlicher Begründer der Philosophie der Aufklärung

Der französische Schwank (S. 26 - 32)
3. 8. 1919 NWJ

26 *... auch ich mitspiele*: Friedell spielte damals seit drei Jahren wieder Theater, während er das Kabarett mied.

27 Carl *Sternheim* (1878 - 1942), dessen Komödien (z. B. ‚Die Hose', ‚Die Kassette' oder ‚Der Snob') damals auf allen Spielplänen standen

28 *Jardin des plantes*: Zoo und botanischer Garten in Paris

30 *gefletchert*: Fletchern ist eine Art übergründlichen Kauens, die der amerikanische Schriftsteller Horace Fletcher (1849 - 1919) empfahl. (Siehe auch Friedell: Ecce Poeta, Berlin 1912, S. 239)

31 *homme machine*: Der Mensch – eine Maschine; zugleich Titel der materialistischen Schrift des französischen Philosophen Julien Offray de Lamettrie (1709 - 1751)

32 *Nemesis*: die griechische Göttin der vergeltenden Gerechtigkeit

Molière-Goldoni-Abend im Burgtheater (S. 32 - 35)
30. 9. 1919 MOR unter: Burgtheater. („Mirandolina" von Goldoni und „Heirat wider Willen" von Molière.) / Nachdruck unter dem hier gewählten Titel 9. 11. 1919 FDB I (11) S. 258 / Teilweiser Nachdruck: Taktlose Bemerkung über Molière 15. 1. 1922 NWJ

32 *eine anbetungswürdige Niete*: Trotzdem spielte Friedell mit Begeisterung bei Max Reinhardt im ‚Eingebildeten Kranken'. In der KGN (S. 518) erfährt Molière eine anders gewichtete Würdigung.

Heinrich Laube (1806 - 1884), Schriftsteller, Kritiker und Theaterleiter, der fast zwei Jahrzehnte die Direktion des Wiener Hofburgtheaters innehatte

insipid: geschmacklos

33 *Obstipation*: Darmverstopfung

Bric-à-brac: Trödel

34 *vis comica*: die komödiantische Kraft

Menander (342 - 290 v. Chr.), griechischer Komödiendichter

Georges *Courteline* (1858 - 1929), französischer Bühnenschriftsteller

35 *die gute Tante Neuberin*: Friederike Caroline Neuber (1697 - 1760) zog über 20 Jahre mit ihrer Theatergruppe durch Deutschland.

[...] Gestrichen wurde die Besprechung der Aufführungsdetails.

Die Diplomatie (S. 36 - 41)

25. 12. 1919 NWJ / Nachdruck: 18. 8. 1921 WEB XVII (33), S. 170 / Übernahme: KGN S. 1479
Drei Monate vor Erscheinen dieses Essays mußte Deutsch-Österreich den Versailler Vertrag unterzeichnen, der bei den Verlierern als „unannehmbar" galt.

„Fiorenza" (Zur Aufführung der ‚Gesellschaft für dramatische Kunst' im Wiener Akademietheater) (S. 41 - 45)

9. 12. 1919 MOR / Nachdruck: 18. 1. 1920 FDB I (21) S. 493 (Editorische Anmerkung: Da sich dieser Artikel nun, vor Drucklegung der zweiten Auflage, auch im Wiener ‚Morgen' fand, ist er chronologisch vor ‚Die Diplomatie' einzureihen.)
Das einzige dramatische Werk Th. Manns (Erstdruck 1905, Uraufführung 1907 am Frankfurter Schauspielhaus) hatte keinen Bühnenerfolg. Nachdem Max Reinhardt mit ihm 1913 an den Berliner Kammerspielen gescheitert war, erlebte es nur noch vereinzelt Aufführungen.

41 *Herman Grimm* (1828 - 1901), Kunst- und Literarhistoriker

Camille Mauclair (1872 - 1945), Schüler und Freund des Dichters Stéphane Mallarmé

43 Angelo *Poliziano* (eig.: Angelo Ambrogini) (1454 - 1494), italienischer Dichter und Humanist

44 *Scène à faire*: die Hauptsache

[...] Gekürzt wurde die Detailkritik an Schauspielern und Inszenierung.

DIE JUDASTRAGÖDIE in vier Bildern und einem Epilog. Wien 1920 (Neuauflage Wien 1963)

Die Nonne Roswitha (S. 45 - 54)

1. 4. 1920 MRK XI (7) S. 174 / Nachdruck: 16. 5. 1920 FDB I (38) S. 889 / Übernahme: KGN S. 83

Die Lebensdaten von Hrotsvith – so die althochdeutsche Form des Namens – können nur ungefähr mit 935 - 975 angegeben werden. In ihrem niedersächsischen Kloster Gandersheim schrieb sie neben den Dramen auch Heiligenlegenden und historische Gedichte. Die angesprochene Aufführung fand am 13. 10. 1918 statt.

45 Viktor *Kutschera* (1863 - 1933), Schauspieler

... den Mut finden wird, meine ‚Judastragödie' zu spielen: Friedell mußte nicht bis zum 30. Jahrhundert, sondern nur noch 3 Jahre warten, bis am 3. 3. 1923 sein Drama am Burgtheater aufgeführt wurde.

46 Josef Victor von *Scheffel* (1826 - 1886), damals noch sehr volkstümlicher Schriftsteller

Konrad Celtis (1459 - 1508), Humanist

David Friedrich Strauß (1808 - 1874), freigeistiger protestantischer Theologe

Gustav Freytag (1816 - 1895) schrieb ‚Bilder aus der deutschen Vergangenheit'.

47 *Maurice Maeterlinck* (1862 - 1949), belgischer Schriftsteller, 1911 mit dem Nobelpreis ausgezeichnet

Octave *Mirbeau* (1848 - 1917), französischer Schriftsteller

Johannes Scherr (1817 - 1886), Kultur- und Literarhistoriker

Joseph von *Aschbach* (1801 - 1882), Historiker

Johann *Reuchlin* (1455 - 1522), deutscher Humanist

49 Theodor *Mommsen* (1817 - 1903); der Geschichtsforscher und Jurist schrieb eine ‚Römische Geschichte'.

Thomas *Carlyle* (1795 - 1881); Friedell denkt hier an die von ihm übersetzte ‚Heldenverehrung' (München 1914) des Schriftstellers.

Prolog der Roswitha, der deutschen Übertragung ihres Dramas ‚Calimachus und Drusiana' vorangestellt (S. 55 - 56)

KAL 1924

Dieser Prolog, der vermutlich zur gleichen Zeit wie ‚Die Nonne Roswitha' entstand, ist eines der wenigen Beispiele für den „Lyriker" Friedell. Er wird im Originaltext eingeleitet mit der Regieanweisung: Roswitha tritt vor den Vorhang und grüßt die Versammlung.

Hunger! (S. 56 - 60)

1. 7. 1920 NWJ

Nach dem Schreckenswinter 1919/20 herrschte immer noch Hungersnot. Als Frauen in Graz gegen die hohen Obst- und Gemüsepreise demonstrierten und daraufhin Linksradikale die Märkte plünderten, griff die Gendarmerie zum Gewehr. Zwölf Menschen starben am 7. 7. 1920, nur wenige Tage nach Friedells Protest gegen den Staat.

56 *Malebolge*: die Übelgräben, d. h. der achte Höllenkreis in Dantes ‚Göttlicher Komödie'

59 *Approvisionierung*: Lebensmittelversorgung

rayoniert: zugeteilt

Freilichttheater (S. 61 - 65)

15. 7. 1920 NWJ / Veränderter Nachdruck: „Preziosa" im Belvedere 20. 7. 1920 BZM

61 *Pius Alexander Wolff* (1782 - 1828), Schauspieler und Dramatiker

Albert Heine (1867 - 1949); Schauspieler, der zu dieser Zeit Direktor des Burgtheaters war

62 *Josef Lewinsky* (1835 - 1907), Burgschauspieler; sein Werk ‚Kleine Schriften dramaturgischen und theatergeschichtlichen Inhalts' erschien posthum.

Josef *Kainz* (1858 - 1910), der „künstlerische Gestalter des seelischen Übergangszeitalters, das das letzte Viertel des vorigen Jahrhunderts ausgefüllt hat – das ist seine bleibende Bedeutung" (ADG S. 102).

von Thespis bis Laube: vom antiken „Vater des Theaters", der mit seinem sprichwörtlichen Karren umherzog, bis zu Hofburgtheaterdirektor Heinrich Laube

65 *obstinat*: widerspenstig

Der Sinn des Expressionismus (S. 65 - 69)

25. 7. 1920 NWJ / Nachdrucke: Mai 1923 WOR I (1) S. 9; 1. 4. 1924 DBH V (7) S. 11

65 *Koloman Moser* (1868 - 1918) prägte als Maler und Designer den Stil der Wiener Werkstätten mit. Er kannte Friedell vom Kabarett ‚Fledermaus' her.

Alois *Riegl* (1858 - 1905), Kunsthistoriker, bei dem Friedell studiert hatte und den er mit dem Attribut ‚groß' belegte (ADG S. 265)

66 *Wilhelm Worringer* (1881 - 1965) veröffentlichte 1908 das Buch ‚Abstraktion und Einfühlung'.

68 *Herwarth Walden* (1878 - 1941) sammelte in seiner Zeitschrift ‚Der Sturm' die Wortführer des Expressionismus und veranstaltete 1912 die aufsehenerregende Ausstellung ‚Der blaue Reiter'. ‚Einblick in Kunst' erschien 1917.

Grauenerregende Zustände in einer Wiener Redaktion (S. 69 - 73)
29. 8. 1920 FDB II (1) S. 16

70 *Mitglied einer Wiener Tageszeitung*: Nach der Pleite des ‚Morgen' am 15. 4. 1920 gehörte Friedell vermutlich der Redaktion einer weiteren Zeitung an.

La question ...: Der Frage nach Gott fehlt die Aktualität.

72 *irreführende Titel*: Dieses etwas zweifelhafte Mittel für einen guten Zweck wandte Friedell auch bei den Zwischentiteln seiner Kulturgeschichten an, worauf die Kritiker mit dem Prädikat „geschmacklos" reagierten.

73 *Wruckengenuß*: Die gekochte Kohlrübe (Wrucke) war in den damaligen Notzeiten ein Grundnahrungsmittel.

Wienerische Dramaturgie (S. 73 - 76)
14. 11. 1920 NWJ

73 Gustav *Wustmann* (1844 - 1910), Kultur- und Sprachforscher, der 1891 ‚Allerlei Sprachdummheiten' beschrieben hat

75 *Digression*: Abschweifung

76 [...] Gestrichen wurde die anschließende Kritik von Viktor Léons ‚Kinder der Liebe'; sie gehört zu dem Halbdutzend Theaterrezensionen, die von da an im NWJ erschienen.

„Gas" (S. 76 - 81)
19. 12. 1920 NWJ

76 *Georg Kaiser* (1878 - 1945) war der meistgespielte Dramatiker des Expressionismus. (Vgl. auch S. 99 - 104)

79 Hermann *Sudermann* (1857 - 1928), Dramatiker und Erzähler

80 *Ate, Dike, Moira*: In der griechischen Mythologie personifizierten drei Zeustöchter die Verblendung, die rechte Ordnung und das Schicksal.

Sternheim (S. 81 - 85)
1. 1. 1921 NWJ / Nachdruck: 22. 5. 1921 FDB II (39) S. 896 / Übernahme: KGN S. 336

81 Carl *Sternheim* schloß mit ‚1913' seinen Komödienzyklus ‚Aus dem bürgerlichen Heldenleben' (vgl. S. 233) ab.

82 Ralph Waldo *Emerson* (1803 - 1882), amerikanischer Dichter, dessen Essays Friedell 1906 (Stuttgart) in einer Auswahl herausgegeben hat

84 *Geldsatyriasis*: krankhaft übersteigerter Trieb nach Geld

Adiaphoron: etwas Gleichgültiges, Vernachlässigbares

85 Guglielmo *Marconi* (1874 - 1937), Nobelpreisträger für Physik, der die Funktechnik maßgeblich voranbrachte

Adolf Loos. Zu seinem fünfzigsten Geburtstag (S. 86 - 92)
9. 1. 1921 FDB II (20) S. 450, Übernahme aus: Ecce Poeta, Berlin 1912, S. 72 / Übernahme: KGN S. 1301

86 *Adolf Loos* (1870 - 1933), Architekt, Kulturtheoretiker und -reformer

Ostrazismus: das Scherbengericht der alten Griechen, mit dem Bürger in die Verbannung geschickt werden konnten

87 *Impetuosität*: ungestümer Eifer

88 *Makartbukett*: Strauß aus getrockneten Blumen, wie ihn der Maler Hans Makart (1840 - 1884) gern zur Dekoration benutzte

89 *eine seiner allerersten Publikationen*: ‚Unsere Kunstgewerbeschule', in: Die Zeit, Wien, 31. 10. 1897, S. 78

90 *Prentice Mulford* (1843 - 1891), amerikanischer philosophischer Schriftsteller; seine ‚Religion der Kleider' liegt heute im Auswahlband ‚Der Unfug des Lebens und Sterbens' vor (Frankfurt 1977).

91 *Kothurn*: der dicksohlige Schuh des altgriechischen Tragöden

ins Leere gesprochen: Loos gab seine gesammelten Schriften, nunmehr in konsequenter Kleinschreibung, in zwei Bänden heraus: ‚ins leere gesprochen. 1897 - 1900', Paris 1921, und ‚trotzdem. 1900 - 1930', Innsbruck 1930.

ummontiertes Capua: Capua war im Altertum wegen seines üppigen Lebensstils berühmt-berüchtigt. Darauf bezog sich auch Franz Grillparzer, als er 1842 Wien als „Capua der Geister" bezeichnete.

Die Latrinen. Von einem Generalfeldmarschall (S. 92 - 95)
17. 2. 1921 WWW, verteilt auf dem Bunten Fest der Berliner ‚Weltbühne'. Der Nachdruck folgt einer Abschrift aus dem Besitz von Frau A. Kotab, Kufstein.

93 *biderb*: mehr als derb

94 *A. K.*: Armeekommando

95 *Ignaz Wrobel*: eines der vier Pseudonyme Kurt Tucholskys (1890 - 1935), unter denen er in der ‚Weltbühne' schrieb

Zwei, die sich geärgert haben (S. 96 - 98)
20. 2. 1921 NWJ / Nachdruck: 24. 4. 1921 FDB II (35) S. 805

96 *meine kleine Betrachtung über Raffael*: Am 30. 1. 1921 war im NWJ der Essay ‚Raffael' erschienen, der aber zur Gänze in der KGN enthalten ist (KGN, S. 221 - 225).

Edgar Zilsel (1891 - 1944); Mathematiker, Philosoph und Volksbildner, der sich vornehmlich in zwei Schriften mit dem Begriff Genie auseinandersetzte: ‚Die Geniereligion', Wien u. Leipzig 1918, und ‚Die Entstehung des Geniebegriffs', Tübingen 1926. Friedell hatte im übrigen bereits am 8. 4. 1919 ‚Die Geniereligion' in der Wiener Tageszeitung ‚Die Zeit' besprochen.

97 Thomas *Hobbes* (1588 - 1679), englischer Philosoph

98 [. . .] Der Schluß dieses Artikels wurde weggelassen, da er als ‚Raffaels Nachruhm' wiederum in der KGN, S. 219 - 221, enthalten ist; ein weiteres typisches Beispiel für die im ersten Band angesprochene modulare Technik Friedells (ADG S. 278).

Fall Kaiser (S. 99 - 104)
6. 3. 1921 NWJ / Nachdruck: 13. 3. 1921 FDB II (29) S. 657

99 *... habe mich letzthin für Kaiser erklärt*: vgl. „Gas" S. 76 ff.

Kaisers Vergehen: Als dem seit Jahren schwer verschuldeten Schriftsteller neue finanzielle Schwierigkeiten erwuchsen, verpfändete und verkaufte er Teile seiner nur gemieteten Wohnungseinrichtung. Im Oktober 1920 verhaftet, wurde er am 15. 2. 1921 wegen Diebstahl und Unterschlagung zu einem Jahr Gefängnis verurteilt, aber bereits zwei Monate später entlassen.

perhorreszieren: verabscheuen

Greisler: Gemischtwarenhändler

100 *Outlaw*: Vogelfreier

103 *... an einem anderen modernen Dichter*: Carl Sternheim (s. S. 83 f.)

Georg Simmel (1858 - 1918), Philosoph und Soziologe, schrieb 1900 die erwähnte ‚Philosophie des Geldes'.

104 *Prostration*: bedingungslose Auslieferung; rituell ein Ausgestreckt-auf-dem-Boden-Liegen

DAS JESUSPROBLEM. Mit einem Vorwort von Hermann Bahr. Wien 1921
(Bereits ab 18. 9. 1919 als ‚Das Leben Jesu' in sieben Nummern der ‚Weltbühne' erschienen). Neuauflage 1947 unter dem Titel ‚Der historische Jesus Christus' in Salzburg.

Frau Martha Popper (S. 104 - 110)
3. 7. 1921 NWJ

104 *Hans Müller*: Von den Trägern dieses Namens (vgl. S. 176 und ADG S. 191) schätzte Friedell am meisten Johannes Peter Müller (1801 - 1858), den Begründer der vergleichenden Sinnesphysiologie (vgl. S. 125).

105 *Defraudant*: Betrüger (Veruntreuung, Unterschlagung)

106 *bon juge*: weiser Richter

107 Cornelia *Gracchus* (2. Jahrhundert v. Chr.), Mutter von Tiberius und Gajus Gracchus, die als Volkstribunen gegen die Vormachtstellung des Adels kämpften

Johanna Sebus (1791 - 1809) starb beim Versuch, eine Frau und drei Kinder aus dem Rhein zu retten.

Charlotte Corday (1768-1793) erstach Jean Paul Marat, „eine tollgewordene Kellerratte" der Französischen Revolution (KGN S. 866).

indelebilis: unausrottbar

Okulation: Veredelung

110 *vexieren*: quälen, ärgern

Sachdemobilisierung (S. 110)
21. 7. 1921 WEB XVII (29) S. 73
Diese Parodie auf expressionistische Ergüsse verträgt keine Fußnoten.

Angsttraum des Germanisten (S. 111 - 118)
16. 10. 1921 NWJ / Nachdruck: Tell im Traum 30. 12. 1922 TGB III S. 1786

111 *Die liebe Heimat* ...: Schiller entschied sich für diese Fassung:
Ans Vaterland, ans teure, schließ dich an,
Das halte fest mit deinem ganzen Herzen,
Hier sind die starken Wurzeln deiner Kraft.

114 ... *einen schrecklichen Traum gehabt*: Um dem Leser vergebliches Suchen zu ersparen: Die Zitate im Text sind bis zu diesem Satz klassisch (Schiller und Goethe) und ab hier „klassischer" Friedell.

116 August Wilhelm *Iffland* (1759 - 1814), Schauspieler, Theaterdirektor und Dramatiker

... versinkt in tiefes Sinnen: Hier verläßt Friedell das Bild des tätigen (und tötenden Tell), wie es Schiller zeichnet, und entwickelt stattdessen seine eigene Theorie über Tat und Gedanke, die ja schon Thema von ‚Pilatus' war (ADG S. 22).

Wirklichkeit und Ideal. Der Irrtum Schopenhauers (S. 118 - 125)
25. 12. 1921 NWJ / Nachdruck: Der Irrtum Schopenhauers 1. 11. 1922 DBH IV (2) S. 71
Der Essay war Auftakt einer vierteiligen Artikelserie (vgl. S. 125 ff., 130 ff., 142 ff.).

118 Friedrich *Jodl* (1849 - 1914), Philosoph und u. a. Autor einer heute wieder aufgelegten Geschichte der Ethik. Am 24. 10. 1904 bestand Egon Friedmann bei ihm im zweiten Anlauf seine mündliche Fachprüfung.

proton (deuteron) pseudos: der erste (zweite) Irrtum

119 *per majora approbiert*: mehrheitlich gebilligt

Jakob Minor (1855 - 1912), damals einer der angesehensten Literarhistoriker

124 Pierre *Gassendi* (1592 - 1655), Philosoph und Naturforscher, der eine auf endlich vielen Atomen aufbauende mechanistische Physik lehrte

DAS ALTENBERGBUCH. Herausgegeben von Egon Friedell. Wien 1922

Die unwirkliche Welt (S. 125 - 130)
2. 4. 1922 NWJ / Nachdruck: 5. 8. 1922 DBH III (44) S. 945 / Übernahme: KGN S. 994

126 *ultrarot*: Heute ist „infrarot" gebräuchlich. Friedell geht von einem Spektrum als Farbkreis aus, bei dem Rot und Violett sich fast berühren. Beim linear angeordneten Spektrum liegen das langwellige Infrarot und das kurzwellige Ultraviolett an den entgegengesetzten Enden der Skala.

128 *intermundan*: Epikur siedelte die Heimstätte der Götter zwischen den Himmelskörpern in den intermundanen Räumen an.

129 *Bernhard Riemann* (1826 - 1866) entwickelte die nichteuklidische Geometrie.

Ernst *Haeckel* (1834 - 1919), Zoologe und Naturphilosoph, stellte seinen Monismus in der populär gewordenen Schrift ‚Die Welträthsel' (Bonn 1899) dar.

Die drei Wege (S. 130 - 136)
9. 4. 1922 NWJ / Nachdruck: 22. 7. 1922 DBH III (42) S. 918 / Übernahmen: KGN S. 749, 909

131 Friedrich Heinrich *Jacobi* (1743 - 1819), Schriftsteller und Philosoph

133 *... vor ihrer selbstgeschaffenen Welt zurückschaudern*: Vgl. hierzu ‚Der Haß des Künstlers' (ADG S. 49 ff.).

135 *William James* (1842 - 1910), Psychologe und Philosoph

Hans *Vaihinger* (1852 - 1933), Philosoph (Hauptwerk: ‚Die Philosophie des Als Ob. System eines idealistischen Positivismus', Leipzig 1911), den Friedell ausführlich in der KGN (S. 480) würdigt

Warum ich nicht Theaterdirektor geworden bin (S. 136 - 142)
16. 4. 1922 NWJ

136 *stipulieren*: vereinbaren

... niemals zur Aufführung kommen: Vgl. hierzu auf S. 235 die Anmerkung zu S. 45.

138 Alexander *Girardi* (1850 - 1918), einer der großen Wiener Volksschauspieler

139 *mein älterer Bruder*: Oscar Friedmann (1871 - 1929), Verleger, Schriftsteller und Librettist

sechzehn Pleiten: Friedell hat sich nicht die Mühe gemacht, diese stolze Liste im einzelnen zu belegen. Immerhin ist bekannt, daß er im November 1916, als der Kaiser starb, am Wiener ‚Simplicissimus' engagiert war.

malocchio: der böse Blick

140 *Karl Forest* (1874 - 1944), Schauspieler; Bruder von Lina Loos, der lebenslangen Freundin Friedells

141 *Diese Direktion ...*: Die Direktoren des Burgtheaters „im letzten Menschenalter": August Förster, 1. 11. 1888 - 22. 12. 1889; Max Burckhard, 12. 5. 1890 - 25. 1. 1898; Paul Schlenther, 26. 1. 1898 - 28. 2. 1910; Alfred von Berger, 1. 3. 1910 - 24. 8. 1912; Hugo Thimig, 1. 9. 1912 - 17. 3. 1917; Max von Millenkovich, 10. 4. 1917 - 7. 7. 1918; Hermann Bahr (zusammen mit Max Devrient und Robert Michel), 1. 9. 1918 - 31. 10. 1918; Albert Heine, 1. 11. 1918 - 31. 1. 1921; Anton Wildgans, 1. 2. 1921 - 31. 7. 1922, der sich tatsächlich krankheitshalber zurückzog, aber das Burgtheater ein zweites Mal übernahm: 1. 7. 1930 - 31. 12. 1931.

Geisteswissenschaften und Naturwissenschaften (S. 142 - 147)
23. 4. 1922 NWJ

142 *Erich Becher* (1882 - 1929), Philosoph und Psychologe

144 *Paul Heyse* (1830 - 1914), 1910 Nobelpreisträger für Literatur

Die letzte Nacht (S. 147 - 151)
20. 5. 1922 TGB III S. 753

149 ‚*Stein unter Steinen*': Das Stück schrieb Hermann Sudermann (s. Anmerkung auf S. 237).

‚Die *Tochter des Herrn Fabricius*': ein Bühnenstück des Schriftstellers und Burgtheaterdirektors Adolf von Wilbrandt (1837 - 1911)

STEINBRUCH. Vermischte Meinungen und Sprüche. Wien 1922

Die Philosophie der Homosexualität (S. 151 - 158)
4. 6. 1922 NWJ / Übernahme: KGN S. 814

152 *Hans Blüher* (1888 - 1955), philosophischer Schriftsteller

Serenissimus: Friedells „Mentor" O. E. Hartleben erfand diese Figur eines leicht vertrottelten Kleinstaatfürsten, die u. a. von Max Reinhardt auf die Kabarettbühne gebracht worden ist.

Urning: Homosexueller

meine unheilbare Perversion: Dieser Artikel dürfte Biographen, die die Frage in den Raum stellten, ob Friedell homosexuell gewesen sei, noch nicht bekannt gewesen sein, ebensowenig jenen, die Friedell in der Nähe präfaschistischer Kreise ansiedelten.

Otto *Weininger* (1880 - 1903), der nach Erscheinen seines aufsehenerregenden Werks ‚Geschlecht und Charakter' Selbstmord beging

153 *partie honteuse*: der beschämende wie der verschämte Teil

154 *Anselm von Canterbury* (1033 - 1109), Theologe und Philosoph

155 Ilja *Metschnikow* (1845 - 1916), russischer Zoologe und Bakteriologe. Friedell zitiert aus den ‚Studien über die Natur des Menschen', 1903.

157 *Aristie*: Nach Blüher (‚Die Aristie des Jesus von Nazareth') gibt es eine hauchdünne Oberschicht „primärer" Rasse. Alle anderen Menschen sind Mischlinge dieser Edlen mit einer minderwertigen Rasse; für sie gelten andere Moral und Philosophie.

„DAS IST KLASSISCH!" Nestroy-Worte. Herausgegeben von Egon Friedell. Wien 1922

Wie ich interner Kritiker war (S. 158 - 161)
24. 12. 1922 NWJ

158 *B. Z.*: Berliner Zeitung am Mittag

neugegründete Wiener Tageszeitung: Es handelt sich um den ‚Morgen', der allerdings länger als vier Monate, nämlich vom 2. 9. 1919 bis zum 15. 4. 1920, erschienen ist.

159 *... über die Stellung des Theaterkritikers gegrübelt*: Vgl. ADG S. 109 ‚Der Kritiker'

Brand und Gregers Werle: Hauptrollen in den Ibsen-Stücken ‚Brand' und ‚Die Wildente'

Grammelpogatschen: Siegfried Trebitsch (1869 - 1956) war es, der sich den Vergleich seines Schauspieles ‚Frau Gittas Sühne' mit diesem Griebenschmalzgebäck (MOR 4. 2. 1920) nicht gefallen lassen wollte.

160 [...] Die hier ausgeklammerte Passage steht fast wörtlich in ‚Grauenerregende Zustände ...' auf S. 71 f. (von: *Wenn mir nun beim Theater* ... bis: *... an den Honorarbedingungen scheitern wird*).

161 *das nächste Kapitel meiner Lebenserinnerungen*: Am 28. 1. 1923 erschien im NWJ ‚Rezept für den Kritiker', nachgedruckt in ‚Wozu das Theater?', München 1965.

Zur Psychopathologie des Schauspielers (S. 162 - 174)
In drei Teilen erschienen:

- Zur Psychopathologie des Schauspielers 6. 5. 1923 NWJ / Übernahme: KGN S. 581 (Gekürzter und abgeänderter Nachdruck in ‚Wozu das Theater?')
- Die Romantik des Theaters. Zur Psychopathologie des Schauspielers 13. 5. 1923 NWJ
- Die theatralische Sendung. Zur Psychopathologie des Schauspielers 20. 5. 1923 NWJ

164 *moral insanity*: weiter oben im Text von Friedell als „sittliche Defekte" bezeichnet

166 *Hansi Niese* (1875 - 1934), eine der beliebtesten Schauspielerinnen ihrer Zeit

168 *Soffitte*: eine das Bühnenbild nach oben abschließende, bemalte Stoffbahn

hypostasieren: personifizieren, vergegenständlichen

Cola di *Rienzi* (1313 - 1354) vertrieb als Volkstribun die adeligen Senatoren Roms.

171 *Hypertrophie*: krankhafte Vergrößerung

172 *Hautgoût*: Geschmack und Geruch von Fleisch mit leichtem „Stich"

Ferdinand *Raimund* (1790 - 1836), Dramatiker und Schauspieler

173 *Plisch und Plum*: Hier findet sich eine Passage aus ‚Fall Kaiser' (vgl. S. 102 f.) wieder.

Das Publikum (S. 174 - 179)
27. 5. 1923 NWJ / Übernahme: KGN S. 1420

174 *Chamfort*, eigentlich Sébastien Nicolas (1741 - 1794), französischer Schriftsteller, aus dessen nachgelassenen Schriften ‚Maximen und Gedanken, Charaktere und Anekdoten' Friedell hier zitiert

konzis: kurzgefaßt

175 *captatio benevolentiae:* Werben um das Wohlwollen (des Lesers)

176 Christian August *Vulpius* (1762 - 1827); Friedell schrieb zu diesem Thema die Groteske ‚Der Schwager des Vulpius' (noch undatiert).

Karl *Schönherr* (1867 - 1943), Dramatiker

Hans Müller (1882 - 1950), Schriftsteller und Dramaturg; heute vergessen.

177 *Zönobialseele*: Gemeinschaftsseele einer Kolonie von Einzellern (Protisten)

178 ‚*Die Frau vom Meer*' schrieb Henrik Ibsen im Jahre 1888, zwischen ‚Wildente' und ‚Hedda Gabler'.

Otto Ludwig (1813 - 1865), Dichter, kritikloser Bewunderer Shakespeares

Der Unfug (S. 179 - 185)
3. 6. 1923 NWJ
Hier entwickelt Friedell Gedanken weiter, die sich bereits in ‚Der Dichter' finden (ADG S. 75).

183 *indossieren*: übertragen

„Herbstmanöver" (S. 185 - 187)
10. 1. 1924 STU

185 Emmerich *Kálmán* (1882 - 1953), Operettenkomponist; sein ‚Herbstmanöver' stammt von 1909.

Lodomerien: Diese ostgalizischen Gebiete kamen 1919 unter polnische Herrschaft.

Zipser Komitat, südöstlich der Hohen Tatra; fiel 1918 an die Tschechoslowakei.

185 *Sandschak Novi Pazar*: dieses Gebiet des damals türkischen Serbien hielten österreichische Truppen bis 1909 besetzt.

Otto *Storm* (1874 - 1950), Schauspieler

Louise *Kartousch* (1886 - 1964), österreichische Operettensängerin

Richard *Tauber* (1892 - 1948), der weltberühmte Tenor

Fritz Grünbaum (1880 - 1941), Schauspieler, Kabarettist, Conférencier

Max *Pallenberg* (1877 - 1934), Schauspieler

186 *einen ganzen Vortrag*: wohl ‚Zur Psychopathologie des Schauspielers' (vgl. S. 174)

‚Die *letzten Tage der Menschheit*': das dramatische Hauptwerk von Karl Kraus über den Ersten Weltkrieg

LORD MACAULAY: ESSAYS. Herausgegeben von Egon Friedell. Wien 1924

Gespräch mit Egon Friedell. Von Karl Marilaun (S. 187 - 191)
3. 8. 1924 NWJ
Marilaun interviewte jahrelang für das NWJ die Prominenz Wiens. Dieses Gespräch (Marilauns Worte wurden hier kursiv gesetzt) fand in einem für Friedell wichtigen Jahr statt (vgl. Nachwort).

187 *... nachdem er ... spielte*: in Carlo Goldonis ‚Der Diener zweier Herren' den Dottore, in William Shakespeares ‚Der Kaufmann von Venedig' den Tubal, in Friedrich Schillers ‚Kabale und Liebe' den Hofmarschall Kalb und in Hugo von Hofmannsthals ‚Der Schwierige' den Berühmten Herrn

189 Konstantin *Stanislawskij* (1863 - 1938), Schauspieler und Theaterleiter, der dem Moskauer Künstler-Theater vorstand; Verfasser von methodischen Anleitungen für Schauspieler, z. B. ‚Die Arbeit des Schauspielers an sich selbst'

190 *Insinuation*: Unterstellung

Karl *Theodor Körner* (1791 - 1813), Hoftheaterdichter und Verfasser patriotischer Lyrik in Wien, der als Angehöriger des Lützowschen Freikorps gegen napoleonische Truppen fiel

Franz *Höbling* (1886 - 1965), Schauspieler, der u. a. den Judas in Friedells ‚Judastragödie' verkörperte

Jacob *Burckhardts* Hauptwerk war ‚Die Kultur der Renaissance in Italien' (1860).

Karl *Lamprecht* (1856 - 1915), Historiker. Friedell bezieht sich auf seine 14 Bände ‚Deutsche Geschichte'.

Berliner Eindrücke (S. 192 - 194)
25. 12. 1924 NWJ
Friedell spielte unter Max Reinhardt auch im Berliner Deutschen Theater, damals den Dr. Diafoirus in Molières ‚Eingebildetem Kranken'.

193 *Mampediktiner*: Eine Mixtur aus zwei Spirituosenmarken

Dramaturgie des Dichters (S. 194 - 198)
23. 5. 1926 NWJ

194 *Alfred Polgar* (1873 - 1955); die Werke des von Anton Kuh zum „Marquis Prosa" Ernannten und von seinem Biographen Ulrich Weinzierl als „idealistischer Anarchist" Bezeichneten erleben derzeit eine Renaissance.

Vor kurzem ...: Diese Wendung führt in die Irre, da Polgars fünfzigster Geburtstag schon zweieinhalb Jahre zurücklag; er selbst machte sich allerdings gern jünger, was der ‚Brockhaus' noch heute beibehält. Anlaß für diesen Aufsatz Friedells war wohl das Erscheinen von Polgar-Bänden bei Rowohlt, Berlin. (Dort wurden 1926 folgende Werke Polgars herausgegeben: ‚An den Rand geschrieben'; ‚Orchester von oben'; ‚Ja und Nein. Schriften des Kritikers' – Bd. I: ‚Kritisches Lesebuch', Bd. II: ‚Stücke und Spieler', Bd. III: ‚Noch allerlei Theater'. Bd. IV: ‚Stichproben' erschien 1927.)

regalieren: erfreuen, festlich bewirten

195 Ferdinand *Kürnberger* (1821 - 1879); seine Feuilletons (u. a. 1874 in ‚Siegelringe' gesammelt) gehören zu den treffendsten seines Jahrhunderts.

Karl Eugen *Dühring* (1833 - 1921), Philosoph und Volkswirtschaftler

Eduard von Hartmann (1842 - 1906), Philosoph

Ludwig Speidel (1830 - 1906), Feuilletonist der ‚Neuen Freien Presse'

197 *... sein Kompagnon war*: Zur Produktion der „Polfried AG" vgl. Nachwort.

Hanns *Sassmann* (1882 - 1944); der Schriftsteller verfaßte zusammen mit Friedell die Nestroybearbeitung ‚Alles und Nichts', die gerade Premiere bei Reinhardt gehabt hatte. In der Folge entstanden noch weitere gemeinsame Bühnenfassungen.

Wie mein Nekrolog aussehen soll* (S. 199)
15. 4. 1927 LIW III (15/16) S. 3
Es handelt sich hier um die Antwort Friedells auf eine Umfrage,

die unter dem Titel ‚Wie soll Ihr Nekrolog aussehen? Eine kleine Anleitung für künftige Biographen zur richtigen Gestaltung des Nachruhms' veröffentlicht wurde und auf die u. a. auch Anton Kuh, Alfred Polgar, Kurt Tucholsky und Carl Zuckmayer geantwortet hatten.

199 François *Talma* (1763 - 1826), französischer Schauspieler

David *Garrick* (1716 - 1779), englischer Mime, der von Lichtenberg ausführlich dargestellt wurde (in der Friedellschen Lichtenberg-Auswahl enthalten)

Ermete *Novelli* (1851 - 1919), italienischer Charakterdarsteller

Friedrich *Mitterwurzer* (1844 - 1897), der „Überwinder" des pathetischen Stils

Fanny Elßler (1810 - 1884), bekannteste Tänzerin ihres Jahrhunderts

Histrione: Schauspieler

Albert *Bassermann* (1867 - 1952); der Ifflandring, Auszeichnung des jeweils bedeutendsten deutschsprachigen Schauspielers, ging von ihm über Werner Krauß an Josef Meinrad.

Selbstanzeige (S. 200 - 203)
15. 5. 1927 NWJ
Der erste Band seines Hauptwerkes kam erst mit eineinhalb Jahren Verspätung auf den Markt (vgl. ADG S. 279). Jetzt sorgte Friedell dafür, daß das Werk wenigstens schnell bekannt wurde. Nicht ganz zufällig erschienen eine Woche nach seiner ‚Selbstanzeige' gleich drei positive Rezensionen seines 400-Seiten-Opus in Wiener Tageszeitungen.

203 *cum grano salis*: mit einem Körnchen Salz (an Wahrheit)

KULTURGESCHICHTE DER NEUZEIT. Die Krise der europäischen Seele von der schwarzen Pest bis zum Weltkrieg. Erster Band: Einleitung / Renaissance und Reformation. München 1927

Praktische Lebenskunst. Antwort auf eine Rundfrage (S. 204 - 206)
5. 6. 1927 FZ / Nachdruck: Richard Strauß empfiehlt kohlensaure Bäder – Egon Friedell Alkohol ... 9. 6. 1927 WAZ
Eine Umfrage, zu der u. a. Mechtilde Lichnowsky und Richard Strauß Stellungnahmen abgaben. Friedells Beitrag erhielt den Zwischentitel: Der Wiener Schriftsteller kommt diesmal ernsthaft.

205 *Malice*: Bosheit

Zum 50. Geburtstag: Fiktive Würdigungen* (S. 206 - 214)
Sieben Zeitungsparodien ohne gemeinsamen Titel; bislang unveröffentlichte Abschrift aus dem Nachlaß; im Besitz von Frau A. Kotab, Kufstein. Geschrieben ca. Januar 1928.
Sein 50. Geburtstag am 21. 1. 1928 war Friedell Anlaß zu einer Persiflage im Stil seiner Faschingszeitungen, die von deutschnationalen bis zu kommunistischen Blättern, vom niveaulosen Machwerk bis hinauf zum unerbittlichen Richter über Wiens Zeitungswesen, also bis zu Karl Kraus und seiner ‚Fackel', reicht.
Die Details dieser selbstironischen Mischung aus Dichtung, Wahrheit und Verleumdung brauchen, um wirklich genossen werden zu können, den Hintergrund der Biographie, von der an dieser Stelle nur das Allernotwendigste skizziert werden kann:
Der Jubilar, in Statur und Trinklust gelegentlich an Falstaff erinnernd, hatte seit vielen Jahren seine Wohnung in der Wiener Gentzgasse und hielt sich Promenadenmischungen aus dem Tierasyl. Friedell, zum Protestantismus konvertierter Jude, war bis zur Inflation Besitzer eines Mietshauses. Seit 15 Jahren verkehrte er im Salon von Bertha Zuckerkandl-Szeps (1863 - 1945), der Schwägerin des französischen Ministerpräsidenten Georges Clemenceau. Hier, in der Oppolzergasse, wo alles vertreten war, was in darstellender und bildender Kunst Rang und Namen hatte, fand die Geburtstagsfeier für Friedell statt, bei der u. a. der Journalist Julius Bauer eine Laudatio hielt.

206 *Cabotin*: Schmierenschauspieler

Panamahut: Der Text dieses Kabarett-Monologs steht in ADG S. 18.

207 *Kontremine*: Contreminer bedeutet wörtlich „mit Gegenminen arbeiten"; entgegenarbeiten.

Vindobona: Wien

Sinistres: Unheilvolles

sordiniertes ... Melos: gedämpfte Melodik

limpid: klar, durchsichtig

Haresu: fiktiver japanischer Dichter mit Friedellschen Zügen, dessen Biographie er erfand, als der Druckfehlerteufel den Namen „Hamsun" verhunzt hatte. (‚Haresu', 23. 4. 1919 NWJ)

208 Max *Paulsen* (1876 - 1956), Schauspieler, der nur ein Jahr lang (bis 31. 7. 1923) das Burgtheater leitete

Alfred Molnar: Der Mitverfasser von ‚Goethe' war Alfred Polgar.

‚Dreimal Hochzeit': Friedell hatte gerade das hundertste Mal einen Rabbiner in diesem Stück von Anne Nichols verkörpert.

209 Franz *Herterich*, seit August 1923 Burgtheaterdirektor, hatte die ‚Judastragödie' nicht wieder ins Programm aufgenommen.

210 *Malversation*: Veruntreuung. Über den eigentlichen Grund seiner Entlassung bei dem Skandalblatt ‚Stunde' informiert das Nachwort.

211 Stefan *Hock* (1877 - 1947), Dramaturg Reinhardts

212 Felix *Salten* (1869 - 1947), Schriftsteller und Kritiker. Am 21. 1. 1928 schrieb er in der ‚Neuen Freien Presse': ‚Auch ein Fünfziger. Egon Friedell zum 21. 1.'

Oskar Maurus *Fontana* (1889 - 1969), Schriftsteller und Journalist. Am 21. 1. 1928 erschien in ‚Der Tag', Wien, sein Artikel: ‚Der Fünfziger Egon Friedell'.

213 Eugenie *Schwarzwald* (1872 - 1940) gründete Schulanstalten und andere soziale Einrichtungen, darunter das Künstler-Ferienheim ‚Seeblick' in Grundlsee.

15. Juli: Anspielung auf den Brand des Justizpalastes in Wien am 15. Juli 1927 nach einer Arbeiterdemonstration; der Schießbefehl der Polizei führte zu 89 Todesopfern.

214 Franz Theodor *Csokor* (1885 - 1969), Lyriker und durchaus nicht rechts stehender Dramatiker

Hugo Thimig (1854 - 1944), damals Schauspielerkollege Friedells bei Reinhardt

Emil Geyer führte unter der Oberleitung Reinhardts das Josefstädter Theater.

Glückwünsche an Egon Friedell (S. 214 - 219)
4. 2. 1928 TGB IX S. 196

214 *F. Th. Csokor* war seit Jahren mit dem Jubilar befreundet, aber niemals sein Sekretär. Er hätte hier auch keine Glückwünsche abschreiben können, da sie Friedell „mit fremden Federn" selbst zu Papier brachte. Diese Parodien schließen an die Essays über Th. Mann (S. 15 ff.) und Georg Kaiser (S. 99 ff.) an, die die so gegensätzlichen Stile der beiden Dichter streckenweise nachempfinden. Friedell hat also nicht nur Klassiker parodiert (z.B. auf S. 114 ff.), sondern auch Zeitgenossen.

‚*Und Pippa tanzt!* Ein Glashüttenmärchen in vier Akten': Drama von Gerhart Hauptmann

215 *juste milieu*: die richtige Mitte

216 *reductio ...*: diese Rückführung der Wissenschaften und Künste auf Gott

217 *Hitler m. p.*: manu propria (eigenhändig)
Friedell stellte Judas als Kämpfer für ein freies jüdisches Reich auf die Bühne, eine Darstellung, die Hitlers Bild von Juda bestätigt hätte.

Hakoah: jüdischer Sportverein in Wien

Aleksander *Tairow* (1885 - 1950), russischer Regisseur und Theaterleiter

218 *Max Pallenberg* (s. Anmerkung auf S. 246) war einen Monat älter als Friedell.

Alfred *Kerr* (1867 - 1948) und Herbert *Ihering* (1888 - 1977), die beiden großen, konträren Theaterkritiker Berlins

219 Erwin *Piscator* (1893 - 1966), Regisseur und Theaterleiter, ließ 1926 einen der ‚Räuber' Schillers als Trotzkij schminken.

Josef Chapiro (1893 - 1962), deutscher Journalist und Schriftsteller. „Ein gewisser Chapiro, vor dem ich längst warnen wollte ..." schrieb Karl Kraus in der ‚Fackel' Nr. 697 vom Oktober 1925.

KULTURGESCHICHTE DER NEUZEIT. Zweiter Band: Barock und Rokoko / Aufklärung und Revolution. München 1928

Geschichte der „Fledermaus" (S. 219 - 220)
2. 12. 1928 NWJ (Vorabdruck aus ‚Die Wiener Werkstätte 1903 - 1928', herausgegeben von Mathilde Flögl, Wien 1929)

219 *Fritz Wärndorfer* (1867 - 1939), Fabrikant und Textilkaufmann, Gründer der Wiener Werkstätten, die zwanzig Jahre lang in Möbeldesign und Innenraumgestaltung führend waren

220 Josef *Hoffmann* (1870 - 1956), Architekt, Gründungsmitglied der Wiener Werkstätten

Josef *Wimmer* (1882 - 1961), Modeschöpfer und Innenarchitekt der Wiener Werkstätten

mein Auftreten: Friedell fungierte ab 1908 als artistischer Leiter der ‚Fledermaus', nachdem er in und mit seinem ‚Goethe' bekannt geworden war.

DAS LETZTE GESICHT. 68 Bilder eingeleitet von Egon Friedell. Zürich 1929 (Neuauflage Zürich 1984)

Erneuerung der Operette? Antwort auf eine Umfrage (S. 221)
29. 12. 1929 NWJ

221 ... *verschwindet*: Wie ernst es ihm damit war, zeigt seine Neubearbeitung der ‚Schönen Helena' für Max Reinhardt im Jahr 1931.

KLEINE PHILOSOPHIE. Vermischte Meinungen und Sprüche. Wien 1930

Wie ich entdeckt wurde. Antwort auf eine Umfrage (S. 221 - 222)
5. 4. 1931 NWJ

221 *Marya Delvard* (1874 - 1965), Chansonette bei den ‚Elf Scharfrichtern' in München, im ‚Nachtlicht' und in der ‚Fledermaus'

‚*Androklus und der Löwe*': Premiere am 25. 11. 1913; vgl. die Anmerkung 16 zum Nachwort, S. 230

222 *Nebbich:* ein Niemand

Fritz Grünbaum (s. Anmerkung auf S. 246), „akademischer Conférencier" wie Friedell, hat kein geschichtliches Werk veröffentlicht.

Ist die Erde bewohnt? (S. 222 - 224)
Juli 1931 QUE XI (7) S. 465
Dieser Essay ist als einziger bereits in einem früheren Auswahlband (Wien 1961) erschienen, dem er sogar den Titel gegeben hat. Doch blieb jenes Taschenbuch so unbekannt, daß der Aufsatz, einer der letzten abseits der Kulturgeschichten, trotzdem aufgenommen wurde.

KULTURGESCHICHTE DER NEUZEIT. Dritter Band: Romantik und Liberalismus / Imperialismus und Impressionismus. München 1931

DIE REISE IN DIE VERGANGENHEIT.
1935 hat Friedell das Manuskript von 1908 für den Druck überarbeitet. Erstauflage posthum 1946 in München unter dem Titel:

DIE REISE MIT DER ZEITMASCHINE. Phantastische Novelle.

Neuauflage 1974, Zürich:
DIE RÜCKKEHR DER ZEITMASCHINE. Phantastische Novelle.

KULTURGESCHICHTE DES ALTERTUMS. Leben und Legende der vorchristlichen Seele. Erster Teil: Ägypten und Vorderasien. Zürich 1936

1938 waren zwei der drei Kapitel des zweiten Teils der Kulturgeschichte des Altertums abgeschlossen. Dieser Torso erschien erstmals 1940 in Oslo unter dem Titel:
KULTURGESCHICHTE GRIECHENLANDS. Leben und Legende der vorchristlichen Seele.

PERSONENREGISTER

Erwähnungen von Egon Friedell bzw. seines eigentlichen Namens Egon Friedmann wurden hier nicht berücksichtigt.